语言治理学刊

王春辉 主编

2024年第1辑 总第1辑

中国社会科学出版社

图书在版编目（CIP）数据

语言治理学刊.2024年.第1辑：总第1辑／王春辉主编．—北京：中国社会科学出版社，2024.5

ISBN 978 - 7 - 5227 - 3665 - 5

Ⅰ.①语… Ⅱ.①王… Ⅲ.①语言学—文集 Ⅳ.①H0 - 53

中国国家版本馆CIP数据核字（2024）第112044号

出 版 人	赵剑英
责任编辑	单 钊 彭 丽
责任校对	刘 健
责任印制	王 超

出　　版	中国社会科学出版社
社　　址	北京鼓楼西大街甲158号
邮　　编	100720
网　　址	http://www.csspw.cn
发 行 部	010 - 84083685
门 市 部	010 - 84029450
经　　销	新华书店及其他书店

印　　刷	北京明恒达印务有限公司
装　　订	廊坊市广阳区广增装订厂
版　　次	2024年5月第1版
印　　次	2024年5月第1次印刷

开　　本	787×1092 1/16
印　　张	16
字　　数	313千字
定　　价	89.00元

凡购买中国社会科学出版社图书，如有质量问题请与本社营销中心联系调换
电话：010 - 84083683
版权所有　侵权必究

学术委员会

主　　任：李宇明（北京语言大学）

委　　员：戴曼纯（北京外国语大学）　　　　郭　熙（暨南大学）

　　　　　黄　行（中国社会科学院）　　　　梁晓波（国防科技大学）

　　　　　刘海涛（浙江大学）　　　　　　　屈哨兵［香港科技大学（广州）］

　　　　　苏新春（厦门大学）　　　　　　　孙茂松（清华大学）

　　　　　王东杰（清华大学）　　　　　　　王立军（北京师范大学）

　　　　　文秋芳（北京外国语大学）　　　　徐大明（南京大学）

　　　　　徐　杰（澳门大学）　　　　　　　杨亦鸣（江苏师范大学）

　　　　　张治国（上海海事大学）　　　　　赵蓉晖（上海外国语大学）

　　　　　赵守辉（挪威卑尔根大学）　　　　赵世举（武汉大学）

　　　　　周建设（首都师范大学）　　　　　周庆生（中国社会科学院）

　　　　　Marinus van den Berg 范德博（荷兰莱顿大学）

　　　　　Adams Bodommo 博艾敦（奥地利维也纳大学）

　　　　　Ingrid Piller（澳大利亚麦考瑞大学）

　　　　　Hans Van de Velde（荷兰乌特勒支大学）

编辑委员会

主　　编：王春辉

副 主 编：董洪杰　惠天罡　宋　晖　张　洁

委　　员：陈振铎　曹克亮　董　洁　樊　鹏　韩江华　黄立鹤　方小兵　何山华
　　　　　郝　琳　黄　伟　姜国权　李秉震　李春风　李　佳　李英姿　刘楚群
　　　　　刘知远　马晓雷　饶高琦　沈　骑　孙学峰　完　权　王海兰　王　辉
　　　　　王莉宁　徐欣路　褟健聪　俞玮奇　袁　伟　张慧玉　张　伦　张天伟
　　　　　张　翔　张卫国　郑咏滟　邹　煜　祝晓宏

编辑部主任：梁德惠

编辑部成员：巩向飞　吉　晖　姜昕玫　石　琳　邵明明　赵立博

发刊词

　　语言，是使人类脱颖而出并进而将人类与其他动物区别开来的关键；文字，是使人类文明得以记录、留存、累积和发展的中枢。语言文字作为社会交流、身份认同和文化传承的基本媒介，既反映了人类社会的多样性与复杂性，也在根本上影响着国家治理的结构与进程。

　　语言治理是政府、社会组织、企事业单位、社区以及个人等多种主体通过平等的合作、对话、协商、沟通等方式，依法对语言事务、语言组织和语言生活进行引导和规范，最终实现公共事务有效处理、公共利益最大化的过程。以此来看，语言治理有内向和外向之别。所谓内向即对于语言文字的结构、地位、教育等方面的治理；所谓外向即语言文字工作和事业对于国家治理和社会发展的推进，是语言文字助力各个领域的国家治理。

　　语言治理作为一种学术理念和研究取向，是随着中国将"完善和发展中国特色社会主义制度、推进国家治理体系和治理能力现代化"作为全面深化改革的总目标之后而兴起。语言治理研究有着不同于缘起于欧美的语言政策与规划研究的诸多方面，是实践探索中国语言学学术体系、学科体系和话语体系的一种尝试。

　　为了进一步推进语言治理的相关研究，为国家治理提供更广泛更精准的理论支持，我们创办了《语言治理学刊》这一学术交流平台。本刊将聚焦语言治理的理论与实践，审视语言治理对社会结构与文化传承的深远影响，深入研究语言文字在国家治理中的角色与地位，以及语言与社会多层次互动的复杂关系。通过对语言治理的深入研究，以期能够为全面理解和把握国家治理的多层次挑战，为国家的长远发展提供切实的基础性和战略性支持。

　　人类正在进入一个深度不确定性的未来，国家治理发展需要更具前瞻性和战略性的学术研究。语言文字工作作为国家治理的重要内容，对于维护国家统一、促进文化交流具有不可忽视的作用。《语言治理学刊》将致力于建设成为国内外研究者交流与合作的融智平台，努力推动语言治理研究的不断深化与创新，为国家治理决

发 刊 词

策提供更加有效的前沿理论和实证研究支持。

在这个学术征程中,我们期待与学界同仁共同努力,构建语言治理研究学术共同体,为民族复兴、国家治理、社会进步和人类命运共同体建构贡献学术之力。

谨此,感谢大家对本刊的关注与支持。

《语言治理学刊》编辑部

目　　录

【特稿】
反观：发现语言特点的一个有效方法
　　——以藏缅语反观汉语为例 …………………………………… 戴庆厦　1
汉字的表意性与中文二语教学
　　——以《汉语语言文字启蒙》第1篇课文为例 ………… 白乐桑　罗恬颖　8
语言文明、语言的智性工具性与语言失范的治理
　　——"首届语言治理与国家治理研讨会"主旨报告
　　　　辑录 ……………………………… 李宇明　周建设　戴曼纯　24

【多人谈】
语言治理多人谈
　　…… 郭　熙、苏新春、王立军、张　翔、范德博、王　辉、沈索超、张卫国　30

【语言治理与国家治理】
认知治理：语言治理的新视野 ……………………………………… 梁晓波　50
国际组织语言治理的议题、路径与效果 …………………………… 方小兵　66
国家发展目标下的母语推广战略 ………………… 博艾敦（著）　巩向飞（译）　77
语言政策及规划系列译丛述评：学术翻译视角 …………………… 张治国　93

【语言与新科技】
人工智能的发展与大语言模型的对齐 …………………… 冯志伟　丁晓梅　108
人工智能时代的外语教育：挑战、机遇与策略重塑 …… 董洪杰　郑东晓　127
大语言模型的语言特征计量及智能语伴应用探究 ……… 饶高琦　朱奕瑾　139

目 录

ChatGPT：是统计学的一个超级壮举还是谎言机器
　　——ChatGPT 的语言需要治理吗？ ……………………………… 曹克亮　154

【国际中文教育市场化】

国际中文教育市场化的影响因素、必要条件及发展趋势 ……………… 惠天罡　167
国际中文教育行业协会教育产品研究
　　——以澳大利亚中文教师联会为例 ……………………… 王祖嫘　刘　倩　181
德国中小学汉语教学现状调查及德语版语别化教材设计 ……………… 唐娟华　193
国际中文教育市场化一线思考 ………………… 施　歌、郭信麟、杨孜孜、张学丰　206

【博硕士新视点】

语言服务助力乡村产业振兴 ……………………………………………… 吴　艳　220
中华民族共同体视阈下云南石菜江村语言生活调查 ………… 黄昕瑶　和智利　233

【特稿】

反观：发现语言特点的一个有效方法
——以藏缅语反观汉语为例

戴庆厦[*]

提 要 "反观"是语言研究中发现语言特点的一个有效方法。不同于语言比较，它是一种语言研究的视角和眼光。通过反观能够发现另一语言的新特点和隐性特点。我国语言丰富，有着语言反观取之不尽的资源。针对反观的方法论，可以提出五条意见。

关键词 反观；藏缅语；汉语

Reflection as an Effective Way to Discover Characteristics of Language
—A Case Study of Chinese Reflected from the Perspective of Tibeto-Burmese Languages

Dai Qingxia

Abstract This paper argues that reflection is an effective way to discover language features in linguistic research. It differs from the comparative method of comparative linguistics in that it is a perspective and viewpoint of linguistic research. New and hidden features of a language can be identified through reflection from the perspective of another language. China is a multilingual country, and has rich resources for language reflection research. This paper ends with five suggestions on the methodology of reflection.

Key words Reflection; Tibeto-Burmese languages; Chinese

语言反观，属于语言研究视角、语言研究眼光的方法论问题。本文以藏缅语反观汉语为例，根据笔者多年研究藏缅语的体会，论述语言反观是发现语言新特点的

---

[*] 戴庆厦，中央民族大学荣誉资深教授，主要研究方向为汉藏语系语言诸论题。

一个有效方法。本文还论述了藏缅语反观汉语的方法论问题。

一 "反观"是语言研究的一种有效方法

什么是"语言反观"？语言反观是指从一种语言的特点发现另一种语言的特点，包括语言的共时特点、历时演变的特点，以及语言与社会关系等方面的特点。语言研究的方法有多种：有从语言结构自身的分析中发现语言特点的，有从与社会、文化、历史的关系中发现语言特点的，有从古今语言的反观中认识语言特点的，有从不同方言反观中发现语言特点的，还有从一种语言的特点反观另一种语言的特点的，等等。语言反观，是发现语言特点的一种方法。它与语言比较相比，既有相同点又有差异。相同点是都要通过语言对比来发现语言特点；不同点是语言反观是拿一种语言的特点去映照、发现另一种语言的特点，而语言比较则是双方的。

语言反观存在不同的类别。若根据语言有无亲缘关系可分成：（1）有亲缘关系的语言反观，如从藏语反观汉语、从蒙古语反观维吾尔语等；（2）无亲缘关系的语言反观，如从汉语特点反观英语、日语等。若是同一语言不同变体的反观，则有方言和通用语的相互反观、现代语言和古代语言的相互反观等。

不管是哪一类的"反观"，对语言研究都能取得一定的收获，特别是有亲缘关系语言的反观更为有效，能够通过语言演变链的构拟发现另一语言的特点，包括显性特点和隐性特点、共时特点和历时特点等。

我们的师辈早已有"反观"意识，曾发表了一些精辟的认识。如，1939年12月29日，被誉为非汉语研究之父的李方桂先生，在国立北京大学文科研究所的演讲中就明确指出："我并不希望，比方说，专研究汉语的可以一点不知道别的汉藏系语言。印欧的语言学者曾专门一系，但也没有不通别系的。就拿汉语来说，其中有多少问题是需要别的语言帮助的。""所以依我的意见，将来的研究途径不外是'博而能精'，博于各种汉藏语的知识，而精于自己所专门研究的系统。"（李方桂，1939）李先生这段精辟的论述，奠定了汉语与非汉语结合研究、相互反观的认识论基础。又如，1980年，时任北京大学副校长的朱德熙先生就决定请中央民族大学的教师到北京大学中文系开设"汉藏语概论"课，让学中文的学生也有非汉语的知识。朱德熙先生后来回忆说："这门课1982年开出，以后又于1983年、1984年重开两次，每次都收到很好的效果，很受听课师生的欢迎。"1987年8月朱德熙先生在《汉藏语概论》一书的序言中大声疾呼："为了加强汉藏语研究，就国内的情况来说，首先要清除汉语研究和汉语以外汉藏语言研究之间长期存在的隔绝状态。"

（朱德熙，2003）可见，朱先生也是主张汉语研究与非汉语结合的。

二 我是怎样逐渐认识到反观的重要作用

我的主业是藏缅语研究，主攻景颇语和哈尼语，还做过阿昌语、载瓦语、勒期语等十多种语言的研究。在长期的语言研究实践中，我逐步认识到"反观"对语言研究的重要作用。在开始的一段时间，只是觉察到汉语与藏缅语有许多相似点，比如汉语与藏缅语都以单音节词为主，音节都可分为声韵调三个部分，语序都比较固定，汉语有大量的四音格词，藏缅语也有，汉语的名词有些可以做量词，藏缅语也是这个特点，等等。当时这些认识，只是看到汉语和藏缅语存在相同、相似的关系，但并未认识这种关系的性质和来源，更谈不上通过反观去发现另一语言的特点。

后来，随着掌握语料的扩大和研究课题的增多，加上有了语言系属、语言比较、语言关系、语言类型学的理论知识，逐渐认识到汉语和藏缅语由于出自一源，存在相同的DNA，必然会存在有规律的共性，还由于分化为不同的语言，各自出现了一些新的变化、新的特点。这种亲缘关系，决定了汉语与藏缅语的研究存在语言"反观"的可能性，有可能通过语言的映照获得新认识。

我翻了一下自己过去发表的论文，看到在许多论文里都出现过反观的做法。如在对藏缅语共时特点进行分析之后，还会多少再与汉语做些比较，指出二者的密切关系，并论述形成共性和个性的原因。这意味着自己当时已有语言反观的念头，但那时的认识还是肤浅的，并未形成方法论意识。

如2008年，我为李洁《汉藏语系语言被动句》一书写的序，序名是"'反观'是认识语言的一个重要的方法"，说明那时就有了"反观"的方法论概念。在该序中我谈道："可以从不同语言的反观中，看到更多的语言特点。""该书以汉藏语系语言的被动表述为研究对象，进行了类型学的比较与反观，并对造成被动句类型差异的内部机制和外部动因都做了探讨。旨在从比较和反观中求出不同语言的被动表述的共性和个性。"（戴庆厦，2008）可见当时就把"反观"与"比较"区分开来。2010年，我在蒋颖《汉藏语系语言名量词比较研究》一文的序中又强调了语言反观的重要意义，谈道："汉语有浩瀚的典籍文献和悠久的研究历史，又有复杂的方言变异；而少数民族语言发展不平衡，保留了大量原始共同语的特点，两相对照，互相反观，能够从中发现以前看不到的景观，并能开辟一条理论建设的新途径。"（戴庆厦，2010）2011年，我发表了《从非汉语反观汉语》一文，文中论述了三个问题：一是从非汉语反观汉语是汉语研究的方法之一；二是通过实例证明从非汉语反观汉语是有效的；三是论述了从非汉语反观汉语的方法论问题。论文认为："汉藏语系语言是我国特有的、不可替代的一大资源，也是我国的国宝。我们必须充分保护、开发、利用这一资源。但过去开发得很不够。"（戴庆厦，2011）

这期间，我还发表过数篇关于景颇语"一个半音节"的研究论文，这是因为我已意识到它对研究原始汉藏语是否有复辅音声母有一定价值，可以通过反观探讨汉语在上古之前有无复辅音声母的问题。因为在汉藏语中，音节的数量一般都有单音节、双音节、三音节的，但是景颇语有"一个半音节"，这是景颇语语音、语法的一个重要特点。通过语音的共时分析和同源词比较，我发现景颇语的一个半音节主要与藏缅语复辅音声母存在同源关系，大都是与带复辅音声母的音节对应。

2012年，我在《中国语文》上发表了《汉语和非汉语结合研究是深化我国语言学研究的必由之路》一文，论述了汉语研究与非汉语的结合是改善我国语言研究的一个重要方法，是一条必由之路。此外，我还发表了《汉语的特点究竟是什么》（2014）、《再论汉语的特点是什么》（2017）等论文。

近期，我还与几位博士生一起做了几项由藏缅语特点反观汉语的课题，虽然是初步的，但觉得大有可为。一篇是与许怡合写的《藏缅语双音节化的特点及管控力——兼反观汉语双音节化的发展》。文中认为，藏缅语普遍存在双音节化，双音节化是藏缅语的共同基因。文章指出：藏缅语的双音节化具有普遍性和不平衡性，是在内部动因和外部影响的双重作用下产生的。其产生的途径有组合式、韵律式、重叠式、增减式、借入式等五种。双音节化对语音类型、构词方式、语法形式、语法意义、句法特点等方面的特点和演变具有一定的管控力。还指出，汉语与藏缅语有亲缘关系，都有分析性基因，同样都存在双音节化趋势。但由于汉语和藏缅语的演变特点存在差异，其双音节化的发展也有所不同，表现在双音节化的形成途径、管控力的强度等方面。论文分析了汉语和藏缅语双音节化的共性和差异，认为其比较有助于汉藏语研究的深入。另一篇是与吕羿蒙合写的《藏缅语疑问语气助词的类型学特征——兼与汉语比较》一文。文中运用语言类型学和描写语言学的理论和方法，在考察、比较了五十多种藏缅语族语言及方言疑问语气助词的基础上，指出藏缅语疑问语气助词有发达型、次发达型和不发达型三种类型；部分疑问语气助词存在多功能性，即除了表示疑问语气外，还能表达人称、数、方向等意义；不同语言间的疑问语气助词同源词较少，只有部分存在同源关系，而且分布不平衡。还通过藏缅语、汉语的比较发现，分析性语言类型的共性决定了疑问语气助词的基本特点相似，分析性强弱不同导致了疑问语气助词的丰富程度存在差异。并认为，汉语虽在上古阶段就出现了疑问语气助词，但应当是在与藏缅语分化后产生的。

综上所述，多年来，汉语与非汉语的密切关系一直缠绕着我，使我在汉藏语研究中产生了"反观论"的学术思想，认为研究我国的语言，必须使用语言比较、语言反观的方法。

三 语言反观的几个方法论问题

反观是探索语言规律的手段，必然有其方法论，这是语言研究者必须思考和运用的。这里，谈几点想法与大家交流。

（一）做反观，必须区分反观的语言有无亲缘关系

不同语言之间有的有亲缘关系，有的没有。如汉语和英语的比较无亲缘关系，汉语与藏语有亲缘关系。二者之间虽然存在共性，但性质不同，不在一个层面上。无亲缘关系的语言，其共性是语言的普遍性，而有亲缘关系语言的共性是由于同出一源而产生的共性，带有共同的基因。如汉语与英语没有语言亲缘关系，但也有语言共性，如基本语序都是 VO 型，但其演变的规则很不相同。汉语是 VO 型而藏缅语是 OV 型，虽然语序不同，但由于有亲缘关系，在演变上则能发现二者存在内部的联系。汉语和藏缅语是亲属语言，二者有许多共性。如声调的产生和发展都受声韵母简化、音节数减少的制约；凡声韵丰富的无声调或声调少，声韵贫乏的声调丰富；韵律对汉语、藏缅语的演变有很强的管控力；实词虚化有相同的动因；语气助词在句子中有重要的作用等。

（二）做反观，必须注意寻求语言演变链

有亲缘关系的语言，由于发展不平衡，必然在具体的特点上会存在一条互有演变层次的演变链。这对分析语言的特点、沟通不同语言的渊源关系非常有用。例如我曾与朱艳华教授合写了一篇《藏缅语选择疑问范畴句法结构的演变链》，运用28种藏缅语（包括方言）的语料，把选择疑问范畴分为选择问句、正反问句、重叠问句三种类型，求出这三种类型的蕴含关系、等级序列。我们认为藏缅语在历时上存在一个"从选择问句到正反问句再到重叠问句"的演变链。并认为其演变受语言内部机制及语言类型特点（屈折性、分析性程度的差异）的制约；此外语言使用的经济原则也对选择疑问范畴句法结构的演变产生影响。

通过藏缅语的疑问范畴来反观汉语，则能发现汉语的方言也能串成类似的演变链。如汉语有的方言也存在重叠式如"吃吃""看看""去去"的疑问形式，也是由反复式"吃不吃""看不看""去不去"压缩而成的。通过藏缅语的反观，能够认识重叠式在语言演变中的历史层次。

(三) 做"反观"，要有语言类型和语言转型的眼光

每种语言都有它的类型特征，比如有的语言属于形态型语言，有的属于分析型语言，有的语言介于二者之间。有的语言虽属于分析型但也有程度不同的形态。不同语言的类型制约其结构的演变和发展，使其在演变和发展过程中出现一些新的特点。语言研究能够通过不同类型或同一类型但强弱不同的语言反观，发现新的语言特点。有了语言类型和语言转型的眼光，对遇到的语言现象就能够合理地解释其成因，找到其存在的理据。比如上面提到的景颇语有丰富的"一个半音节"，它与嘉绒语、羌语等形态丰富的语言与复辅音声母对应，能够获得复辅音声母存在及向单辅音声母转型的信息。

(四) 做"反观"，要区分语言自身演变和语言外部接触的关系

语言的演变有两种促使因素：一是内部自身演变的因素；二是外部语言接触、语言影响的因素。这两个因素有的容易区分，但也有容易混淆不易区分的。比如景颇语有大量的四音格词，其由来主要是景颇语分析性的单音节性因素决定的，不可能是受外部语言的影响。我做景颇语多年有个体会，就是每个现象的出现及其演变一般都能从语言内部找到理据，因为语言内部演变的规律有强大的力量，不容易被其他语言的影响而改变。所以在研究中，我一般是先从语言内部找原因，实在找不到再考虑是否是语言接触的影响，避免出现语言影响扩大化。当然，不同语言接受语言影响的素质存在差异，要区别对待。

(五) 做"反观"，要重视提高对反观语言的敏锐性

语言研究要有语言敏锐性，做"反观"也是这样。能不能从一种语言发现另一种语言的特点，要靠语言的敏锐性。敏锐性的培养，除了靠语言知识、语言理论外，还要有对语言敏锐的能力。语言敏锐固然与语言学水平有关，但并不是绝对的。这种能力的形成还有别的因素，要靠平时实践的积累。

从非汉语反观汉语的研究目前只涉及一小部分，还有大量的课题要做。我们先要认识其重要性，确认这是一块值得大力开采的富矿，然后一个一个地去做，并重视理论、方法的建设。可以相信，"反观"的研究今后会有较大的发展。

参考文献

[1] 戴庆厦. 论亲属语言演变链 [J]. 贵州民族学院学报（哲学社会科学版），2011（02）：86—90.

[2] 戴庆厦. 汉语和非汉语结合研究是深化我国语言研究的必由之路 [J]. 中国语文，2012（05）：416—419.

[3] 戴庆厦. 汉语的特点究竟是什么[J]. 云南师范大学学报（哲学社会科学版），2014，46（05）：8—14.
[4] 戴庆厦，朱艳华. 藏缅语选择疑问范畴句法结构的演变链[J]. 汉语学报，2010（02）：2—13+95.
[5] 戴庆厦. "反观"是认识语言的一个重要方法[A]. 李洁. 汉藏语系语言被动句研究[C]. 北京：民族出版社，2008：1—3.
[6] 戴庆厦. 量词的深入研究必须进入跨语言比较[A]. 蒋颖. 汉藏语系语言名量词比较研究[C]. 北京：民族出版社，2009：5.
[7] 戴庆厦. 从非汉语反观汉语[A]. 北京师范大学民俗典籍文字研究（8）[C]. 北京：商务印书馆，2011：28—42.
[8] 李方桂. 藏汉系语言研究法[R]. 北京大学文科研究所报告，1935.
[9] 朱德熙. 汉藏语概论·序言[M]. 马学良，主编. 北京：民族出版社，2003.

（责任编辑：姜昕玫）

汉字的表意性与中文二语教学
——以《汉语语言文字启蒙》第1篇课文为例

白乐桑　罗恬颖[*]

提　要　以法国中文教材《汉语语言文字启蒙》（以下简称《启蒙》）为例，可以探讨汉字表意性与中文第二语言教学的关系。首先，通过梳理《启蒙》在法国和中国的接受情况，可以深入了解其作为典型"二元论"教材的价值。其次，具体分析《启蒙》第1篇课文《中国大，日本小》中的8个设计"秘方"，能揭示"二元论"教材注重汉字表意性和巧妙处理汉字问题的方式。最后，系统梳理中文二语教学的"二元论"理论，并对"一元论"和"二元论"教材进行分类，或许能为国际中文教育提供新的理论支持。

关键词　汉字；二元论；二语教学；教材；《汉语语言文字启蒙》

The Ideological Nature of Chinese Characters and the Teaching of Chinese as a Second Language—Taking the 1st text of A Key to Chinese Speech and Writing as an example
Joël Bellassen　Luo Tianying

Abstract　This study takes the French Chinese textbook *A Key to Chinese Speech and Writing* （KCSW） as an example to explore the relationship between the ideological nature of Chinese characters and the teaching of Chinese as a second language. Firstly, we analyze the reception of KCSW in France and China to understand its value as a typical "Dualism" textbook. Second, we provide a detailed insight into the eight design "recipes" in the 1st text of KCSW, "China is big, Japan is small", revealing the way in which "Dualism"

---

[*] 白乐桑（Joël Bellassen），法国东方语言文化学院博士生导师。罗恬颖，湖南师范大学文学院对外汉语专业在读硕士研究生。

汉字的表意性与中文二语教学　白乐桑（Joël Bellassen）　罗恬颖　**特稿**

textbooks emphasize the ideological nature of Chinese characters and deal with Chinese characters in an ingenious way. Finally, we systematize the "Dualism" theory of Chinese second language teaching and categorize the "Monism" and "Dualism" textbooks, with a view to providing new theoretical support for international Chinese language education.

Key words　Chinese Characters; Dualism; Second Language Teaching; Chinese Textbook; *A Key to Chinese Speech and Writing*

引　言

汉字是典型的表意文字。现代语言学之父索绪尔（Ferdinand de Saussure, 1857—1913）将世界上的文字划分为两大体系——表意体系和表音体系。表音体系，即把词中的声音摹写成字母或音节；另一种是表意体系，书写符号不是用来分析声音，而是用符号来表示语素。索绪尔认为表意体系的"典范例子就是汉字……对汉人来说，表意字和口说的词都是观念的符号；在他们看来，文字就是第二语言"（索绪尔，1980）。这句论断说明了汉字具有独特的地位。实际上，不仅是对于中国人，对于中文非母语的学习者来说，中文不仅是第二语言也是第二文字。这启示我们在国际中文教学中要处理好第二文字（汉字）的问题。但中国主流的国际中文教学采用"一元论"观念，只认可"词"作为最小教学单位，并没有处理好汉字问题，只是把汉字当成记录语言的书写符号而已——不对生词中的汉字进行单独释义、不注重"字"的频率和复现率、不给出单个汉字的助记办法等。这种只以"词"为单位进行的国际中文教学，就是"一元论"观念。

国际中文教材能综合体现出教学理念、方法和内容，我们在教材中也要处理好汉字问题。汉字作为表意文字是具有独特性的，我们对汉语教材的评估不可能套用一般的外语教材评估标准，要把"是否处理好汉字问题，是否把汉字作为中文特有的最小教学单位之一"作为评估任何中文教材的首要标准。在这套标准下，就能明确划分出两大类国际中文教材——"一元论"（只注重"词"）教材和"二元论"（认可"字"的独特性，"字词兼顾"）教材。中国主流的中文教材大部分都是"一元论"的，而国外出版的则是"二元论"的。比如19世纪法国专业汉学时期雷慕沙（Jean-Pierre Abel-Rémusat, 1788—1832）主编的《汉文启蒙》（*Élémens de la grammaire chinoise*, 1822），20世纪60年代美国夏威夷大学的德范克（John DeFrancis, 1911—2009）主编的系列中文教材（De Francis Series），以及20世纪末到21

9

世纪初法国出版的《汉语双轨教程》（*C'est du chinois*，1999）、《汉语入门》（*Méthode de chinois premier niveau*，2003）和《学中文》（*Le Chinois…comme en Chine-Méthode de langue et d'écriture chinoises*，2009）等都是"二元论"教材的代表。

下文以法国本土中文教材《汉语语言文字启蒙》（*Méthode d'Initiation à la Langue et à l'Ecriture Chinoises*）（以下简称《启蒙》）为例，该教材自1989年出版后至今仍在使用。首先，从宏观角度梳理《启蒙》在法国和中国的接受情况，以深入了解其作为典型"二元论"教材的价值和影响力。其次，再从微观层面分析该教材第1篇课文《中国大，日本小》中的8个设计"秘方"，以揭示"二元论"教材是如何注重汉字表意性并处理好汉字的问题。最后，对中文二语教学的"二元论"观念进行高度概括。

一　《汉语语言文字启蒙》在法国和中国的接受

图1　《启蒙》第1课的手写原版教材

《启蒙》1989年10月由法国巴黎La Compagnie出版社出版，编写者是时任法国汉语教师协会主席白乐桑（与北京语言学院教师张朋朋合作）。教材原型来自白乐桑20世纪80年代中叶在中学教书时的手写版教材（见图1），通过手写后复印给学生，受到学生和家长们的广泛支持并获得出版机会。初版印刷2000余册在4个月内售空，出版1年多后售出5000余册并创下"法国汉语教材有史以来年销售量纪录"（张朋朋，1992）。两年后出版续集《启蒙》Ⅱ（*Méthode d'Initiation à la Langue et à l'Ecriture Chinoises*Ⅱ，1991）。1997年由华语教学出版社改编成英文版在中国发行。据教材作者白乐桑统计，截至2023年总发行量达20余万册。

2008 年再版，修订了书中的 400 字汉字门槛（tableau des 400）和部分章节，并添加了一张 DVD，该 DVD 包含了在北京拍摄的课文对话视频、法国教育部规定的 505 个汉字和 104 个汉字部件的动画版等。再版后该教材对应《欧洲语言共同参考框架》中的 A2 等级，属于初级汉语教材。2018 年出版了配套的练习册 *Cahier d'exercices*。同时该教材也制作了配套网站，收录了教学 DVD 包含的大部分内容。

（一）《启蒙》在法国的接受

该教材自出版后不久便进入大众传媒的视野。法国最有影响力的报纸，如《世界报》（1990 年 2 月 15 日）、《费加罗报》（1991 年 1 月 16 日）、《欧洲日报》（1991 年 3 月 10 日）均对该教材有所报道（张朋朋，1992）。在法国学术界，从 20 世纪 90 年代开始对该教材及教材中的"最低汉字门槛"（Seuil minimum de caractères chinois）展开深入研究（Zhang-Colin Y, Gianninoto M., 2022），"汉字门槛"（seuil de caractères）成为该教材研究的热门领域之一。通过法语博士论文汇总平台 theses 的检索发现，涉及这套教材研究的法语博士论文有 Ying Zhang（2016）、Hong Wang（2017）、Tommaso Rossi（2021）、Lei Wang（2022）等。

《启蒙》在法国广泛运用于教学实践。上文也提到该教材原型源自白乐桑的手写版本，即在正式出版前就已被中学教学实践所接受；正式出版后，它成功地进入了中学、大学、汉语培训机构等。2000 年，白乐桑与法国高等人文科学师范学校（École normale supérieure de Fontenay-Saint-Cloud）合作，将《启蒙》改编成教学语法影片《中文之道》（*Zhongwen zhi dao-Le chinois par l'image*）。

近年来，这部教材通过线上教学焕发出新的活力。2016 年由白乐桑主导的线上中文慕课（*Kit de contact en langues orientales：chinois*）在法国慕课平台 FUN（France Université Numérique）上线，该课程以 2008 年再版的《启蒙》前 4 课为蓝本，整合为 7 周的汉语入门学习课程。客观上，通过线上慕课平台的推动，促使该教材在教学实践层面得到更为广泛的接受。此外，一些法国的线上外语培训机构 Adomlingua、Hilululu 等，或将该教材纳入中文培训材料，或依据该教材的教学理念开发新的线上中文课程。

（二）《启蒙》在中国的接受

与在法国广泛应用于一线的汉语教学实践不同，"该教材的出版开启了中国教学研究领域关于'字本位'的争论"（周上之，2013），中国的学术界对该教材聚焦则更多，主要体现在如下方面。

第一，1992 年教材合作编写者张朋朋首次使用"字本位"的名称来介绍《启蒙》。其发表在1992年《语言教学与研究》第1期上的文章提出该教材采用"字本位"的编写原则，并对"词本位"和"字本位"做了鲜明对照，梳理出该教材具有的"字本位"特点，诸如"以字构词""注重选字频率""提供汉字原型"等（张朋朋，1992）。也正是"字本位"这一极具争议的命名，与后来徐通锵提出的"字本位"同名，推动了《启蒙》在中国学界第一次广泛关注。

第二，1991—1994年徐通锵从语言学角度提出的"字本位"掀起学界热议。值得注意的是，北大徐通锵教授和法国白乐桑教授是在互不知情的情况下，分别从语言学和教学领域提出了"字本位"[①]。徐通锵首次提出"字本位"观点的论文发表于1991年的《语言教学与研究》上，题为"语义句法刍议"；真正推动"字本位"在学界产生影响的是他于1994年在《世界汉语教学》上发表的两篇论"字"的文章（王骏，2013）——《"字"和汉语的句法结构》《"字"和汉语研究的方法论》。

第三，1994年起出现专题研究《启蒙》的学术论文。第一篇是刘社会1994年在《世界汉语教学》上发表的《评介〈汉语语言文字启蒙〉》，该文在详细介绍完《启蒙》的特点后给予其高度评价，认为《启蒙》"攻克汉字难关上有创新，确实是一部好教材"（刘社会，1994）。此外，对该教材介绍较多的是王若江，她于2000年、2004年、2017年连发3篇论文，围绕"字词比"来探究"字本位"教材的科学性。

第四，20世纪90年代末以来对外汉语学科奠基人吕必松致力于倡导"字本位"教学法。1992年吕必松带领中国代表团参加德国举办的汉语教学国际研讨会，参会期间和《启蒙》教材编写者白乐桑就"字本位"教学法进行探讨。90年代末吕必松开始对"字本位"持赞同态度，并大力推广"字本位"对外汉语教学法（吕必松，2003，2008，2009）。

第五，2005—2006年产生了第一篇研究对外汉语"字本位"教学的硕博论文。其中硕士论文由湖南师范大学唐智芳在2005年发表，文中对《启蒙》进行简单介绍并认可该教材贯彻"字本位"教学法、遵循汉语的本来面目进行教学（唐智芳，2005）。华东师范大学王骏在2006年发表的博士论文则更为系统地溯源"字本位"理论，并将《启蒙》作为代表性的"字本位"教材进行科学评析。自此，中国学界关于"字本位"的硕博论文呈蔚为大观之势。

[①] 白乐桑对"字本位"的研究成果产出比徐通锵更早。白乐桑的研究可追溯到1984—1985年其在中学教学时加入的中文教学研究小组，并开发出了第1套"汉字最低门槛表"（SMIC）。

第六，2009年和2013年上海外国语大学召开了两届以"字本位"为主题的国际学术研讨会。会议全称是"汉语独特性理论与实践国际学术研讨会"，最大亮点是首创了"字本位"与"词本位"的辩论专场，让两派观点展开正面学术交锋。在首届研讨会中白乐桑、王若江、张学增、杨娟等学者都重点介绍过《启蒙》。会后也将各家争论的观点集合成《世纪对话——汉语字本位与词本位的多角度研究》出版。

二 《汉语语言文字启蒙》首篇课文的8个秘方

作为一部初级阶段中文教材的首篇课文，《启蒙》面向真正的零起点学生。那既要在开篇体现出中文特点，又要针对法国学生的中文学习兴趣点和难点来设计。白乐桑作为教材编写者，在构思第1课时，并没有选择主流教材通常采用的"打招呼"式主题。相反，他精心谋划，考虑了以下8个设计思路。

（一）秘方1：字量少

白乐桑在设计《中国大，日本小》（见图2）时参考了当时美国主流的中文教材德范克系列（De Francis Series）的课文编写原则——将每课的生字量设定为10个（DeFrancis J, Teng C Y, Yung C., 1966）。作为初级中文教材的第1篇课文，《中国大，日本小》总计4行对话，共18个字，其中涉及的生字量为9个。

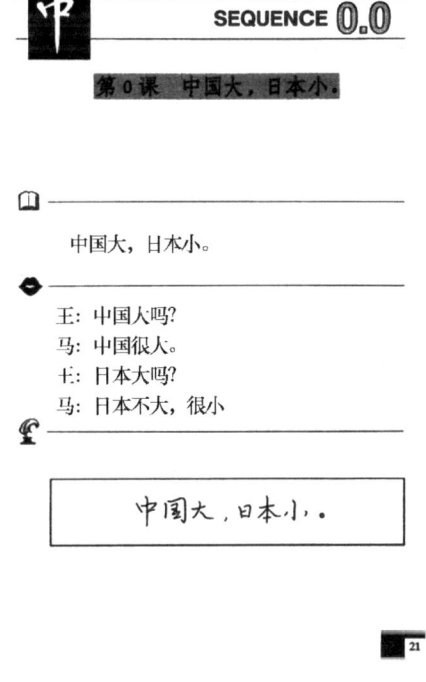

图2 《启蒙》的第一篇课文
《中国大，日本小》

"字量少"符合零起点汉语学习者的记忆策略。通过对部分主流初级汉语教材的统计（表1），《中国大，日本小》的生字总量是最少的。这样的设计思路在《启蒙》的前言部分就有提及，"从记忆的效果考虑，一篇课文所包含的新汉字的数量应控制在一定的数量内……两篇十行的课文比一篇二十行的课文要好"（白乐桑、张朋朋，1993）。

表1　　　　　　　　5部初级阶段汉语教材第一课的生字量对比

教材	出版信息	第1课	生字量
《汉语语言文字启蒙1》	1989，La Compagnie	《中国大，日本小》	9
Begining Chinese Reader 1（德范克系列中文教材）	1966，Yale University	—	10
《中文听说读写1》（Integrated Chinese）	1997，Cheng & Tsui Company	《问好》	17
《博雅汉语·初级起步篇1》	2004年，北京大学出版社	《你好》	21
《成功之路·起步篇1》	2008年，北京语言大学出版社	《我叫大卫》	28

（二）秘方2：高频字

第1篇课文中的生字，"大""小""国""日""本""中"等都是常用的高频字，属于《国际中文教育中文水平等级标准》（GF0025—2021）中的"一级汉字"。这表明《启蒙》在编写课文时注重字的频率，符合典型的"二元论"教材设计理念。

（三）秘方3：形容词先出现，提前预测偏误

以法语为母语的中文教师，通常更能对母语负迁移的偏误做出合理预测。白乐桑凭借多年的一线中文教学经验观察到，法国学习者最常见的偏误之一是使用形容词时在其前加入"是"字，例如"×这个东西是贵""×这个人是漂亮""×这张桌子是大"等。这些都是典型的法语母语负迁移现象，因为在法语句子中，形容词前通常要加上法文最重要的核心动词être（相当于英语中的to be动词），在中文中翻译为"是"。

《中国大，日本小》正是一个预防偏误的巧妙设计。它采用了先引入"大""小""很大""很小"等形容词的方式，而不是首先学习"是"字。通过类似"中国大""日本小""中国很大""日本很小"这样的句子，向学习者展示在汉语句法中形容词是可以独立充当谓语的，形成了所谓的形容词谓语句。而"是"字则留待下几课再出现，这样的设计能够有效地减少学习者的中文学习偏误。

（四）秘方4：通过1句话感受汉语的4个声调

声调是汉语的重要特征，也是法语母语者学习汉语时的难点之一。法语属于印欧语系罗曼语族，有轻重音和音符，但没有声调；而汉语的每个音节都有固定声调，除了有声调的高低不同，还包含阴平、阳平、上声、去声这四个声调的曲折变化。

"中国大，日本小"是用最小篇幅直观展示汉语4个声调的教学策略。对于零起点的学习者来说，汉语声调是一种陌生的语言现象。如果开篇的课文只是灌输汉语声调的知识，可能会给学生留下"汉语难学"的初印象。通过涵盖4个声调的简短句子，比如《启蒙》的第一篇课文，让学生直观地感受到声调的升降曲折，是一种更为有效的教学方法。

（五）秘方5：先学理据性强的字种

"汉字的理据表现为部件与整字之间所具有的'形—义''形—音'两方面的联系。"（郑继娥，1998）据郑继娥统计，独体表意字、会意字、形声字是理据度最高的汉字字种，且汉字在"形—义"联系的理据度（0.3987）要高于"形—音"联系的理据度（0.0762）。要提高海外汉语教学的效率，必须优先注重汉字"形—义"的联系，充分利用好理据性强的汉字来帮助学生认识和记忆汉字。

在"中国大，日本小"这6个汉字中，"中""日""本""大""小"是"形—义"理据性很强的独体表意字，而"国"是会意字。这是编者有意地设计，因为从法国的汉语学习者角度出发，最具有吸引力的字是那些具有理据性的字，会让学生不自觉地根据字的原型来猜测字的含义。

这种设计不仅在课文中体现，还延伸到课文后独立的汉字助记板块（mnémotechnique）。在该板块，白乐桑绘制甲骨文的汉字原型（见图3）、拆分汉字部件并用法语命名，比如将会意字"国"拆分成"囗"+"玉"，以帮助法语学习者加强对汉字的记忆。这充分彰显了"二元论"教材对汉字的重视，通过优先选择那些具有较强理据性的字种，帮助学生建立汉字字形和字义之间的联系，从而强化他们对汉字的识记。

（六）秘方6：文化内容蕴含其中

法国的文化底蕴深厚，外语教学上也非常重视文化内容。2002年法国历史性的外语大纲发布，将"文化内容"列为法国高中外语教学的三大基本目标之一。2013年新修订的高考方案通过四个不同的"文化概念"考查学生的五项言语能力（白乐桑、廖敏，2013），更加强调文化教学。在这一背景下，时任法国汉语总督学的白乐桑主持制定中文的教学大纲，亦将"了解中国文化"作为汉语教学致力的二大根本目标之一（潘泰、白乐桑，2021）。

《中国大，日本小》这课本身也蕴含丰富的文化内容，让学生在学习中文伊始就直接接触东方文化这一主题，了解作为远东最著名的两个国家的差异。"中国大，日本小"的重点不是"大"和"小"的问题，而是介绍出中国和日本这两个国家。第一，这两个国家在亚洲和全世界都是很重要的国家。第二，这两个国家在法国青年心目中具有一定的吸引力，这毕竟是两个遥远的国家，可能很多法国年轻人并不

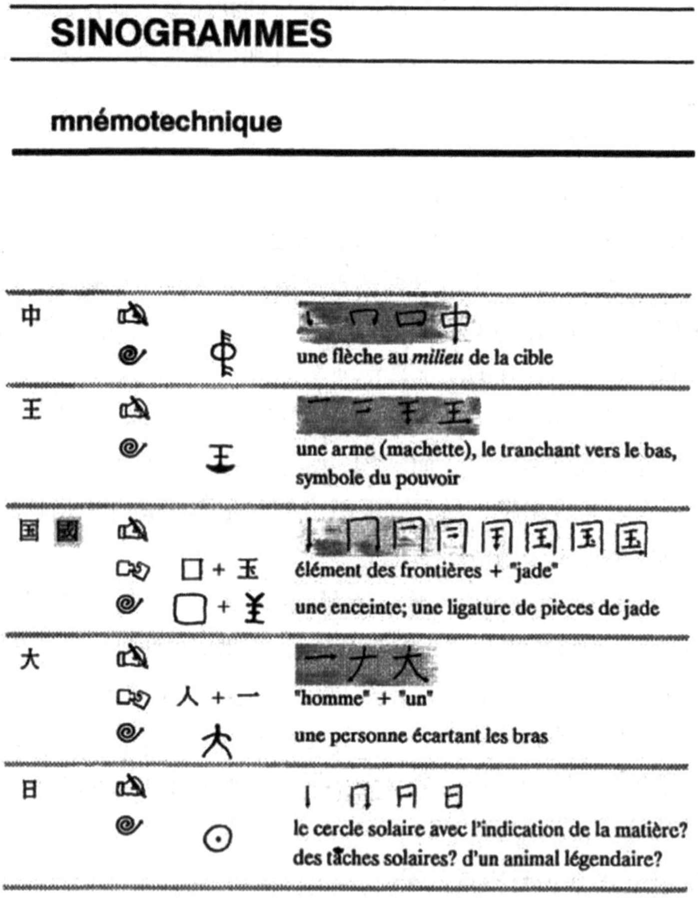

图3 《中国大，日本小》的汉字助记板块

十分了解这两个国家的差异。作为中文老师，可以在讲解完课文后适当插入几分钟，通过法语母语讲解一些和课文主题相关的文化背景和内涵。

通过引入中国文化的内容，可以吸引学生的兴趣并增强其中文学习动机。因此，白乐桑在教材编写中非常注重编排文化内容。《启蒙》每一课都设有文化板块（CIVILISATION），用法语介绍与课文相关的文化点。比如《中国大，日本小》的文化板块，通过法文介绍中国的地大物博，"中国从北到南就像从丹麦到尼日尔，从东到西就如同从乌拉尔山到布列塔尼海岸""中国有沙漠、喜马拉雅山、草原、稻田；有热带气候，也有西伯利亚的寒流；有50多个民族，不同的语言和文字"等

(Bellassen J.，1989）。此外，还借助地图的形式，将 17 个半的法国地图置入中国地图中，以直观的方式突出中国是一个如同大洲般幅员辽阔的国家。

（七）秘方 7：实施直接法教学

对外汉语学科历史上较早使用"直接法"教学的是赵元任，他于 1922—1924 年在哈佛大学从事对外汉语教学，他在教学中"历来主张直接法"，即"想方设法让学生跟所学语言多接触，多听多说"（赵新那、黄培云，1998）。盛炎（1987）也将这种不主张过多使用学生母语的教学法概括为直接法，实际上就是用中文去教中文。盛炎还提到赵元任将语言学习比作游泳训练，这比欧洲功能派提出的"让学游泳的人到水里去"早了几十年。

"直接法"也是白乐桑最倾向的教学方法，即用外语教外语，尽可能地使学习者在课堂上回避使用母语。基于直接教学法的理念，他避免编写一些对欧美学生来说在日常会话中不常见、难以直观理解的汉字。比如"你忙不忙"这句里的"忙"字，该字在欧美学生的语境中很难直观地理解其含义，因此不适合"直接法"的教学。相反，"中国大，日本小"这个句子的意义更容易被图像化、直观化，更有助于"直接法"的实施。

白乐桑回忆 20 世纪 80 年代使用"直接法"教学《中国大，日本小》的实践。教师可以在黑板上画出简单的地图，指着地图说"这是中国，这是日本"，使学生能够直观地理解"中国"和"日本"这些汉语生词；如果教师不擅长画图，亦可借用学校里的地理挂图，指着挂图用中文表达"这是中国，这是日本"，并通过简单的手势来说明"大"和"小"的含义。再借助提问"中国大吗""日本小吗"等简单的中文问题，强化学生的汉语口头和听力表达。

（八）秘方 8：实施"滚雪球"教学法，提高字的复现率

"滚雪球"（boule de neige）最初是《启蒙》中每三课之间设置的一个综合性的中汉互译练习（白乐桑、张朋朋，1993）。这个练习"字词兼顾"，利用前几课学到的生字和生词，将其扩充为短文，以此来复习和巩固所学过的高频字和新组合的词。"滚雪球"的方法不仅限于短文，还可以通过选用构词能力强的字，把已学过的字"滚"起来，以保证字的复现率。

"中国大，日本小"这六个字都是高频的"一级汉字"，可以轻松地将它们与学习者已经学过的字进行组合，形成不同的排列组合。比如"中国、国中、国王、王国、大小、大国、小国、中日、本国"等。通过这样的方式，可以有效地贯彻中文教学中的"经济原则"——在最小的篇幅展示尽可能多的语言元素，提高常用汉字的复现率，从而增强学生记忆汉字的效果。

三 中文二语教学"二元论"

通过上文详细地分析《启蒙》第一篇课文《中国大,日本小》中的8个秘方,我们可以零星地看到"二元论"教学法的一些特点。例如,在内容设计上"字词兼顾",根据频率选字、组词;借助"滚雪球"的方法提高字和词的复现率;通过汉字原型的运用增强学生对汉字的记忆效果等。综上,我们可以直观看到"二元论"教材从汉字的表意性出发,认识到了中文不仅是第二语言教学也是第二文字的教学。接下来,我们将从"二元论"教学法名称的缘起、教材分类以及具体教学理论三个层面,对"二元论"教学法进行系统梳理。

(一)"二元论"术语的缘起

自1992年张朋朋将《启蒙》定义为"字本位"教材以来,《启蒙》在中国的接受就伴随着"字本位"和"词本位"之间的学术争鸣。这一争论不仅体现在中文教学方法上,也同样体现在汉语语言本体论的研究中,这就给作为教学法的"字本位"引发了不少误解和混淆。比如一些批评者在未深入阅读《启蒙》的前提下,就批判所谓的"字本位"教材只注重"字"而忽视"词"。因此,白乐桑选择用中文二语教学"二元论"(Dualism)和"一元论"(Monism)的术语,分别替代"字本位"和"词本位"的说法(Wang-Szilas J,Bellassen J.,2017)。选择这一颇具哲学内涵的术语,也和白乐桑深厚的哲学背景密切相关——他在20世纪70年代不仅主修汉语,同时还主修哲学专业,在中国留学期间也从事哲学研究。

用"二元论"术语替代"字本位",最早可见于王若江对白乐桑所提出的教学法的高度概括,"1997年白乐桑先生提出了汉语教学二元论的观点"(王若江,2004)。白乐桑正式用"二元论"术语替代自己的"字本位"教学法则是在2016年,其在中国多所高校进行的题为"汉语教材与'庐山现象'——学科建设的重大认识论障碍"的讲座中首次提出。随后,他将讲座整理成论文《一元论抑或二元论:汉语二语教学本体认识论的根本分歧与障碍》,并于2018年正式发表在《华文教学与研究》第4期上。至此,白乐桑在公开场合都启用"二元论"这个新术语,来替代原来的"字本位"一说。

(二)"一元论"和"二元论"教材的类型

2010年,白乐桑发表在《对外汉语教学与研究》第1期的文章《汉语教学与巴别塔的诅咒——一门学科的崛起、动态发展与构建》对所谓的"字本位"和"词本位"教学法进行了分类,分为"相对词本位""绝对词本位""绝对字本位""相对字本位甲""相对字本位乙"和"绝对双向教学法"这6类，可以视为对"一元论"和"二元论"教材分类的雏形。2018年白乐桑引入"一元论"和"二元论"概念，重新修订了该文章对汉语教材的分类（白乐桑、宇璐，2018），梳理如表2所示。

表2　　　　　　　　　　六种"一元论"和"二元论"教材的类型

教材类型	特点	代表性教材
语言"一元论"（相对词本位）	"词"是唯一的语言单位，词的交际功能——口头或书面——占据绝对重要的地位。忽视对汉字的释义，有关汉字的知识常常只有简单的笔顺 中国（包括台湾地区）出版的主流对外汉语教材属于该类型	《中文听说读写1》（1997，Cheng & Tsui Company） 《博雅汉语·初级起步篇1》（2004，北京大学出版社） 《成功之路·起步篇1》（2008，北京语言大学出版社）
口语"一元论"（绝对词本位）	"词"的口头交际能力占核心地位，且以拼音形式出现，汉字知识未纳入教学中。这种形式常在以速成、实用为目的的汉语学习材料中使用	《汉语双轨教程2·听说本》（*C'est du chinois-comprendre et parler*）（1999，You-Feng） 《新实用汉语课本1》（2002，北京语言学院出版社） 《实用视听华语1》（2008，台北实正中书局）
文字"一元论"（绝对字本位）	单字在教学中占主导地位，忽略交际能力和语法知识的习得。会优先选择简单的独体字以及与其相关的派生字，例如"木"和"朩""片"；"行"和"彳""亍"等 构字法被运用和学习，但在构句中却受到词汇量的限制；且会导致交际能力薄弱，甚至不具备交际能力	《现代汉语程序教材1》（*Méthode programmée du chinois moderne*）（1986，Ed. Lyssenko）
"二元论"（相对字本位甲）	承认"字"和"词"是中文的两个语言、教学单位，"字词兼顾"，对"词"的选择依据汉字的出现频率与交际价值这一双重标准 它不是列出有利于交际的"词"，而是优先选择由高频字组合而成的"词"，有些组合性较弱的词汇，可能只在语音层面上进行教学。例如，"Coca-Cola"词是依据字与音的双重维度来处理的，而"café"则只用拼音进行标注：可口可乐/kāfēi。法国主流的对外汉语教材均属于此类	《汉语语言文字启蒙》（*Méthode d'Initiation à la Langue et à l'Écriture Chinoises*）（1989，La Compagnie） 《汉语双轨教程1·读写本》（*C'est du chinois-lire et écrire*）（1999，You Feng）
离散"二元论"（相对字本位乙）	与上面"二元论"的理念不同，离散"二元论"根据交际的标准来选择词汇，但同时也注重汉字的特性，区分主动字与被动字。由此，"可口可乐"一词，既要认读也要会写，而"咖啡"则只属于被动词汇。	《汉语入门》（*Méthode de chinois premier niveau*）（2003，L'Asiathèque）

续表

教材类型	特点	代表性教材
绝对"二元论"	与所有的二元论相同,该理念承认"字—词"两个语言单位,但其所倡导的教学是完全"分离"的。交际汉语就只注重口语(在拼音的辅助下,或是在一些信息交流工具的支持下),汉字的相关知识根据其内在逻辑单独地进行教学 这种两极分化的教学模式,一方面会列出 kāfēi, kěkǒukělè;另一方面则列出"木、林、森、口、品"等。这一现象常出现在小学的初级教学中	《小学语文一年级上册》(2011,人民教育出版社)

(三)法国现代中文教学"二元论"——"相对字本位"教学法

法国现代中文教学"二元论"(即"相对字本位"教学法)主要面向初级中文教学。在注重语言交际的同时,该教学法也尊重中文的独特性,承认汉字的表意性,以及中文作为第二语言教学也是第二文字教学的事实。这进一步明确区分了汉语与印欧语言的差异,并承认了中文教学中存在"字"和"词"两个基本单位。

"二元论"将"字"作为基本教学单位之一。"字"作为中文教学的独特的单位,其核心释义、结构、发音都应该成为中文教学的出发点。在初级中文教学阶段,通过高频"字"控制"词"的出现,并为每个"字"(语素)提供基本释义,突出了中文的"语义显性"。这种教学法有助于培养和加强学习者的独立阅读理解能力,而这正是中高级水平学习者所追求的主要目标。

概括来说,法国的"二元论"("相对字本位")教学法包括以下几项内容。

第一,强调在编写教材时选择汉字的首要标准是"字频"和"字"的构词能力。在此基础上层层构词,选"字"在先,构"词"在后。特别需要说明的是选字的这个"频率",应该同时考虑"书面语中的频率、口语中的频率、组词能力的高低以及与文化和汉字的相关度等问题"(潘泰、白乐桑,2021)。

第二,根据"字频"选出的汉字被确定为中文教学中学习者必须掌握的汉字,即"汉字门槛"。在《欧洲语言共同参考框架》下制定的《法国汉语教学大纲》(以下简称"法纲")将"汉字门槛"纳入,编订对等的"汉字门槛"与"汉语词汇门槛"。这是"法纲"的一大设计特色,其着重强调汉字学习的能力。此外,还在汉字"频率"的基础上对汉字进行量化和分级,同时根据学习者水平的差异划分"主动字"(既要求认读也要求书写的汉字)和"被动字"(只要求认读的字)、"主动词"与"被动词"。作为"法纲"的主要编写者,白乐桑根据以汉语为第一、二、三外语的不同学情,为法国高中阶段的汉语大纲设定了6种不同标准的"汉字门槛"，梳理如表3所示。

表3　　　　　　　　法国高中阶段汉语大纲中的6种"汉字门槛"

针对汉语为第几外语的学习者	汉字门槛表名称	备注
第一外语（LV1）	805汉字门槛	高中结束时汉语LV1在汉字方面的目标
第一外语（LV1）	505主动汉字门槛	LV1的"主动字"
第二外语（LV2）	505汉字门槛	高中结束时汉语LV2在汉字方面的目标
第二外语（LV2）	355主动汉字门槛	LV2的"主动字"
第三外语（LV3）	405汉字门槛	高中结束时汉语LV3在汉字方面的目标
第三外语（LV3）	255主动汉字门槛	LV3的"主动字"

第三，在承认汉字是表意性文字的前提下讲解汉字。注重分析汉字的笔画、笔顺、字源、部首，对汉字的部件进行拆分并为其进行法语命名。这一做法符合人的认知和记忆规律，有助于学生记忆汉字并增加其汉语学习动机。这是因为汉字与西方字母文字截然不同，学习汉字的"挑战"往往成为一部分中文学习者的巨大动力（宇璐、白乐桑，2021）。

第四，利用已学过的高频"字"组成的"词"，再编出"滚雪球短文"，旨在保证高频字的复现率。

第五，扩大汉字学习的功能，比如通过汉字讲授中国文化、通过汉字学习开发学习者视觉记忆力等。汉字的形体和结构本身蕴含着丰富的文化信息，通过汉字的甲骨文原型讲授，可以让学习者更全面地了解中国传统文化的内涵，让汉字学习成为一种更为深刻的文化体验；此外，汉字学习对于学习者的视觉记忆力开发也具有积极作用。由于汉字的形体和笔画变化较多，非中文母语学习者在书写和阅读汉字过程中需特别注意细节和结构。这种细致观察有助于培养学习者的观察力和记忆力，进而提升整体学习效果。

参考文献

[1] Adomlingua. *Approche et Moyens Pédagogiques* [EB/OL]. [2023]. https://www.adomlingua.fr/programmes/initiation-chinois.html.

[2] Bellassen J., (coll. Zhang P.). *Méthode d'initiation à la langue et à l'écriture chinoises* [M]. La Compagnie, 1989.

[3] 白乐桑，张朋朋.《汉语语言文字启蒙》[J]. 汉字文化，1993（02）：50—51.

[4] 白乐桑，廖敏．法国汉语评估及教学划时代的飞跃——论2013法国外语高考改革对国际汉语教学的巨大推动［J］．华文教学与研究，2013（04）：4—10．

[5] 白乐桑，宇璐．汉语教学与巴别塔的诅咒——一门学科的崛起、动态发展与构建［J］．民俗典籍文字研究，2018（02）：1—12＋253．

[6] 北京大学研究生院．北京大学2016年"黉门对话——汉语教材与学科发展"举行［EB/OL］．［2016－11－01］．https：//grs.pku.edu.cn/xwdt/259203.htm．

[7] DeFrancis J.，Teng C. Y.，Yung C..Beginning chinese reader［M］．Yale University Press，1966．

[8] 费尔迪南·德·索绪尔．普通语言学教程［M］．高名凯，译．北京：商务印书馆，1980．

[9] Inalco. *Kit de Contact en Langues Orientales*：*Chinoision*［EB/OL］．［2022－05－15］．https：//www.fun-mooc.fr/en/cours/kit-de-contact-en-langues-orientales-chinois/.html．

[10] 刘社会．评介《汉语语言文字启蒙》［J］．世界汉语教学，1994（04）：76—80．

[11] 吕必松．汉语教学路子研究刍议［J］．暨南大学华文学院学报，2003（01）：1—4．

[12] 吕必松．汉语教学为什么要从汉字入手？［C］中国英汉语比较研究会．中国英汉语比较研究会第八次全国学术研讨会论文集，2008：11．

[13] 吕必松．说"字"［J］．汉字文化，2009（01）：7—17．

[14] 潘泰，白乐桑．法国中文教学的理论与实践［M］．武汉：武汉大学出版社，2021．

[15] Par L'agence Delta pour Hihilulu. *Hihilulu*：*Une Pédagogie Innovante qui Révolutionne L'apprentissage du Chinois*［N/OL］．［2023－10－20］．https：//www.lefigaro.fr/economie/hihilulu-une-pedagogie-innovante-qui-revolutionne-l-apprentissage-du-chinois-20231020.html．

[16] 盛炎．赵元任先生对汉语教学的贡献［J］．语言教学与研究，1987（03）：109—116．

[17] 唐智芳．字本位理念下的对外汉字教学［D］．长沙：湖南师范大学，2005．

[18] 王骏．字本位与认知法的对外汉语教学［D］．上海：华东师范大学，2006．

[19] 王骏．字本位与对外汉语教学［M］．上海：上海交通大学出版社，2013：9—11．

[20] Wang-Szilas J.，Bellassen J..5Dualism-based Design of the Introductory Chinese MOOC "Kit de Contact en Langue Chinoise"［J］．*Beyond the language classroom：researching MOOCs and other innovations*，2017：43－57．

[21] 王若江．由法国"字本位"汉语教材引发的思考［J］．世界汉语教学，2000（03）：89—98．

[22] 王若江．对法国汉语教材的再认识［J］．汉语学习，2004（06）：51—57．

[23] 王若江．对法国"字本位"教学法的再思考［J］．国际汉语教学研究，2017（03）：9—13．

[24] 赵新那，黄培云．赵元任年谱［M］．北京：商务印书馆，1998．

[25] 宇璐，白乐桑．法国前总统德斯坦中文学习案例分析［J］．天津师范大学学报（社会科学版），2021（03）：1—6．

[26] Zhang-Colin Y.，Gianninoto M..Les Idées Didactiques en Chinois Langue Étrangère（CLE）

Depuis 1945：Recoupements et Croisements avec L'histoire du Français Langue Étrangère （FLE） ［J］. *Documents pour l'histoire du français langue étrangère ou seconde*，2022（68）：1 – 12.

［27］张朋朋.《汉语语言文字启蒙》一书在法国获得成功的启示［J］.语言教学与研究，1992（01）：119—125.

［28］郑继娥.汉字的理据性与汉字教学［J］.华东师范大学学报（哲学社会科学版），1998（06）：89—92.

［29］周上之.世纪对话——汉语字本位与词本位的多角度研究［M］.北京：北京大学出版社，2013：213.

（责任编辑：梁德惠）

语言文明、语言的智性工具性与语言失范的治理
——"首届语言治理与国家治理研讨会"主旨报告辑录[*]

李宇明　周建设　戴曼纯

一　语言文明

　　我是这样来看语言文明的：第一，储存在语言文字中的人类文明；第二，人类通过语言文字所创造的人类文明。我们过去侧重于看第一个问题，语言学家侧重于看储存在语言文字层面的。在语音当中、词汇当中、语法当中、文字当中甚至语用当中，我们都有研究。这些文明，没有语言学家的工作，人类是不能享有的。因为人类不可能从语言文字本身的文明当中去享有，只有通过语言学研究才能把它开发出来。但是，更重要的语言文明是人类通过语言文字所创造的这类文明，这一部分就不是需要通过语言学家的研究人类才能够享有的语言文明，而且这个文明是更大的。语言学研究要从第一个方面的人类文明走向第二个方面的人类文明研究，也就是不仅要研究语言文字当中储存的人类文明，还要研究人类如何通过语言文字创造文明。而且人类文明它是建立在语言文明基础上的，我们应该这样看，人类在语言文明中进步，并在进步中不断地丰富语言文明，我们今天也创造新的语言文明。

　　因此，语言学的一个重要任务就是揭示语言文明，保存和推进语言文明。第一个是揭示语言文明，第二个保存和推进语言文明。要研究人类社会如何利用语言文

---

[*]　本篇特稿为"首届语言治理与国家治理研讨会"（北京，2023年11月18—19日）上三位主旨报告专家报告内容的摘录。三个报告分别是：《中国语言规划的六大理念》（李宇明，北京语言大学教授），《语言行为与语言精神》（周建设，首都师范大学教授），《数字语言生活的失范现象及其治理》（戴曼纯，北京外国语大学教授）。

字创造文明与传承文明,语言文字对人类社会和群体发展和个人一生所起的作用。

我过去在很多场合一直主张重写语言学概论。我觉得我们大学的语言学概论比较落后,就是仅仅盯在语言研究和语言结构上。我们的语言学概论基本上是一个语言结构的概论,还是一个结构论。实际上,我们应该研究语言和整个人类群体的关系,研究语言和整个人类个体的关系。从出生到成长,到衰老,以及人类在一生当中某些人、某些人群可能患上的语言疾病、语言障碍,这都是研究语言和整个种系的关系、研究语言和个人的关系。我觉得这样的语言学概论才能够把我们年轻人的事业推向一个语言学的新高度,而不仅仅是语音、词汇、语法。如果语言学研究还仍然仅仅是语音、词汇、语法的话,我觉得不可能实现语言和人类文明这样一个大的设想。所以语言学应该发生一些比较大的观念上的革新。

大家都知道习近平总书记提出了"两个结合",第一个结合是马克思主义基本原理同中国具体实际相结合。第二个就是马克思主义基本原理同中华优秀传统文化相结合。"第一个结合"是从毛泽东时候开始的,"第二个结合"是我们最近才上升到理论的高度。而在"第二个结合"当中,就更进一步要求我们研究语言文明的重要性。中国式现代化为什么是中国式的现代化?中国人为什么是中国人?是因为我们的语言文明在起作用。因此,我们应该发掘和传承古代汉语、古代文字、古代典籍中的语言文明,要发掘传承方言和民族语言中的语言文明。当然,还要借鉴人类其他语言文明。最终,我们是要创造新时代的语言文明。

国家语委这些年一直在努力做一些和语言文明相关的工作。大家都熟悉的,比如持续开展中华经典的诵读讲活动,包括汉字大会、诗词大会,还有支持甲骨文等古文字的研究,这些都是对语言文明的传承。而中国语言资源有声数据库的建设、语保工程的建设等,这些是对中华口语文明的发掘、保护和继承。促进甲骨文进入联合国非物质文化遗产名录,还有中华经典外译工程等,这是对中华语言文明的传承和传播。所以国家语委这些实践活动,过去我们没有把它上升到语言文明的高度,我们仅仅觉得要做这些工作,但是它的理据是什么?现在看起来,这些工作都是为了弘扬中华语言文明。

所以也是从最近我们国家语言文字的实践当中,可以总结出关于语言文明的各种各样的情况。今天我讲的大概就是这么一个意思,我们对于理想的语言生活的认识是两个方面:第一,构建和谐语言社会;第二,促进社会沟通无障碍。第一点我觉得已经成为我们的共识,第二点也应该逐渐形成我们的共识,就是促进社会沟通无障碍。我们的目标是要建立一个沟通无障碍的社会。那么要做好这样的工作,必须要提升公民和国家的语言能力,要全面开展语言服务。而要构建和谐语言生活,促进社会沟通无障碍，提升公民和国家的语言能力，全面开展语言服务，必须要秉持两大理念，第一就是语言资源理念，第二就是语言文明。我们要保护开发语言资源，要发掘弘扬语言文明。

二 语言的智性工具性

语言到底有多少作用。人类有两种工具推动自己的进步：一种是物性工具，我们现在坐高铁，包括现在的导弹，那都是物质的东西；另一种是智性工具。物性工具和智性工具是人类发展的两大法宝。物性工具的改进，促进人类物质生活的水平提高；智性工具的改进，促进人类精神生活的提高。语言是智性工具的代表，对语言工具属性的认识、对语言的治理，事关人类精神生活质量。

讲文明、讲规划，落脚点也是要提高人类的精神生活品质。那为什么此前不是这么受重视？那是因为人先要解决温饱问题，所谓"仓廪实而知礼节"。物质生活发展到一定时候，人追求的是精神生活。所以智性工具的重要性显现出来了。现在ChatGPT横空出世，世界慌了。为什么呢？因为以前很少有人想到另外一种工具，它悄悄来临的时候，把好多人的饭碗端了。到现在，我认为相当一批文科的同志包括一些学者还在朦胧当中、还在否定当中、还在千方百计怎么挑ChatGPT的毛病，我觉得没有必要。

我们要重视智性工具。它跟我们什么关系？我想从另外一个角度来进行阐释。语言是交流思想、传承文化、和谐社会、服务治理的，这四句话是最近我反复讲的四句话。为什么国家如此重视语言？那是因为国家发展到现在，语言是一种工具，交流思想是基本的传承文化。习近平总书记多次讲和谐社会治理问题，服务治理，应该说是跟我们今天会议的主题相关的。战国时代的公孙龙说："至矣哉，古之明王。审其名实，慎其所谓。至矣哉，古之明王。"他认为语言用得精准就是贤明之王，贤明之君。

语言治理，从我的角度说，觉得应该从两个方面看：一个是个体的观察视角，治理语言行为；一个是群体性的视角，治理语言精神。比方说，语言习惯、语言文化、语言素养、语言文明表现在个体行为当中，它是一种状态、一种操作。

语言文化，它是带文化的，这个例子就很多了。语言素养里面有个原则。一个人的语言素养是他有个准则，比方他如何看待人格，如何看待价值，如何看待心理接受程度，如何看待交际的效率。

关于语言文明。我说信息互通是一种文明，有些社会很封闭，而文化互鉴、利益共享、人权互爱，是语言文明的表现。什么时候可以是我们的文化成为世界的中心，或者接近中心的时候？是语言在起作用。

另一个是语言精神。语言精神是社会意识、文化意识、国家意识的综合体现。所以我说，语言精神是一种群体视觉概念。我每次唱国歌都很激动，为什么？因为我觉得在这里面看到了那么多人牺牲了。它是什么？就是传承的一种精神。你看"我们万众一心，冒着敌人的炮火，前进！前进！前进进！"靠什么？他一唱出来，就是靠语言，尤其是最后的重复。

如何治理呢？我认为治理要逐渐形成标准。我没写 TB，TB 是团体标准，我用的是 GB，用的是国家标准。语言行为治理，从个体角度说，我认为是八个焦点，或者是八个环节。政策引领是第一要点，项目引导、平台引导、标准引导，这个也很重要。

前面讲的都是语言的传统治理，我认为未来要发展到数据治理。内容是一样的，比方说标准，标准就是遵循，就是方向；比方说资源，资源就是素材，就是能量；比方说资格认证、微认证，就是认可，就是激励；督导评估就是纠偏和促进，典型示范是示范，就是效仿和传扬。我认为传统的语言治理应该走向数据的智能的语言治理。

三　语言失范的治理

借用李宇明教授关于语言生活的定义，即人们运用学习、研究语言文字、语言知识和语言技术的各种活动，可以推出数字语言生活应该是人们借助数字设备、软件和互联网提供的服务，学习、使用和研究语言，包括语言技术的一切活动。

网民尤其是年轻人使用一些新奇的表达，出于娱乐或别的目的创造出一些奇异的表达方式，显然它没有为我们人类文明创造任何新的信息或者是有价值的东西，这种我们可以看作语言的失范。这种语言行为失范现象现在是非常普遍的，尤其是其中的造谣、诽谤这种语言行为的失范非常多、数量很大，治理起来也是最难的。现在缺少的是数字空间的语言规范，现在还没有一个明确的规范来指导怎么鉴定语言失范以及怎么做语言治理。广大网民是数字空间的语言使用主体，他们使用的语言形态、语言行为规范的确立还是有模糊空间的。语言在发展，人们的交往方式也在变化，所以很多新的东西、新的现象是需要学界来研究的。

现在语言失范的定义本身就缺少规范，没有一个统一的认识。狭义的理解涉及语言本体的规范。虽然不容忽视，但这一块的语言治理显然不是今天谈的作为国家治理一部分的语言治理特别关注的部分。广义的语言规范是除语言形态外，还应包括语言使用主体的行为规范和语义内容设计。语言本体的语义语用和使用者的行为是语言本体、语言行为的混合体，所以这是广义的，也可能应该是语言治理研究特别关注的地方。

语言规范有一部分是比较明晰的，有些是比较模糊的。明晰的语言规范比如《中华人民共和国通用语言文字法》、国家标准、地方标准、语言文字规范的一些管理文件、规范的语法等；模糊的语言规范随着我们社会发展而演变，比如伦理道德、公序良俗等未纳入明晰规范范畴的语言现象、自然演变的语言现象等。

语言失范它也有明晰的地方和模糊的地方。明晰的规范相对比较简单，就是语言形态的失范；我们能观察的模糊的失范是行为的规范。语言形态失范是指刬除语义语用的语言形态方面的；语言行为失范是语言使用者的语用和语义层面存在问题，包括造谣、诽谤、侮辱、谩骂、语言暴力、泄露隐私机密等。

我们可以从四个维度来看语言失范的问题：一是语言形态；二是语义内容；三是使用主体，包括它的语用和语用意图与行为；四是语言行为的效果。

语言使用主体是要担负责任的，个人要提高自己的个人素养。根据平台类型，治理要分流，不可能是"一刀切"，主管部门指导规范和失范的研制，我们现在缺这类材料，发布相关的政策，学界全程参与研究，制定元规范及元示范，教育界落实与加强数字元生活教育。我觉得现在有点缺强力部门处理违法案件。那么参考失范等级做语言治理，我们应该需有以下认识，即语言治理是有轻重缓急的，怎么依据语言失范等级，我们可以认证它的等级。根据1分值来定，语言治理是有优先度的，分值低的显然不是优先考虑的，分值高的才是要优先考虑治理的。比如说语言的形态失范，它就没有语言行为失范那么严重；文字语音句法的失范就没有语义语用失范严重；语言本体的失范就没有语言主体失范那么严重；错别字就没有超语混用严重；超语混用也没有泄露个人隐私严重，更没有泄露机密严重。

下面看一下语言治理的理想参与度。理想参与度轻微的，网民个体自己解决；网群管理，学界参与，这就是比较轻微，参与得越多说明问题越严重；到了第三个等级，教育机构就得参与了；到了第四个等级主管部门参与了；第五个等级强力部门得参与了。所以轻重缓急，我们可以看这边是轻的，那边是重的。那如何认定，这就要找算法。这个具体还得继续去研究，把这些算法里面的要素给理清楚，能够给它合理的数值，用足够的样本支撑这样的一个分析框架。

现在面临的语言治理和语言工作者怎么参与国家治理这个工作，有很大研究空间。数字语言生活治理这个探索空间就非常的广阔，语言规范与失范的研究是亟待加强的。越来越多的人在谈这个事，但具体怎么落地，怎么找到抓手，这是极为重要的。语言治理显然不是喊口号，语言治理要找到理论依据、法律依据，技术手段也有待进一步探索。通过技术手段进行语言治理，那就是辅助手段，人才是重点。数字时代语言失范的程度显然从前面我讲的能看出来，它是有不同等级的，所以语言治理也应该是轻重缓急。能找到什么归个人来管、自治理、主动治理；什么是属于被动治理，学界要介入，教育机构要介入，甚至强力部门要介入；数字语言生活教育，包括语言规范的教育。

（责任编辑：梁德惠）

【多人谈】

语言治理多人谈

法定计量单位应保持中华语言文明元素

郭　熙[*]

一　背景

中国的传统计量单位具有悠久的历史，是中华语言文明历史的记录，更是中华语言文明的重要成分，和人民群众的日常生活息息相关。

20世纪50年代开始，我国政府实行统一计量制度。1995年10月5日，国务院办公厅转发《国家技术监督局关于进一步实施法定计量单位请示》，在全国执行，掀起新一轮的"公制"热潮。几十年来，我国在宣传和推行法定计量单位、废除市制、限制英制、改革米制等方面做了大量工作，取得了明显的成效。科学、统一、实用的法定计量单位的推广和采用，进一步统一了我国计量制度，对贯彻改革、开放的方针，促进对外贸易、科技交流起了积极作用，取得了较好的效果。但这个以追求国际标准为目标的法定计量单位，在制订中未能对中国文化传承问题予以足够重视，对此本人2013年曾做过初步讨论。

党的二十大报告明确提出要走中国式现代化道路，构建人类文明新生态。科学总结新中国统一计量制度的成就和问题，在法定计量单位中体现对中华语言文明的传承和保护，对于正确认识"国际标准"接轨，方便人民群众使用，铸牢中华民族

---

[*] 郭熙，暨南大学华文学院教授、国家语委海外华语研究中心（暨南大学）主任，主要研究方向为海外华语、社会语言学等。

共同体意识,具有重要意义。

二 法定计量单位的几点缺陷

根据我们的初步研究,现有法制计量单位规定有以下几个缺陷。

(1) 隔断了中华度量衡语言的延续。中华语言文明中,大量的词语和表达方式都包含着度量衡词语。成语和熟语是典型的例子。我对《汉语大词典》中含度量衡的成语进行了统计,如表1所示。

表1　　　　　　　　《汉语大词典》中含度量衡的成语统计

量词	度			量			衡		
	里	尺	寸	斗	升	石	斤	两	钱
数量	70	60	59	17	2	1	11	11	2

问题在于,计量单位的更改将意味着充满中华文化色彩的成语从我们语言中消失。若干年后,"半斤八两""斤斤计较""一日千里""寸土不让""白发三千丈""不为五斗米折腰""命里只有八合米,走遍天下不满升",等等,都将不知所终。这可能是有关方面始料不及的。

(2) 影响各地华人社会的沟通和传承。在我们规定必须使用"千米""千克"的时候,我国境外地区和海外华人社会仍在使用"公里""公斤";我们改成了"米、厘米",海外境外仍在使用"公尺""公分"。这些对海外传承传播以及各地华人的交流也会产生一定的影响。

(3) 造成了使用的不统一。规定混淆了社会的不同层面和对象,把普通老百姓的语言使用和科学计量混同起来,给使用者带来麻烦。导致了一些奇怪的表达现象出现。这种现象已经波及供海外华人使用的中文教材。出版社为了保证"校对质量",要求将中文教材中的"公斤、公里"都改为"千克、千米"之类,让人哭笑不得。其他语文工作者也有同样的遭遇。

> 我是一名报纸编辑,本报社的校对们很认真,也很较真,他们严格遵守语言规范,有时严格得近乎死板。前不久,我编发了一篇关于阶梯电价的稿件,稿子里有十几个"度"字,校对非得将之一个个改为"千瓦时"。"千瓦时"比"度"更符合相关语言规范,这个我也知道,但"度"显然更简洁、更方

便、更便于阅读。关键是，老百姓都说"几度电"，报纸上非得说"几千瓦时电"，难道不别扭吗？报纸是给老百姓看的，不是供语言专家审核的。

　　这次校对很不情愿地听从了我的意见，但类似的争执还有很多。比如，"今年以来"须表述为"今年初以来"，"月赚4个亿"须表述为"月赚4亿元"……更离奇的是，一个人去菜市场"买了3斤肉"，这样的表述竟然不符合语言规范，而应该表述为"买了1.5公斤肉"或"买了1500克肉"——真不知道这样的语言规范是不是诚心和老百姓的习惯对着干，更不知道如此规范意义何在。实际上，很多媒介并没有严格遵守语言规范，我想很多时候是故意不遵守或者没法遵守，他们宁肯"遵守"受众的习惯。①

　　计量制度采用公制，实现规范化、标准化，这自然是正确的。问题在于，这里的规范化、标准化一路顺着西方路子走，不分场合、不讲条件，对我们的文化是有危害的。事实上，世界上许多国家都没有采用"国际化的公制"，例如，美国仍然在用英里和加仑。

三　几点建议

　　法定计量单位规划，是语言规划的重要工作，不仅要有社会目标考虑的良好动机，还要考虑到文化传承，受众利益（含情感、习惯等），预后效果（可行性，有无负面效果，若有，其危害程度如何）。应坚持文化自信，广泛听取意见，不能简单地强行去改变人民群众的"习惯"。具体建议如下。

　　（1）在公制系统中尽量保留中华元素。

　　恢复"公斤""公尺""公分"等计量单位的法定地位。用"公里"换算"里"或"华里"，用"公尺"换算"尺"或"市尺"，用"公斤"换算"斤"或"市斤"，等等。数学教学中，应继续保持换算教学。这有利于下一代了解掌握中国传统度量衡文化。目前小学数学课只有1千克=1公斤，1公斤=2斤，至于1米等于几尺、丈、寸这些都没有。

　　（2）区分科学计量单位和日常使用。

　　在"千米""千克"等既成事实而难以改变的情况下，应明确计量单位在科学

---

① 浦江潮：《语言规范不要"化简为繁"》，人民网，2010年10月22日，http://culture.people.com.cn/GB/27296/13024301.html，2022年10月30日。

领域和日常使用的区分。即在科学领域，可以使用"千米"类，日常生活继续使用含传统中华度量衡元素的单位。据向有关出版机构了解，现在"公斤"已经"解禁"，这应该是一个进步。

（3）汲取教训，举一反三。

其他领域也应重视中华语言文明元素的使用。例如产品命名。当年东方红拖拉机命名时，毛泽东曾批示拖拉机型号名称"不可用洋字"。祖国的航天事业在这方面作出了榜样，"神舟""嫦娥""祝融""悟空"等一系列包含中华文明元素的名称广受赞扬，并开始走向世界。华为用鸿蒙系统，比亚迪王朝系列汉字车名，在欧洲直接使用汉语拼音，也反映出民企的中华文化意识；而我国商飞的大飞机却以C919命名，不能不让人遗憾。对此，有学者曾提出相关建议，似乎未能引起注意。

还有一些领域，如药品，没有用"洋字"，但过于追求"科学化"，名称无法记住，即使是我们自己开发的抗疫药物也没有中国化的名称，如阿兹夫定。这不利于人民群众使用。

中华语言是中华文明的组成部分。科学地开展标准化和规范化工作，是中国式现代化不可缺少的方面。我们不应为接轨而接轨，应尽最大力量保持和使用中华语言文化元素，同时要做到方便掌握，易于推广。

语言治理的刀刃在哪里

苏新春[*]

语言生活派在20年实践中涌现了一批专业术语，显示出新实践不断开拓、新理念不断形成。这些术语可分为两类：一类是名词性，如语言生活、语言资源、语言数据、领域语言、语言实态、语言恒态、语言动态、语言能力、语言身份、语言态度、语言障碍、语言战略、语言意识、语言产业、语言经济、语言安全等；另一类是动词性，如语言保护、语言开发、语言服务、语言调查、语言统计、语言规划、语言管理、语言治理等。由于汉语"体用同称"的特点，有的术语会兼具名词用法与动词用法。分别观之，会发现名词性术语多是一个术语表示一个领域、一个方面

---

[*] 苏新春，喀什大学、厦门大学、厦门大学嘉庚学院教授，国家语言资源监测与研究教育教材中心主任。

或一个目的，而动词性术语当有着相同的动宾施受关系时往往会表现出用力大小、程度不同、轻重不等的序列性特点，如"语言规划""语言管理""语言治理"。

"语言规划""语言管理""语言治理"这三个术语有不少的共同点，即对施受对象进行主动的、干预性强、希望纳入某种理想的、有序的、有明确目的性的状态中。三个术语中"语言治理"出现得晚。如何让这个术语变得更容易为人们所接受，有两种不同的做法。一种做法是尽量淡化"语言治理"的刚性特点，弱化它的力度、程度、轻重度，让它变得更像一般意义的"语言规划""语言管理"。如将它解释为"通过平等的合作、对话、协商、沟通等方式，依法对语言事务、语言组织和语言生活进行引导和规范""政府与社会为了共同价值，多方互动、参与和合作，共同推动语言的演化和发展来实现社会有序发展的努力与追求"，这里突出的是平等、合作和引导。这样做的好处是能让"语言治理"显得更加平和，更加容易为人们接受。只是这样做也会带来另一个问题，即它表示了哪些别的术语所没有表达的东西？它独特的、难以轻易被替代的意义内涵是什么？这对一个新术语来说至关重要，只有表达了新的、独特的意义这个新术语才显得更有存在的价值。

另一种做法则是突出"语言治理"的强规范性、强价值观、强引导性。它针对的是有违于语言自身发展规律和社会正面价值的语言使用现象。社会语言使用现状中的确存在着一些不容忽视、难以被宽容、有较大负面作用、蔓延较快、危害较大的语言现象。这样的语言现象很难自我消退，必须加以强力的引导、规范、约束甚至禁止。这样的语言现象产生不是偶然的，是由社会环境而决定着其存在的必然性。它依俗而为，随性而生，求怪求异，往往具有较大的破坏性。正是由于它的存在，也就必然需要强干预性的语言政策和语言规划来对待，通常所说语言政策的"政治性""强规范性""强干预性"指的就是面对此物时所必需的。将这一功能从"语言管理""语言规范"中剥离出来用"语言治理"来表达，正当其时，正堪其用。

《中国语言政策研究报告（2023）》中的《语言文字法治建设这十年》指出，"加强语言文字法治建设，是促进语言文字治理体系和治理能力现代化的重要任务"。这里的"法治"与"治理"，就是突出了语言政策的"政治性""强规范性""强干预性"。该文梳理了从中央到地方各级国家机关所颁布的各种规范文件，包括了八方面的治理内容，如"规范社会一般应用领域汉字使用""规范信息技术产品国家通用语言文字使用""规范普通话水平测试管理""规范语言文字工作具体事务""实施国家通用语言文字法""规范少数民族语言文字工作""规范民族自治区域语言文字工作""规范公共场所外文译写及促进外语服务"。这些内容已经纳入了国家语言文字工作的正常工作范围，故它们更显得像是一般意义上的语言规范与语言管理的意思。但在下面的工作如"网络清朗专项活动",所"清理"的内容除了有平台操纵、视频制作、虚假短视频等属于技术或平台管理内容外,其他大部分的内容,如"网络舆情""网络谣言""舆情风险""黄赌""低俗""迷信""戾气""网暴"等,都属于语言治理的内容,需要采取硬性措施来处置。如此一来,用"语言治理"指称之是再合理不过的了。从而"语言治理"也就获得了它那不可替代的术语地位,这大概应该就是"语言治理"的刀刃了。

国家语言文字事业谱写时代新华章

王立军[*]

党的十八大以来,习近平总书记多次就加强语言文字工作作出重要指示,为国家语言文字事业的发展指明了方向。2021年11月,国务院办公厅印发《关于全面加强新时代语言文字工作的意见》,肯定了中华人民共和国成立以来,特别是党的十八大以来,我国语言文字事业在推广普及国家通用语言文字、推进语言文字基础能力建设、增强国家语言文字服务能力、推进中华优秀语言文化传承发展、提升中文国际地位和影响力五大任务方面取得的巨大成绩,并提出新的要求。回顾这十余年,国家语言文字的总体面貌发生了重大变化,语言文字的社会服务功能得到充分彰显。

国家通用语言文字的主体地位日益巩固。党的十八大提出要"推广和规范使用国家通用语言文字",明确了新时期语言文字事业发展的核心任务。十年来,各部门、各领域协同努力,坚持创新、协调、绿色、开放、共享的发展理念,牢固确立了国家通用语言文字的主体地位,创新方式方法,加大推广力度,建设了122个具有示范引领作用的国家语言文字推广基地,深化了国家通用语言文字的本体研究和应用研究。截至2020年,全国普通话普及率达到80.72%,国民语言能力逐步提升,我国已探索出多民族、多语言、多文种地区推广普及国家通用语言文字的科学路径和成功范式,为服务铸牢中华民族共同体意识发挥了重要作用。

语言文字服务国家重大战略的能力不断加强。进入新时代,语言文字的服务价

---

[*] 王立军,北京师范大学文学院院长、教授、博士生导师,教育部人文社科重点研究基地民俗典籍文字研究中心主任,国家语委科研基地中国文字整理与规范研究中心主任。

值和产业功能日益凸显。提高语言文字服务国家重大战略、服务社会经济发展的能力，成为国家语言文字事业的重要内容。特别是在语言文字服务脱贫攻坚和乡村振兴战略、服务粤港澳大湾区建设等区域重大战略、服务自由贸易试验区建设、服务"一带一路"倡议、服务北京冬奥会与冬残奥会等一系列实践活动中，都取得了令人瞩目的重大成果。同时，语言产业作为一种新的产业类型，发挥出前所未有的经济动能，从而进一步拓展了语言文字的社会功能。

语言文字的文化价值更加凸显。党的十九大报告指出："文化是一个国家、一个民族的灵魂。文化兴国运兴，文化强民族强。没有高度的文化自信，没有文化的繁荣兴盛，就没有中华民族伟大复兴。"语言文字既是中华文化的重要载体，也是中华文化的重要元素。2018 年，教育部、国家语委组织实施"中华经典诵读工程"，2020 年启动实施古文字与中华文明传承发展工程，这正是对党的十九大精神和中办国办《关于实施中华优秀传统文化传承发展工程的意见》在语言文字领域的深化落实。通过中国诗词大会、中华经典诵写讲大赛、经典润乡土计划等一系列语言文化实践重大项目，"亲近经典、承续传统"的社会风尚蔚然兴起，全民的综合文化素养和社会文化生态进一步优化，中华经典的文化内涵得到深入挖掘与诠释，语言文字对于传承弘扬中华优秀文化、增强文化自信的重要作用得到充分发挥。

语言文字教育教学的质量显著提高。习近平总书记指出："教育是民族振兴、社会进步的重要基石，是功在当代、利在千秋的德政工程。"语言文字教育也是如此。2021 年，党的十九届六中全会明确提出"全面推行国家通用语言文字教育教学"。党和国家的高度重视，进一步强化了学校作为国家通用语言文字教育的基础阵地作用，夯实了国家通用语言文字作为学校教育教学用语用字的法定地位。抓早抓小，从娃娃抓起，学前儿童普通话教育成效明显；加强各级各类学校语言文字工作，提升了教师的国家通用语言文字核心素养和教学能力，学生语言文字应用能力监测和评价标准更加完善，包括民族地区在内的各级学校的语言文字教育教学体系和育人环境更加优化。同时，国际中文教育的发展也更为迅速，中文的国际地位和综合影响力大幅提升。

强国必须强语，强语助力强国。国家语言文字事业快速发展的成功经验进一步证明，语言文字不仅是国家文化的重要元素，而且已经成为国家综合实力的重要支撑，在建成社会主义现代化强国、实现中华民族伟大复兴的新征程中发挥着举足轻重的作用。

中国语言文字系统是中华文明连续统一体的重要象征和物质基础

张 翔[*]

习近平总书记2023年6月2日在文化传承发展座谈会上的重要讲话，系统深刻地总结了中华文明所具有的突出的连续性、创新性、统一性、包容性和和平性，阐述了"两个结合"特别是"第二个结合"的重大意义，特别强调，"第二个结合"是又一次思想解放。

中国语言文字系统是中华文明发展的重要组成部分，中华文明所具有的诸种突出特性，在中国语言文字和文学领域有灿烂的体现。习近平总书记多次指出汉字对于文明探源、文化传承和民族维系的重要作用，认为"汉字是中华文明的重要标志，也是传承中华文明的重要载体"[①]；"中国字是中国文化传承的标志。殷墟甲骨文距离现在3000多年，3000多年来，汉字结构没有变，这种传承是真正的中华基因"[②]；"中国的汉文字非常了不起，中华民族的形成和发展离不开汉文字的维系"[③]。总书记的这些重要理论阐述，对于中国语言文字、文学及理论研究有极为重要的指导意义，打开了广阔的理论视野，启发我们从上述五个中华文明特性，更深入地把握和理解中国语言文字绵延发展和推陈出新的进程。

（一）中国语言文字的统一文字系统与多元语音系统

中国语言文字系统是世界上唯一一种至今仍在使用最初创造的书写系统的语言文字。中国语言文字系统是中华文明的重要物质载体，是中华文明成为世界上唯一没有中断的文明的重要支撑，也是中华文明作为一个连续统一体的重要表现。

中国文字经历从甲骨文、金文到篆书的"刀笔阶段"和从隶书、草书、行书到楷书这一汉字字体的成熟形式的"毛笔阶段"，成为全国各民族共同创造、共同使

---

[*] 张翔，中央民族大学文学院院长、教授。
[①] 田冰（中新社）：《习近平普京旁征博引 妙解"汉语年"》，2010年3月24日，https://www.chinanews.com.cn/gn/news/2010/03-24/2187631.shtml。
[②] 新华网：《习近平看望少年儿童：精忠报国是一生的目标》，2014年5月30日，http://www.xinhuanet.com//politics/2014-05/30/c_1110943512_2.htm。
[③] 新华社：《习近平在陕西延安和河南安阳考察》，2022年10月28日，https://www.gov.cn/xinwen/2022-10/28/content_5722425.htm?eqid=e777d6a50001d5440000000664780704。

用、共同分享的文字系统。① 中国有着辽阔的疆域，有长期的统一，也曾经历过多个分裂混战的时期，历史发展进程较为复杂。在这样辽阔的疆域和复杂的历史进程中，如果没有稳定的书写系统的支撑，要形成绵延数千载的连续统一的文明体，难度要大很多。

中国通用的语言文字系统的一个突出特点是，其书面文字与发音是两个密切联系但相对分离的体系，直到今天，中国的文字书写系统是全国共同使用的，同时各地一直存在不同的读音，有着丰富的方言系统。中国通用的语言文字系统是全球语言史上一个极为独特的现象，中国文字也是唯一一个没有向拼音文字演化的文字体系。②

关于中国语言文字的起源，有庖牺（伏羲）氏、神农氏与黄帝之史仓颉的神话谱系，如许慎《说文解字·叙》所指出："古者庖牺氏之王天下也，仰则观象于天，俯则观法于地，观鸟兽之文与地之宜，近取诸身，远取诸物；于是始作易八卦，以垂宪象。""仓颉之初作书也，盖依类象形，故谓之文。其后形声相益，即谓之字。文者，物象之本；字者，言孳乳而浸多也。"中国文字系统起源的文化建构，与文字系统在具体时势之下（例如春秋战国趋向分裂的时期）的分流发展，以及不同区域创造另外语言文字的尝试，是同时存在的。对于稳定的中国文字系统的形成而言，具有决定意义的是秦汉时期统一文字的努力。其中，隶书的创造是中国文字史上简化文字的一大改革，此后汉字的字体和字式都基本固定下来。③ 此一时期的实践和开拓性贡献，为中国文字系统的稳定延续和发展打下了坚实的基础。后世历代中央王朝对文字系统都有所增益，汉字数量从商代甲骨文的五千余不同的字，到儒家经典"十三经"使用的六千余字，到东汉许慎《说文解字》收入九千余字及一千余异体字，再到清初《康熙字典》收录四万七千余字。

在历史上，中国各族人民一直都是中国语言文字系统的共同创造者。《荀子·正名篇》既描述了中国不同族群以汉字为基础相互交流的状况，"散名之加于万物者，则从诸夏之成俗曲期，远方异俗之乡则因之而为通"；也指出了其中的原因在于，人们的五官接触万物所抽象出的特征相同，也就都能理解以物比物所形成的字及其组成的词所表述之名（"意物"），"凡同类、同情者，其天官之意物也同，故比方之疑似而通，是所以共其约名以相期也"。赵汀阳认为，汉字起源于象形，而不是语音的记号，

---

① 参见王力《汉语史稿》，中华书局2004年版，第48—51页。
② 参见［法］朱莉娅·克里斯蒂娃《语言，这个未知的世界》，马新民译，复旦大学出版社2015年版，第74—77页。
③ 参见王力《汉语史稿》，中华书局2004年版，第50页。

这意味着中原语音并不能独占汉字,汉字可以独立于中原语音而成为普遍共享的精神载体,因此,汉字本质上是一种开放的普遍共享资源,使用其他语言的所有其他族群都能够占有或分享汉字,而以汉字为载体的精神世界也就成为可以普遍共享的精神资源。[1] 中国文字的增益、词汇的演变与语言表达的日益丰富,都是全国各族人民交往交流交融留下的文明印迹。以往人们经常将中国语言文字称之为汉语,以体现汉族在中国语言文字创造发展中的主要作用;如果从全国各族人民数千年来共同参与此一创造过程的角度来看,可以直接称之为中国语言文字,简称国语。

共同的文字与多元的方言的并存,尤其能显示全国各族人民的文化交融。方言的形成原因多种多样,可能是文字统一之前多元语音系统的历史遗存和发展,也可能是统一的全国通用文字在传播和扩展的语言接触过程中,与使用其他语言的民众之间发生了新的"化学反应",形成了新的方言。中国语言文字系统的相同文字与多元发音的矛盾统一,充分反映了在辽阔疆域中,在漫长的历史进程中,连续统一的语言体系所形成的内部充满张力的特点。空间维度与时间维度的结合,才能出现这种独特的语言现象。

其一,中国语言文字系统在广土众民中的形成发展,并非从一个中心区域向周边的单向扩展,否则形成的就会是相同文字、相近发音的系统;但其扩展进程又有其中心区域,否则很难有相同文字系统的全域扩散、发展与习得。从汉语的视角看,尽管汉族的文学语言自始是以北方话为基础,先秦"雅言"即为"夏言"(夏族最初在陕甘一带,"诸夏"则是黄河南北各国),但对于古音的追寻,往往需要从粤方言、吴方言等分布在淮河以南的方言中着手,其中原因在于东晋时期北方大族和民众南迁,[2] 此后因战乱等原因(如在两宋之交),北方民众(其语音已经历了多族群的大融合)大量南迁,形成了不同方言交错杂糅的格局。

其二,在漫长历史进程中持续不断的跨区域移民过程中,发生极为丰富的语言接触,这些语言接触不断产生沉淀,以共同文字为基础,凝结成丰富多彩的方言;每一方言都包含了漫长历史中不同语言接触"层累"的沉淀。语言接触持续发生的历史足够漫长、发生语言接触的地域足够广阔,是文字相同而方音迥异的中国语言文字体系和格局形成的两个基本条件,缺一不可。

其三,方言丰富多彩,即使有共同的文字,不同方言区域的人们之间往往相互不能听懂。在明清之际外国传教士的回忆录或者游记中,可以看到这类记载:进京

---

[1] 参见赵汀阳《惠此中国》,中信出版社2016年版,第46—47页。
[2] 参见王力《汉语史稿》,中华书局2004年版,第45、25页。

赶考的士子们相互之间要通过笔谈来相互交流，而在多地域传教经历、恰好懂多地方言的外国传教士有时反而能够为这些方言迥异的士子们充当"翻译"。这种文字相同而不同地方的人们相互之间可能无法听懂的现象，与英语中的苏格兰地区与英格兰地区的方言差异，是不太一样的。苏格兰与英格兰地区之间的民众基本能听懂相互之间的语言，但在中国，有的时候，在不说通用语的情况下，两个相距不远的地区方言的发音差异过于巨大，两地的民众基本是互相听不懂的。只有像中国这种文化统一体的发展历史足够长，地域足够广阔，才会出现这种文字相同而发音可能极为不同的复杂情况。这种方言发展和不同地域语言交流的特殊状况，形成了制约中国近代语言变革的特殊条件，是中国语言文字的近代拼音化变革的推进程度有限、无法成功的关键制约因素。可以想见，无论在近代的中国，还是在今天的中国，如果中国语言文字走向拼音化，会出现无数种声音系统，统一性便无从体现。中国不同地域之间如果采用拼音化文字，相互的交流成本更高。这个应该是20世纪让拼音化占主流的变革努力，最终无法推进、无疾而终的一个重要原因。这也提示我们，如果中国的方言的丰富性逐渐消失，中国语言文字的拼音化努力更容易兑现一点，中国文字传统的保留会遭遇更大的挑战，但即便如此，中国文字系统仍然有顽强的生命力，例如，中国的同音字和同音词实在是太多了，方言在日常生活的力量仍然强劲，会使得拼音化成为语言混乱和破坏文化统一体的肇端，这些都是在现有普通话发音基础上做拼音化变革的大障碍。

其四，长期历史、广阔疆域中的语言接触的沉淀，不只是丰富多样、差异可能巨大的不同方言，另外，在远离王朝都城等中心地带的地区包括边陲区域，也可能形成覆盖广阔区域的通用语。例如，中国有一个在世界上奇特而重要的语言现象，在广阔的西南地区，包括四川、重庆、贵州、云南、广西北部、湖南南部和西北部、湖北西部等众多为崇山峻岭所占据或包围的地区，相互之间的交通很不方便，但形成了通用的西南官话。这一方言便是西南各族人民在长期文化交融过程中创造出来的语音系统，西南人民在学习全国通用文字的过程中，在发音方面有明显的简化等语言接触变化。与西南地区各族人民"大杂居、小聚居"的社会状况相对应，一方面，人们往往在普通话之外，还会西南官话这一通用方言，以适应"大杂居"的需要；另一方面，人们还会一种或以上的小方言，以及掌握一种或以上的非通用语言，这是"小聚居"的地方语言特点。[①]

[①] 参见张翔《西南腹地的构建》，《读书》2019年第9期；《湘西与西南腹地的构建》，《读书》2022年第2期。

（二）中国语言文字系统是中华文明作为连续统一体的重要标志

今天中国的高速铁路网络、高速公路网络和空中交通网络建设取得了历史性的成就，交通日益便捷，文化旅游业快速发展，不同地区的人们的相互了解更为容易，人们对中国语言文字系统的统一文字与多元方言并存的特点有了越来越深入的了解。把握中国语言文字系统的这些特点，有助于深入理解习近平总书记论述的中华文明的五个突出特性。

其一，中国语言文字很早就形成了一套稳定的书面文字系统，在初创之后的数千年间一直沿用和发展，无疑是中华文明突出的连续性的重要根基和重要象征。互联网的发展，重塑了人们在文字书写和语言表达等方面的习惯，但不管技术条件和生活形态怎么变，中国这一延续了数千年的书面表达系统，在全民义务教育的坚实基础之上，未来仍然有强大的生命力，仍然是中华文明赓续的重要支撑和象征。

其二，中国语言文字系统的稳定性，是在不断创新发展的过程中形成的。三千余年前，中国文字系统经历过从象形字向形声字的演变和发展，这一创新使得汉字突破象形文字或表意文字的范围，成为一种与字母系统不同的表音文字。晚近最能体现这一领域突出的创新能力的，则是20世纪中国革命和建设进程中对文化普及和简化字创造的探索。尽力减少文盲、增强文化普及能力，是汉字简化的重要动力，也的确起到了重要作用。这一语言变革，既承续了传统书面文字系统的主要形式和文化精髓，又对传统做了必要的简化，同时保留了繁体字在部分领域的运用，充分表现了中华民族守正不守旧、尊古不复古的进取精神，以及不惧新挑战、勇于接受新事物的无畏品格。

其三，中国至今沿用的稳定的书面文字系统，是中华文明突出的统一性的重要根基和象征，是中国在历史上长期统一的重要文化动力，是中华民族共同体形成的重要"黏合剂"。中华文明的统一性，中国历史上的长期统一，是数千年来书面文字系统全国通用的关键基础；同时，中国书面文字系统的数千年全国通用，是中华文明统一性的"顶梁柱"。

其四，中国书面文字系统的稳定沿用和发展，充分体现了中华文明突出的包容性。从欧洲语言发展历史来看，天主教的分裂和教派斗争，近代民族国家的分裂和斗争，是新的语言发展的重要社会基础，例如君士坦丁堡东正教与罗马天主教的分庭抗礼，东正教士在中东欧等区域的传教，为斯拉夫语系的创造和发展提供了重要动力；英法德等国建立民族国家的欧洲"碎片化"进程，推动了近代英语、法语和德语等语言的创造发展。中国语言文字体系的历史状况则很不同，统一文字体系与多元语音体系的并存，体现了中华民族交往交流交融的历史取向；各种宗教依托中国语言文字开展交流，呈现了中国各宗教信仰多元并存的和谐格局；中国语言文字通过音译或意译等方式，可以用来书写外国文字（例如古代翻译佛经，创造众多新词汇和新用法；近代以来翻译全球各国语言，创造不计其数的新词汇），在保持原有文字通常用法的同时吸纳外来文化，体现了中华文化对世界文明兼收并蓄的开放胸怀。三国时期孙炎发明反切注音法，李约瑟等学者认为是梵文学者影响的结果；近代以降建立汉语注音系统的长期探索，以及中华人民共和国成立后制定的《汉语拼音方案》，更体现了中华文化的开放胸怀。

其五，中国书面文字系统的全球传播历史和现状，充分体现了中华文明突出的和平性。在历史上，中国文字对东亚和东南亚地区曾有广泛和深刻的影响，朝鲜半岛、日本和越南等地区曾长期使用汉字，在近一两百年经历了深刻的形成各自新的民族语言体系的重大变革。古代中国王朝强调"只闻来学，不闻往教"，对于朝贡国家的语言选择未加干涉。近代中国遭遇列强侵略，自顾不暇，无心亦无力干涉周边国家。中国赢得国家独立和民族解放斗争的胜利之后，充分尊重这些地区在语言变革方面的自主选择，从不施加干涉，也不谋求文化霸权，而是致力于不同文明之间的交流互鉴。

总之，中国语言文字系统是中华文明作为连续统一体的重要基础和重要标志。中国文化跨越古今的继承和创新发展，是在中国这套比较稳定的文字书写系统基础上展开的。

探索巴别塔：应对语言多样性保护中的人工智能挑战

范德博[*]

在纷繁复杂的语言治理领域，人工智能（AI）的出现预示着一个变革时代的到来。然而，人工智能技术的迅猛发展也引发了一个悖论——尽管它为实现语言的包容性提供了前所未有的机遇，但也对语言的多样性构成了存在性威胁。本文将深入

---

[*] 范德博（Marinus van den Berg），荷兰莱顿大学荣休教授，主要研究方向为城市语言变异、言语社区等。

探讨应对这一挑战的策略，以确保语言治理工作在充分发挥人工智能潜力的同时不会损害全球语言的多样性。

要实现上述目标，一项关键性举措就是在人工智能系统中培育多语主义。目前，人工智能已表现出明显的偏爱主要语言的倾向，并使其他许多语言日渐边缘化。例如，谷歌的人工智能翻译服务最初就更偏向于广泛使用的语言，只是后期才逐渐扩大了覆盖范围。因此，要在人工智能时代保持语言的多样性，关键在于技术专家、语言学家和母语者三方协作，共同创建语言准确且能够适应不同文化体系的人工智能工具，正如为纳瓦霍语开发人工智能工具的过程中所体现的那样。

除却技术层面的解决方案，推动包容性语言治理还需进行一场公共科普。其目标是揭开人工智能的神秘面纱，将它从一个晦涩难懂的谜团转变为一个为大众广泛理解的工具。例如AI4ALL等倡议就是朝着这个方向迈进的值得赞赏的一步，它们为来自不同背景的年轻人普及了人工智能知识。此外，面向公众的研讨会和工作坊对于促进人工智能在语言治理中的伦理影响的相关讨论至关重要。

在人工智能时代，要完成包容性语言治理这一传奇事业，参与的维度不容忽视，即需要多个利益相关方相互配合，包括语言社群、决策者、人工智能开发者和研究人员。例如加拿大的因纽特语软件项目便是原住民社群、语言学家和技术专家通力协作的产物，充分反映出其用户所属文化的本质特征。

在人工智能语言技术标准和规则制定方面，国际合作不可或缺。跨国界的语言问题错综复杂，需要一个统一的全球性的解决方案，一些国际组织（如联合国教科文组织、国际电信联盟等）在此方面起着关键作用。例如联合国教科文组织发布的有关人工智能使用的伦理准则为该领域的全球合作奠定了基础。

纵观全球各地的具体案例，将进一步说明我们目前已采取的措施在土著语言保护领域，可使用尼日利亚约鲁巴语（Yoruba）进行交流的聊天机器人显示出人工智能在数字内容创作和语言工具开发中的作用，加强了语言保护的力度。

在语言教育领域，如"多邻国"（Duolingo）一般由人工智能驱动的应用程序涵盖了多种语言，使语言学习变得更加民主化，从而促进了语言多样性。

在公共政策领域，爱沙尼亚将语言翻译等人工智能形式有机融入公共服务领域，展示了国家政策如何塑造人工智能在语言治理中的角色，尊重并反映出一个国家的语言概貌。

然而，前路依旧充满挑战：语言同质化的潜在威胁、人工智能语言模型中的伦理困境，以及长期存在的数字鸿沟，不一而足。语言治理未来的发展道路必须转向政策的不断调整，以确保对人工智能技术的平等获取，并在语言表征方面保持一种和谐的平衡。

综上所述，在人工智能时代，追求包容性语言治理不仅仅局限于简单的技术整合。它要求我们采取一种审慎的方法，其中伦理考虑、文化尊重和语言多样性至关重要。通过推动多语主义、提高公众意识、促进参与性治理以及鼓励国际合作等方面的努力，我们的目标不仅只是在人工智能创造的这个新"巴别塔"中探索，更要不断发展壮大，以确保在数字时代保持语言上的包容性和多样性。

大语言模型在应对网络空间语言治理挑战中的作用及风险

王 辉 沈索超[*]

随着社交媒体和在线社区的普及，网络空间语言滥用和语言暴力成为突出的社会问题。自然语言生成技术，特别是以 ChatGPT 为代表的大语言模型的出现为网络空间语言治理带来了新的契机。大语言模型具备更高的准确性、更广泛的语言知识和更快的响应速度，其应用十分广泛，包括了自动文摘、聊天机器人、问答系统、文本分类等。

在网络语言治理中，大数据模型的作用尚未引起关注。但是大数据模型本身的特性，决定了其在网络语言治理中具有积极作用。以下将探讨网络空间语言治理面临的挑战，以及大语言模型在参与网络空间语言治理中的作用和可能带来的风险。

一 网络空间语言治理面临的挑战

由于网络空间的开放性、隐蔽性和匿名性，各种不良言论，如仇恨言论、恶意造谣、语言暴力等时有发生，对维护网络空间语言文明造成了严峻挑战。具体来说，网络空间语言治理面临以下几个方面的挑战。

---

[*] 王辉，浙江师范大学杰出教授，国际文化与社会发展学院、国际中文教育研究院院长，博士生导师，主要研究方向涉及国际中文教育、社会语言学等。沈索超，温州大学华侨学院讲师，主要研究方向为语言政策与规划。

(一) 语言治理的跨界性和无规性

由于互联网可以突破国界限制，网络空间语言治理在不同国家和地区之间的治理理念、模式和方法存在差异。因此，国外产生的言论在跨境传播到国内时可能引发问题，同样，国内的某些言论也会在跨境传播到国外时引起争论。

此外，当前我国尚未建立完备的网络空间语言治理法律法规，导致语言治理中出现无规和无序的困境。目前对不良言论的判定标准并不明确，如何对某些有违公序良俗的言论进行判断和处理，成为当下网络空间语言治理的困难所在。

(二) 语言暴力和谣言散播的常态化

新媒体自媒体的兴起使信息传播的速度和规模远超传统媒体，网上语言信息来源复杂，真假难辨。而语言滥用，特别是网络语言暴力和谣言散播时有发生，加大了网络空间语言治理难度。

网络语言暴力包括网络欺凌、恶意诽谤、人身攻击等，是造成他人心理创伤的"锐器"，并且进一步成为施暴者进行网上身份建构和社会联结的工具。

网络因其隐蔽性和匿名性降低了谣言传播的成本，"造谣一张嘴，辟谣跑断腿"的情况屡见不鲜。谣言也有可能演变为网络欺凌行为，对他人进行恶意攻击、侮辱、威胁和骚扰。

(三) 技术、伦理和成本等因素的综合影响

在技术层面，如何通过有效的技术手段对网络空间语言使用进行监管和过滤，以保障网络空间的健康和有序，这是一个新挑战。在伦理层面，我们需要平衡语言滥用和信息安全之间的关系，避免信息审查对个人隐私造成侵犯。此外，网络空间言论的监管因设备、人力等相关成本问题，在一些贫困地区很难持续进行。

二 大语言模型在网络语言治理中的作用与风险

ChatGPT 等大语言模型在语言理解、推理和创造能力等方面表现出令人惊叹的潜力，在网络空间语言治理方面具有独特的科技优势。利用大文本语言处理技术，能够帮助管理者快速理解和处理网络语言，从而提高网络空间中的言论质量，防止言论滥用现象的发生，保障语言生态健康。

(一) 协助过滤和审核不良信息

相关人员可以利用大语言模型的语言理解和分析能力，训练模型以识别和标记存在问题的文本片段，实现对网络空间语言中有害内容的过滤和审核。大语言模型

可以通过训练模型自动判断文本的情感、语义、情境等信息，筛选和移除不良内容，保护公众免受网络暴力语言的伤害。在规避不良言论的同时，还可以利用其生成高质量文本，填充网络信息空白区域，提高网络信息质量。

（二）开展网络舆情分析和预测

大语言模型可以通过数据收集和分析，帮助相关组织了解公众对热点事件的态度，从而做好舆论引导和制定精准有效的决策。可以利用大语言模型收集与舆情话题相关的数据，包括新闻报道、社交媒体评论和调查数据等，并对这些数据进行预处理。然后，使用大语言模型对预处理后的数据进行训练，得到能够生成语言序列的模型。利用该模型对相关舆情数据进行分析，就可以获得舆情态度、情感极性分析和关键词等信息。基于这些信息进行可视化展示，帮助相关人员进行分析和预测，并为政策制定和舆论引导提供依据。

（三）减少不良信息产生的影响

当前网络空间存在大量不良信息，扰乱社会公共秩序，影响民众的价值判断。大数据模型的出现恰好可以弥补公众对不良信息抗干扰不足的缺点。例如，可以利用大语言模型为公众提供信息查询、客服等全面而精准的信息服务，减少公众对不良信息的吸收。此外，还可以利用大语言模型生成虚拟攻击场景，提高公众对网络诈骗的警觉性和防范意识。这些应用可以帮助公众更好地抵御不良信息的干扰，提高网络空间中的信息可靠性，保障公众权益和社会安全。

当然，风险是科技创新发展的内在属性。在网络语言治理中，也需要警惕大语言模型被滥用。

首先，大语言模型训练基于人类编写的文本，存在语言偏见的可能，导致生成的文本存在主观性和缺少中立性的问题，进而产生误解、歧义或不准确的内容。其次，大语言模型可能会被人工干扰，生成误导性或攻击性的文本，被滥用于传播虚假信息或其他有害内容，影响社会稳定。最后，其生成的文本可能涉及伦理、道德和法律责任划分问题，这些问题需要我们深度思考和探讨。长期来看，大语言模型的出现和演化或将对人类的语言和思维产生深远影响。

在当今网络社会，避免言论滥用是一个极其复杂的问题，网络空间语言治理面临着巨大的挑战。以 ChatGPT 为代表的大语言生成模型，在网络空间语言治理中可以发挥积极作用，但也需要防止其被滥用。在使用大语言模型进行网络空间语言治理时，我们需要审慎权衡其利弊，提高风险防范意识，采取有效措施来预防和化解潜在的危机。

语言服务与健康治理：健康中国建设中的协同力量[*]

张卫国[**]

随着健康中国行动的深入推进，健康治理作为其核心组成部分，正在受到学界和业界越来越多的关注。而在健康治理的过程中，无论是疾病防控、健康宣传，还是医学研究、医疗服务，都需要准确、及时、有效的语言沟通，语言服务的重要性不容忽视。它不仅为健康治理提供了信息传递和沟通交流的基础，更为健康政策的制定、执行和反馈提供了全面、深入的视角。语言服务和健康治理相互协作、相互促进，形成强大的协同力量，助力健康中国建设。

一 语言服务：健康治理的重要工具

语言服务在健康治理中首先起到沟通和桥梁的作用，可以改善医患交流，优化医疗服务质量。医疗服务是健康治理最直接和最有效的手段，语言服务能够提高医疗服务过程中医患之间沟通的效率和质量，帮助医生更好地了解患者的病情和需求，更准确地诊断和治疗疾病，提高医疗服务的针对性和效果。同时，语言服务还能帮助医护人员克服地域文化差异带来的障碍，提高医疗服务的满意度。通过语言服务，医学专家、医护人员和民众能够更加顺畅地交流和合作，共同应对健康挑战。

其次，语言服务在普及健康知识、提高民众健康素养方面发挥着重要作用。《国务院关于实施健康中国行动的意见》指出，推进健康中国建设要坚持"普及知识、提升素养"的基本原则，要"把提升健康素养作为增进全民健康的前提""加强健康教育与促进，让健康知识、行为和技能成为全民普遍具备的素质和能力"。语言承担着信息传播的重任。通过将复杂的医学知识、术语转化为民众易于理解的

---

[*] 本文系国家语委"十三五"科研规划重大项目"中国语言扶贫的经验成效及相关理论问题研究"（ZDA135-9）、国家社科基金重大项目"'两个一百年'背景下的语言国情调查与语言规划研究"（21&ZD289）的阶段性成果。

[**] 张卫国，山东大学经济研究院教授，主要研究方向为语言经济学。

语言，语言服务能够帮助民众更好地理解和应用健康信息。这有助于提高民众的健康素养，增强自我保健意识和参与度，有效预防和控制疾病的发生。

再次，语言服务促进健康治理的跨文化交流与合作。在全球化的背景下，健康治理离不开国际交流与合作。健康治理是一个复杂的系统工程，各个环节都需要收集和处理大量的健康数据和信息，特别是国外先进的医学研究和诊疗数据。而不同文化背景下的健康观念、治疗方法和疾病预防措施可能存在差异。跨文化交流中的医学信息和数据通过语言服务得到翻译、解释和传播，使得不同文化背景的人们更好地理解和接受彼此的观点和做法。这有助于促进国际间的健康合作与交流，共同应对全球性的健康挑战。

最后，语言服务在推动健康政策的制定与实施方面也发挥着关键作用。通过对政策文本的分析和解读，语言服务帮助公众更好地理解和接受健康政策，推动政策的落实和执行。同时，语言服务还为政策制定者提供准确、全面的信息反馈，帮助他们及时调整政策，提高政策的有效性和针对性。

二 健康治理：语言服务的强大推动力

健康治理不仅关注疾病的预防和治疗，更重视整个健康体系的构建和管理。在这个过程中，语言服务也将得到极大的推动和发展。

一是语言服务质量得到提升。在健康领域，需要准确、及时、专业的语言服务，以确保医疗、宣传、预防等工作的顺利进行。这种需求驱动着语言服务的提供者要不断提升服务品质，包括不断学习和更新知识、提高表达和文本解读的准确性、确保信息的及时传递、提供个性化的服务等，以满足健康治理日益增长的需要。同时，健康治理作为语言服务的一个新兴市场，还可推动语言服务行业标准的制定和实施，进一步规范语言服务市场，提高整体服务水平。

二是拓展语言服务领域。健康治理涉及多个领域，如医疗、公共卫生、营养保健、康复、健康教育等。这些领域对语言服务的需求各不相同，不仅要求语言服务提供者具备多元化的能力和知识，也要求他们不断拓展服务领域，提高自身的专业性和适应性。例如，在医疗领域，语言服务既包括现场导诊、在线客服，也包括患者与医生之间的即时翻译、医学术语的解释等；在健康教育领域，语言服务则涉及健康信息的宣传、传播和解释，帮助公众更好地理解和应用健康知识。此外，健康治理也需要医学、社会科学、经济学等多学科的协同合作。通过拓宽服务领域，语言服务提供者能够更好地为多学科团队提供支持，以满足跨学科合作的需求。

三是促进语言服务创新。随着科技的进步，健康治理对技术的需求推动了语言服务的创新发展，使语言服务更加智能化、高效化。例如，人工智能、大语言模型等技术的应用为语言服务提供了新的解决方案。而随着健康治理的深入，健康创新实践为语言服务提供了新的应用空间和发展机遇。例如，电子病历、远程医疗等技术的应用为语言服务提供了新的应用场景。

四是健康治理的反馈机制促进语言服务持续改进。健康治理强调反馈机制的重要性，通过收集和分析反馈信息来不断改进和完善政策与服务。这种反馈机制也适用于语言服务。通过收集和使用反馈信息，可以了解语言服务在健康治理中的效果和不足之处，进而进行改进和创新。这种持续改进的过程有助于提高语言服务的针对性和有效性，满足不断变化的健康治理需求。

三　协同力量：推动健康中国建设

语言服务和健康治理的协同力量在于它们共同推动健康事业的发展。一方面，精准、及时的语言服务可以帮助健康治理更加高效地应对健康问题，提高健康治理的效果。另一方面，科学、全面的健康治理也为语言服务提供了新的视角和研究方向，推动语言服务的进步和发展。

总之，语言服务和健康治理是健康中国建设中相辅相成、密不可分的两大关键要素。二者共同协作，有利于提高全民健康水平，实现健康中国行动目标。同时，应提高人们对语言服务在健康治理中重要性的认识，强化语言服务和健康治理自身建设和发展，不断探索二者新的合作模式和应用场景，为全面推进健康中国建设贡献力量。

（责任编辑：梁德惠、赵立博）

【语言治理与国家治理】

认知治理：语言治理的新视野

梁晓波[*]

提 要 论文在介绍语言治理的基本发展历程的基础上，阐明了语言治理在语言认知层面面临的重要挑战：文本流量效应，消融核心价值话语，谎言谣言泛滥，文本叙事经典原型偏好，娱乐至死效应，文本去中心化话语，智能计算主导的语言影响人类语言纯洁性，大语言模型语言创新能力污染正常语言，语言情感问题成为当下语言影响力的基础，语言信息传播中极性对立错误思想的构建与传播等。在此基础上，论文提出语言的认知治理概念体系。论文给出了语言认知治理的概念，探讨了其认知性、导向性、语境性和先设性的主要特点，并由此指明了语言认知治理的主要方面：站稳中国认知立场，选取认知视角审视语言意义，依靠语言生活参与者的认知自觉，加强对语言生活的认知批评，突出人工智能的合理运用和治理，以及推进全社会多领域共同努力共同合作。最后，论文强调，语言的认知治理，是当下社会与国家认知博弈和认知对抗的重要领地，不可小觑、不可忽视。

关键词 语言治理；认知治理；语言生活；语言治理挑战；语言治理新领地

Cognitive Governance: a New Horizon in Language Governance
Liang Xiaobo

Abstract Based on a brief introduction of the origin and development of language governance, this paper elaborates the challenges posed from language use from the cognitive aspect in today's world: the pursuit of flow volume of language information in the social media, the offset of the core value discourse, the dispersion of the rumors or fraudulent information, the prevailing use of the prototype of classic narrative, the entertaining to death

---

[*] 梁晓波，国防科技大学军政基础教育学院教授，博士生导师；主要研究方向为国防语言、军事话语、国际传播、认知语言学。

effect, decentering effect of the discourse, the dispurification of human language from the AI generated language, the large language model's creativity poisoning the normal human language, the polarity created and spread by the vicious language information, and the crave for the overuse of emotion in language. In light of this, this paper puts forward the concept of cognitive governance of language. It further clarifies its definition and major characteristics: cognitive, stance-taking, context-determined and presupposed. From all this, it discusses the major measures to make cognitive governance in language: firmly taking the Chinese stance, taking cognitive perspective in the comprehending of the language meaning, relying upon the self-awareness of participants in language life, emphasizing the cognitive criticism of language life, taking good advantage of AI in the language governance and cooperating between people in the whole society from all fields in the raising of cognitive awareness. In the end, the paper reiterates that one can never underestimate or ignore the cognitive governance in language, for it has been the new field or frontier for the cognitive gaming or battling and counter-battling between countries.

Key words　Language Governance; Cognitive Governance; Language Life; Challenge for Language Governance; New Field in Language Governance

引　言

在语言规划经历地位规划、本体规划、习得规划、声望规划等一系列必经过程之后，在经历语言生活的多域管理实践之后，在20世纪80年代以后，在语言规划更加注重语言对行动产生的作用之后，语言治理应运而生（沈骑，2021），由此进入研究者们的视线，并逐渐与行业治理、环境治理、生态治理、文化治理、社会治理、国家治理、世界治理等等一道，成为社会中的核心关键词。各领域的治理都在本领域开展内涵治理的同时，更多地表现为从语言出发、由语言发力、到语言汇聚、向语言回归。语言治理与社会各种治理相融合，甚至成为社会各种治理的首选或者重要内容（沈骑，2021；郭书谏、沈骑，2022）。当前，人类社会进入高度网络互联、高度网络社交、高度网络智能趋向的时代，进入语言信息大生产、语言信息快生成、语言信息妙定位、语言信息智传播的时代，语言信息的产出也越来越在内容层面触动受众，越来越在使用层面吸引受众，越来越在传播层面撩拨受众，越来越在效果层面打动受众，特别是在语符层面形成更加注重影响认知、塑造认知、掌控认知、博弈认知、赢得认知的重要发力场。由此，语言认知这一新颖领域成为当前语言生活的一个新对象、新方向、新场域。近年来，在网络体系的进一步升级换代、通信技术的进一步大提升、社交媒体的进一步大演变、人工智能的进一步大发展、大语言模型等语言智能的进一步大迈进的背景下，语言认知成为人们语言生活中出现更加频繁、作用更加凸显、角色更加隐蔽、影响更加深入，效果更加微妙的领域。不得不说，语言治理进入认知领域：语言认知治理成为当下语言治理的新方向。

一 语言治理及其面临的挑战

（一）语言治理

语言治理指的是："政府、社会组织、企事业单位、社区以及个人等多种主体通过平等的合作、对话、协商、沟通等方式，依法对语言事务、语言组织和语言生活进行引导和规范，最终实现公共事务有效处理、公共利益最大化的过程。"（王春辉，2020：30）语言治理，面临着语言内部的重要问题，也面临着语言外部使用的问题，也就是语言的本体治理和语言的应用治理。（王春辉，2020）语言的本体治理，主要表现为语言在读音、拼写、词汇、语法、语用和广泛的应用场合下，符合语言的总体定位，语言的相关规定，语言的标准用法，也就是说，某一语言在具体使用中符合该语言的基本要求和基本范式，不能超越该语言的基本形式、基本功能、基本地位，更为重要的是，该语言在具体使用中，始终体现着该语言的历史、文化、思想和精神。语言的本体治理，与语言的本体规划有着一脉相承的关系。语言的应用治理，实际上指的是语言在具体使用中，在具体语言生活中，与社会各领域产生具体使用的界面，对语言的使用所提出的协调、完善与要求，还表现为语言与各领域相结合，形成的对各领域产生的总体影响和具体要求，从而推进该领域的多样化治理，特别是向着设定方向的治理。尽管语言治理有本体向内容（话语转型）转向的趋势（郭书谏、沈骑，2022），但是语言本体在语言治理中的组构部分还不能完全抹杀，其争议依然存在。（张日培、刘思静，2017）由此看来，语言治理，既有对语言本身的作用，也有对语言在社会各领域应用的作用，即语言本体加应用的综合治理。当前，语言治理成为人们对语言维护自身正确、合理、得体、健康、助力的形式、功能、地位、用法的重要依托，也是语言不断自我发展完善，形成更为符合语言生活需要和发展方向的特点、形式、功能的重要界面，更是语言发挥自身重要功能，促进社会稳定，促进社会发展，体现自身特点，展示自身独特性，塑造语言自主性和独立性的重要方向，也是语言走进其他学科，与其他学科融合，为本体学科以及其他学科提供语言支持、形成强劲发展方向和内生动力的要求。

具体说来，语言治理从刚开始关注日常生活中的语言文字拼写、读音的正确标准使用到逐步关注到语言污染（刘金海，1993；杨勇、张泉，2015）、语言腐败（苏金智，2013；李凌燕、左凯，2020）、语言暴力（日常语言、校园语言、网络语言）（秦诗涵等，2013；刘韵竹，2018；罗譞，2018；贾凌云，2018）、语言低俗化（余哲西、管成云，2013；吴小国，2017）、语言性别平等（付京香，2010；李英姿，2022），并继续延伸拓展到语言能力的个体化向宏观社会与国家能力建设（文秋芳，2019a；文秋芳，2019b）、语言的国家安全化（梁晓波、武啸剑、曾广，2018；刘海涛，2021；施旭、李倩，2021；梁晓波、杨晓青，2022）、语言的全球化（沈骑，2021）等，并提升到关注语言的社会治理、国家治理、"一带一路"治理、世界治理（鲁子问，2008；章文君，2015；李宇明，2018；王辉，2020；张四红、刘一凡，2021）等领域。总地说来，语言治理从语言本体内的标准化、现代化、科学化使用向着语言运用的社会和谐、国家安全、政治独立、民族自主、文化自信、生态友好、互利共赢、美美与共、文明互鉴、命运共同等方向发展，向着更加关注语言融入政治、经济、教育、科技、文化、环境、和平、发展、繁荣、共建、共享、共赢的社会、国家、世界层面的宏观治理方向发展。

（二）语言治理面临的新挑战

传统语言治理，主要是注重语言的拼读、书写和语法的正确使用，即语言在社会中的正常化、统一化、标准化、现代化等，同时也注重语言在具体使用中所营造的合理、健康、科学、公平、公正、交流、互鉴、共建、共赢、共享的社会效果。当下，由于人类社会发展步入飞速发展的快车道，特别是互联网的连续升级、智能手机的持续换代、新兴社交媒体的不断涌现、人工智能的指数级跃升、大语言模型的横空出世，再加上人类社会进入百年未有之大变局，人类语言的使用进入了新的时代，也面临着新的挑战，语言治理也进入了新的疆域。

当下语言的使用出现了先前没有的重要特点，特别是在认知层面出现了很多深层的设计和安排，形成了传统语言使用没有遇到的现象，对于常规语言治理也形成了新的挑战。

（1）社交媒体主导下的文本主题吸引流量效应明显。网络空间的媒体发展迅速，微博、微信、公众号、短视频等社交媒体的主导影响，传统文本已经改变了以往文本表达的风格和内容。为了吸引眼球，吸引流量，网络社交媒体几乎极尽所能，在标题上往往做足文章。标题一改以作者为中心，更多地表现为读者为中心的语句，标题大都成了拉家常句、悬念句、诱惑句，标题充满了引导诱惑的媚态，一股欲说还休、欲罢不能、犹抱琵琶半遮面的文风；在内容的安排上，文本也尽可能把重要的信息安排在最后的部分，从标题到文中都暗藏语词，提示读者一定要读到最后一部分。一些文本主题和内容向着媚俗方向无底线狂奔，是当下文本认知宏观态势的一股值得警惕之风。

（2）文本话题内容反向消融抵消核心话语体系明显。文本都会传递思想，都会有自己的立场，都会有相应的观点。当下，大张旗鼓地对社会的主流意识、社会主义核心价值观以及优秀传统文化等进行公然批评与诋毁的文本已经难觅踪迹了，但是，一些非主流的空间，一些非主流的话题，一些新生成的圈层文化空间，往往会出现一些借题发挥、小题大做的文本，并往往通过一种赞美的语句表达其"正能量"的同时，话锋一转，对着某一个特定的方面，开展基于概念和思维层面的所谓深层分析，在细小的缝隙中，挑出一段用放大镜才能看清楚的事实，并由此展开文本的论述，许多都有着反向话语设计的套路。它们要么对着核心话语体系中的某一个或者几个概念提出质疑，要么对某一个人物或事件展开所谓的重新定义、重新叙事、重新阐释，从概念层面对核心话语体系实施有体系的反向消融或者抵消；有的则用"高级黑""低级红"的语句，在调侃戏谑中消解重要概念、人物、事件的历史叙事、重要地位和当下意义。反向叙事话语（counter-narrative discourse），是当下社会认知叙事中的毒瘤，值得高度关注。

（3）大量文本虚实结合谎言谣言认知编造频繁明显。当下，我们进入一个后真相时代，信息奔跑的速度很快，往往还没有等到真相公布于众、全然展示在大家面前之前，某一虚假信息已经在广大受众中奔跑了很多圈。许多假信息做得比真信息还真，形成了网上网下同时验证、网上网下体系配合、网上网下联动的态势。其中，网络诈骗，特别是网络经济或者金融诈骗成为其中最为多见的形式。大量真值信息生成本身就慢，而且很多信息来不及求证或者无法求证，等真值信息生成后，往往被完全虚假信息、大部分为虚假的信息、半虚假信息、真的多假的少、只有关键信息为假、只有少量非关键信息为假的信息混淆在一起，真值信息往往还没有来得及形成影响力，就被新的信息所掩盖。如果受众主体没有较高的认知水平，没有较高的认知能力，大概率就会被这样的信息骗局的陷阱所捕获，而且难以挣脱。当下的各种骗局严重影响我们社会的诚信系统。一个正常、健康、开明、开心的社会，是必须以诚信为基础的。虚假信息的话语体系严重妨碍我们的正常话语体系和生活。所以，当下语言信息的真值性成为语言治理的一个关键所在。

（4）文本脚本故事人物事件叙事经典原型篡改明显。随着互联网的诞生和不断扩张，人类社会进入了一个高度互联的时代，更为突出的是，社交媒体让全球各种人员可以在社交媒体中获取超量的信息。早先靠纸媒、无线电和电视媒体传播信息的时代变为由互联网、社交媒体、智能媒体、多模态媒体以及融媒体统治的时代。人类由先前处在信息饥渴、信息贫乏、信息赤字的时代,进入信息爆炸、信息多元化、信息过量、信息超载时代,传统信息平淡无奇的信息被丰富多彩、图文并茂、内容精彩、多模态媒体的信息取代。其中非常重要的一个变化是,叙事成为所有文本中的重要设计。大量文本都在寻找叙事的创新,特别是在叙事的认知脚本、认知框架、认知原型、认知视角、认知排序、认知凸显、认知元素上下功夫,许多叙事都在找寻大量的故事原型上对人物、事件、情节、时间、地点、主要场景上下功夫寻求创新,但是文本叙事故事却在叙事语言上无法还原当初的话语特点,无法重现当时的话语表达,无法展示当时的话语原型而变成叙事的"四不像"。经典叙事被无限模仿、精彩叙事被过度效仿、传统优秀叙事被现代娱乐叙事篡改,一些叙事为了追求叙事创新,对于原始故事、原始人物、原始事件频繁使用,对于原始故事的真实剧情却不断篡改,一些无脑叙事、无脑表达、无脑情节成为当下博取眼球的重要界面,一些纯粹的经典叙事被拆解改造得面目全非,原始语言的经典荡然无存,一些叙事设计大量穿越认知框架,博取认知新鲜,但是语言无法跟上剧情的变化,叙事和剧情在前面狂奔,语言和话语在后面哭泣追赶。叙事语言和话语,包括叙事的剧情与语言的还原,成为当下叙事创新的重要痛处。

(5) 文本语言追逐娱乐追逐笑点娱乐至死效应明显。当下社会进入高竞争高压力高内卷时代,人们的工作和学习,乃至生活都面临着来自各方面的压力。由于社会高速运转,科学技术飞速发展,教育的普及和功利化,人类生活中大量的"为什么"都被一个一个解答,人类社会越来越面临高端问题的回答。当下,现代物理研究进入大科学大装置时代,简单通过闭门开展理论物理的研究已经难以为继。物理科学尚且如此,其实其他学科也同样如此,仅依靠一双敏锐的眼睛和善于思考的大脑,不借用现代先进科学技术和手段,研究将很难有大的突破。人类社会越来越进入高端竞争阶段。同样,人类社会对生活的趣味性、工作的满足感和学习的主动性的要求也提出了更为高端的要求。现代人需要更多地走出狭小的天地,但是生活与工作又往往对于个人对星辰大海的向往形成限制。过去几年,突如其来的疫情,给生活带来了许多不可预测性,给人们生活平添了一些忧虑和忧患,人们对于娱乐欢乐和欢笑的渴望确实到了一个奇点。但是对于语言等娱乐的追寻往往会因为娱乐过多化而使大脑忘记责任,形成一种简单的"奶嘴文化"。由此,主流价值的语词、英雄的语言、刚强的话语、坚定信仰的价值观会搁置起来。娱乐至死,对于娱乐过多追求的话语,为了追求娱乐而放弃底线、松懈核心话语、调侃英雄话语的表现在当下也时有发生。

（6）文本去中心化去核心话语去主流化碎片化明显。高度统一的社会发展到一定时期，会产生更为多元化的声音，这对社会的多姿多彩的发展，对社会生活丰富多彩的添色有着莫大的好处，也是社会包容发展，开放自信的表现。但是，社会的发展可能会出现一种暗中的力量，出现一种解构核心话语、主流思想并将人们引向歧途的语言使用和话语运用现象。常见的现象是借助某些不公平、不透明、不公正的现象，实行含沙射影的分析；借助腐败现象、制度不完善现象、天灾人祸现象，无端关联，开展错误的引导和归因分析；借助重大事件、国内发展一时困境、国际局势风云突变、国际关系云谲波诡之际，释放错误信息，对政治、经济、文化、教育、科技、环境乃至国防军事等释放错误解读信息，借助所谓"个性化""碎片化""无政治倾向"的分析来表达自己的声音，从中夹带"私货"。客观上讲，社交媒体大发展，使得人人面前都有麦克风、人人都是新闻发言人、人人都有话语权、人人都是新闻记者的自媒体时代成为当下的重要挑战，自媒体语言的使用，无疑是当下社会必须高度治理的重要对象。

（7）人工智能文本在智能计算条件下影响语言明显。由于人工智能技术的发展，人类社会在还没有准备好的情况下进入了人工智能时代。当下，人类社会正在从弱人工智能时代向着强人工智能以及高级自主人工智能时代转型。人工智能时代，一个明显区别于历史上任何时期的重要表现就是，社会上，特别是网络上的语言表达进入了可计算的领域。全球全网域的语言内容都可以被收集成为大数据，并在数学建模的基础上，被当前超级算力和算法所利用。任何一个个体、一个群体，乃至一个机构、一个国家或者一种文化，或者一次活动、一场行动、一项重大事项，都可以通过结合大数据，通过模拟计算来计算出来。大量的活动，可以获取受众的参与和消费活动，从中得到大量的数据，并由此获得认知心理数据。还可以对某一领域开展宏观和微观的建模计算，得出社会建模、文化建模，当然也可以对个体开展人物画像。实际上，当前互联网上，大量的语言使用的产出者都是人工智能。智能搜索、智能朗读、智能播音、智能修改、智能回复、智能对话、智能写作、智能创作、智能编导等已经屡见不鲜。更为强大的是信息主播、智能新闻写作、智能授课教师、智能数字孪生人等等已经开始悄然进入市场。大量的人工智能个体在智能算法和大数据模型的支持下，成为语言的超级生产者，人类语言已经面临人工智能的侵蚀。如何保证人类语言的纯洁性，特别是人类语言的个体自主性，已是当下语言治理不可不面对的现实课题。

（8）人工智能大量重复生产的语言智力创新忧患明显。自2018年6月OpenAI发布第一代GPT以来，大语言模型就进入飞速发展阶段。当下，以ChatGPT为代表的生成式语言智能系统能够在大规模神经算法的基础上，结合全网域的数据，再借助高级芯片的算力，已经可以在观点生成、摘要编写、论文写作、文学创作（诗歌、散文、小说等不同文体）、智能翻译、个体风格、声音模拟、网站制作、代码编写、文本优化、故事编辑、文案制作、计划成稿等等方面显出超强的能力，许多生成的文本能够达到以假乱真的程度。特别是在编写一些常用的讲话稿、观点碰撞、思想汇聚、快速问答、精确查询等等方面，人类已经不是它的对手，很多时候，大语言模型基础上的内容生成式人工智能已经可以近乎达到人类的水平了。对于一些需要使用大规模数据，对于以往数据的归纳总结，对于体力性、长时性、重复性的语言分析活动，大语言模型已经超出了人类的能力范畴，已经可以承担文字内容高级生成和编辑的工作了。由于大语言模型自身受语料的限制，在内容生成时，不可避免地在同一类主题下会生成重复性较高的材料。尽管大语言模型重内部语义逻辑，但是在表层表达和深层语义方面始终有着不可合拍的空缺，特别是会展现出一种一本正经地胡说八道的劲头。生成式大语言模型所带来的语言垃圾，多数都是不符合人类认知的语言垃圾。对此展开治理，也是当下语言认知治理的重中之重。

（9）文本语言情感问题影响人们心理认知空间明显。当前，语言的情感问题，已经成为语言和话语空间的重要议题。公共空间众多的议题中间，影响巨大的往往是通过语言燃起的情感问题。语言的情感问题表现在两方面。一方面，语言本身就与重大的情感认同问题直接相关，涉及文化认同、民族认同、国家认同、社会认同、军队认同和政党认同，还会涉及个人的族群认同、乡土认同、身份认同。语言是个体和民族的精神家园，是文化得以延续的重要源泉和媒介。这一切之中都蕴含着大量的情感问题。另一方面，语言又是表达情感、塑造情感、传递情感、操控情感、制约情感、撕裂情感、结束情感的重要工具，语言的情感性使得语言在情感问题掌控上成为第一因素。正是因为语言的情感特性，语言成为当下影响人们心理空间和认知空间的重要界面。在心理层面，语言成为影响人们是否拥有正确面对个人困难、面对生活、面对未来的重要界面；语言成为激励人们面对挑战、敢于斗争、敢于奋斗、勇于开拓的重要媒介；语言成为人们积极生活、努力开创未来、不断赢得幸福生活的主要源泉。在认知层面，语言成为影响人们认清当下世界的重要界面，是影响人们世界观、人生观、价值观情感的主要界面，是影响人们面对什么样的世界、生活在什么样的世界、建设什么样的世界、走向什么样的世界的最为重要的界面；语言所打造的心理空间和认知空间，直接影响人们对世界积极还是消极的态度，直接影响人们对世界命运、人类命运的认知，直接影响人们对战争与和平、对抗与对话、混沌与发展的理解，直接影响人们对零和博弈还是合作共赢的认知，直接影响人们对国际社会、国际关系、国家存在是和平共处、美美与共还是相互拆台、挖坑争斗的认识，也直接影响人们对社会的健康发展，对国家的忠诚认同，对文化的自信自爱，对民族的热爱骄傲的总体认可，也影响人们与自然和社会和谐共处的总体认同，影响人们对个体安全、社会安全、国家安全、文化安全、区域安全、世界安全的正确理解。语言是否塑造正确的心理空间和认知空间，已经是语言治理需要坚守的新空间。

（10）另类文本语言鼓吹宣扬极性播种对立思维明显。主流思想语言必然是健康的思维，是走在人间大道的思维，是展现人民追求幸福生活的语言，是宣扬人类正确发展模式的语言，是促进不同国度人们相互交流、相互理解、相互支持的语言，是共商、共建、共享、共赢的语言，是塑造人类命运共同体，促进人类共同发展，共建人类新型文明，打造人类共同安全的语言，而不应该是以邻为壑、损人利己、独立单边、本国优先、阴谋挖坑、污名"甩锅"、高墙小院、拉帮结派、孤立打压、零和思维、推销战争、鱼肉他国、霸凌主义、霸权主义、冷战思维等等极性思维。当下，少数国家不断在国际社会推行单边主义，不断对外散布极端主义，释放损人不利己的孤立主义，并四处推销战争与冲突，用本方利益最大化、国家安全集团化、操控国际经济和金融体系、掌控话语权释放话语陷阱等思维话语来污染当下国际社会交往的话语体系，和平还是战争、冲突还是对话、混乱还是发展的话语主题博弈成为当下世界治理，特别是语言治理所面临的重要现实问题。极性思维的鼓吹中，还存在学术话语和媒体话语中的偏态形象设计：西方话语体系中，长期将东方特别是将中国做了歪曲设计和歪曲报道，将中国等有关国家定位为竞争对手的思维是典型的零和极性思维的表现。西方世界长期对外实施颜色革命，在"美颜"西方社会中，将释放"民主""自由"打造成为人类社会的"政治道德高地"，在政治制度上将西方资本主义打造成为人类社会的终极制度，等等，这种极性的设计，都是当下语言治理在认知层面需要深度关注和批驳的。

二　语言认知治理

（一）语言认知治理的概念

语言认知治理指的是各语言使用个体与相关方，面对语言使用的新变化，特别是语言在使用过程中，被从多维多域多角度、多层次在认知领域开展设计的新的动向和变化，对语言的使用开展认知上的审视，并从认知层面深度解读语言，从认知层面建立正确的语言使用观，特别是建立正确的语言使用认知观，从认知和元认知层面把好语言使用关，使语言从认知层面就走在正确的轨道上，从而保证对人们的认知形成正确的导向，形成健康的影响，形成正能量的思维，形成科学合理的世界观、人生观、价值观，形成坚定的自信、自尊、自爱、自强，形成坚强的民族认同、文化认同、国家认同和制度认同。当然，也将有利于人们用正确的认知来看待语言，避免被语言众多的认知设计而落入其中的认知圈套或者认知陷阱。也就是说，语言认知治理首先治理的是人们对语言在个体、社会、国家、民族、文化认同作用的重要认知功能和作用的模糊意识；其次治理的是人们在语言生活中对语言在认知层面出现非常规使用的模糊认识和错误观念；再次治理的是人们在人工智能领域对语言的超常规使用的意识和模糊观念；最后则是治理人们对语言结合认知层面对人们施加影响的整体模糊认识和意识不清楚。

由此看来，语言认知治理应该是语言治理的下位概念，是语言治理在语言认知层面的延伸和拓展，是语言治理从认知层面开展考察和操作的治理活动。既可以表现为对语言的认知内容、认知形式进行考察，也可以表现为对语言的认知语义、认知修辞、认知传播、认知塑造、认知语用、认知影响的治理。

（二）语言认知治理的特点

语言的认知治理，是有别于传统语言治理的基本做法，与传统语言治理更重语言生活中语言现象的具体治理，语言认知治理，更加有其自身的要求，从而体现独特的特点。

（1）认知性。语言的认知治理，本身就是从认知的视角观察语言生活，也从认知的层面分析语言生活，更从认知的层面批判语言生活，其认知的特性得以充分体现。其认知性表现在既关注语言形式的认知特点，也关注语言内容的认知特点，还关注语言在语用层面的认知特点，更关注语言在传播中形成的认知特点，尤为特殊的是，关注语言承载的民族、文化、社会、国家认同的认知特性。语言始终与思维紧密相连，语言的认知特性本来就十分明显。语言的认知治理，是从本源上，强调对语言表象下概念层面、语义层面、文化层面、社会层面、政治层面、意识形态、情感心理乃至语言技术、人工智能等层面的统 治理，是对语言本身在思维和认知层面的强大作用的承认，也是对语言使用中认知的深层和表象的统一管理。

（2）导向性。语言的认知治理的导向性，指的是语言治理过程中在语言认知层面有着明确的导向，表现为始终在语言规划上、思想上、政治上、立场上、功能上、概念上等多维领域坚持正确的导向性；在语言地位上，始终捍卫语言自身的应有地位；在语言主体作用上，始终坚持语言的正确拼写、读音、用法，始终坚持语言应有的社会和谐与建构作用，始终坚持语言对社会的正确推动作用，始终坚持发挥语言对社会的积极建构作用，始终坚持语言在民族、国家、社会、文化、族群认同中的底层建设作用，始终坚持正确的语言平等、语言保护、语言促进社会发展、语言促进世界公平正义、促进世界治理的重要作用，始终把语言作为推动跨文化交流、形成共商、共建、共享、共赢的国际社会作为重要支撑，始终把语言对国家安全、国家统一的影响正确确立起来，始终发挥语言在民族团结和社会稳定中的合理地位。对本族语、本国语言和外语形成良性的认知，在国家强盛的时候，更加清醒对外交流中，既发挥好本国语言的主体地位，也要发挥好外语在本国对外交流、文化交往、文明互鉴中的作用。

（3）语境性。语言认知治理的语境性，指的是需要把语言放在宏观和微观语境来认真考量，特别是要在语词、语句以及语篇的微观语境中考察，还要看待具体使用中的具体情景语境，还要考察语言在使用中的社会语境，更要考察语言使用中的文化语境，甚至要考察其历史语境，在必要的时候，还需要考察它的跨文化语境，考察它的多语多文化语境。语言的认知治理，其实更多的是要将词语放到特定的语境中，观察和考量语词的基本意义和认知意义。某一特定词语或语句，往往会打上极强的语境烙印，有着极强的语境框架信息。特定的语境下，又有着极强的认知导向性。治理者或者主体，实际上是要对语言的情景性有着极强的敏感性。语言的认知治理，要求人们在不同的语境下，善于运用语言，表达得体的概念和语义。比如，在严肃的语境下，人们应该用严肃的语词；在轻松的语境下，人们应该用愉悦的语词。在传递中国文化场景中，要用饱含中国文化的词汇；在中外思想博弈中，要用好中国立场的词汇，对错误思想、错误概念进行澄清和批驳。

（4）先设性。语言认知治理的先设性，指的是语言认知治理更多地作用于人们在使用语言的前端，要求人们在语言的使用、理解、评判、改进之前，就应该具有的预先认知思想，是对语言使用的早先意识，更是对语言使用的内在思维，更是一种对语言管理或者规划的预警观念。先设性，表现为人们在各种场景下使用语言时，能够对语言掌握好分寸。既不让语言自身脱离正轨，也不让语言使用在概念、语义、语用、文化、认同等认知领域出现错误倾向。在对重要核心概念构建中，能够坚持本族语的特点；在对外沟通中，既坚持本族语的风格，又能够兼顾国际的表达，形成本语言自信自立、开放包容、弘扬传统、绽放时代、影响世界的话语体系。先设性体现在语言能够始终保持自身的特点和主体地位，同时又能够在各种语言生活中发挥应有的正确作用，使得语言在各领域营造正确的思维、塑造正确的认知、打造正确的话语体系，从而始终走在语言形式、内容、功能、地位的正确轨道上，使语言服务社会、国家、世界的能力得到彰显，得到有效传播。

三 语言认知治理的主要方面

语言认知治理主要是从认知的视角对语言本体和语言使用的各种层面、各种维度、各种场景等对语言进行治理，其核心特点表现为认知性，这一认知性在语言形式结构、语义语用、认同意识、自主意识、人伦情感、意识形态、传播塑造、智能创新等方面，又可以有其独特表现。

（1）语言的认知治理核心在于要牢牢站稳中国认知立场。语言的认知治理，不同于普通的语言治理，主要关注语言的正确拼写、读音、语法，也特别关注语言的标准化、信息化及数字化，它更关注语言生活中语言使用的政治立场和出发点，是否将促进中华民族伟大复兴作为主要方向，将是否有利于促进中华民族大团结作为根本要求，是否有利于促进人类命运共同体建设作为己任，将是否有利于道路自信、理论自信、制度自信、文化自信作为核心。语言的认知治理，要促进中国话语体系、中国叙事体系、中国传播话语体系的构建，促进中国故事的挖掘，促进对外讲好中国故事，树立可信、可爱、可敬的中国形象。

（2）语言的认知治理重点在于从认知视角审视语言意义。语言的形式治理，更多地交给了传统治理领域。语言的认知治理，更多的是关注语言的认知层面，试图把握语言生活中的语词、语句、语篇、文本等的认知意义。语言生活中的实际语言使用，自然会体现出隐含在语言形式结构表象下的认知语义，特别是体系化的认知语义和认知语义生态。比如，生活小区命名的中国文化还是西洋文化的认知取向；对于新产生的中国产商品的命名的认知取向；对于广告中营造的总体认知空间是否有利于建设健康、包容、公平、开放、自信、和谐的社会；对于社会景观语言是否形成有利于和谐生活以及人与自然和谐共存的绿色生活；对于国际关系以及国际社会的表述，对于人类社会的未来表述，是否有利于构建一个和平、共商、共建、共享，独立自主、相互尊重、合作共赢的国际社会，是否有利于建设一个公平合理、相互开放、相互支持、共同守望的人类命运共同体，形成一个共同发展、共同安全、文明互鉴的新型国际社会，等等。语词的认知意义，成为语言认知治理的重要发力点。

（3）语言认知治理基础在于语言生活参与者的认知自觉。语言认知治理能否成功，取决于每位语言生活参与者对于语言认知治理的自我意识，特别是认识到语言如何在认知层面对社会语言生活所形成的挑战，形成语言认知在人们思维、社会行为、主体认同、社会认同、文化认同、国家认同、民族认同的重要作用，对于社会风气、文化安全、意识形态安全乃至认知安全的重要作用，形成全面而广泛的语言认知防波堤，不会轻而易举地被来自社会的谣言、谎言、诈骗等所牵引，不会被网络上或实际生活中经过认知设计的语言所轻易打动，特别是能够做到警惕被一些典型故事认知叙事和认知情感叙事所影响，不会被披着认知外衣的极性宣传所轻易误导，不会在重大的问题上（比如对于国际特定地区冲突的认识等）被错误的理论所误导，而是能够独立分析，自觉批判，在正确理论指引下，形成正确的思维认知，并由此形成正确的言论和行为。

（4）语言认知治理关键在于加强语言生活的认知批评分析。语言认知治理，是建立在语言使用者对语言的强烈自知、自我敏感和自我觉悟基础之上的，是需要语言生活参与者能够有较强的语言认知的敏感度的，需要管理者或者参与者对语言在不同场景中的认知特殊意味，以及语言本身包含的认知情感特性有充分的认知，对语言从认知层面在广泛领域的不良运用和反映有强烈的熟悉度。特别是能够对语言认知对社会产生正确或不良导向的具体案例有深刻的了解，有丰富的案例分析，有强烈的预警意识，也有强烈的自我提醒和自我批判意识。语言本身承载着个体、群体、社会、国家、民族、文化等多方面的信息，在具体使用中，因为具体的认知设计，富含了或者隐藏了大量的认知信息，可能会对受众、群体、社会乃至国家或者国际社会产生不可忽视的影响。结合大量的案例，开展语言认知的影响性批判分析，向全社会展示语言认知的正确方向，展示语言认知在错误领域的危害使用，有利于人们对语言认知治理的普遍能力的提高，也有利于人们形成对语言认知的批判分析能力。

（5）语言认知治理突破在于突出人工智能技术运用和治理。当前，语言生活中大量不合理的语言认知现象的运用都表现在人工智能的采用，大量语言认知的非常规现象都源于人工智能的飞速发展，大量语言认知对人类的潜在威胁或者威慑性现象都来自人工智能的语言使用，特别是人工智能的语言与认知的不完美结合的结合。人工智能的语言使用首先是对单纯人类语言思维的挑战，特别是大语言模型基础上的内容生成式系统或平台乃至智能个体，人类的语言已经被广泛采集、深度分析、逻辑模拟、模式再现、语言重塑。一方面人类语言面临着来自人工智能的全面模拟和复制，另一方面也面临着被人工智能主宰超越的危险。人类历史上第一次出现人类自己的思维不再是人类自己主宰，人机博弈中，人类很可能处于下风。在这个认知治理过程中，最为危险的是，人类的语言被机器语言所统领，人类最后成为向机器学习的仆从。由此，必须开发新的技术，在世界观、人生观、价值观以及伦理、道德、情感上对人工智能实施限制，否则，人工智能就会出现超级强者，在语言认知上，特别是在超越语言认知层面的语言智能上对人类产生极大的负面影响。

（6）语言认知治理成败在于全社会多领域共同努力共同合作。由语言认知治理的定义可以看出，语言认知治理首先治理的是人们对语言总体认知作用、人们在语言生活中对语言认知的具体作用、人们在人工智能领域对语言认知使用以及人们对语言结合认知层面对人们施加影响的整体模糊认识和意识不清楚。由此可见，语言的认知治理表现在语言的管理或者治理这层面，其实它也与语言生活的每一位参与者、实施者、行动者相关，需要每一位语言自然人都能够有着较强的语言认知治理意识，并对语言的认知使用有着极强的敏感性，能够对此提出治理的意见和治理的方向。由于语言认知领域所形成的语言治理挑战问题涉及语言内容、语言环境、语言受众、语言智能、语言传播等多方面的因素，语言认知治理也需要以上相关领域的参与，需要以上诸多领域的共同努力，才能够对语言认知治理形成彻底完全系统的治理效果。要对语言认知的治理保持良性公正的认识，语言认知层面的合理利用，可以对社会产生正确有益的影响，而语言认知层面的隐性歪曲使用，则会对社会产生重大错误影响。语言的认知治理，由于认知的表现可能体现在语言活动完成的全过程中，表现为语言内容的认知设计、语言媒介的认知传播、语言受众的认知接受、语言环境的认知语境化，等等。因此，语言认知治理需要全社会的参与，需要全社会多种力量的共同合作才能完成。特别是，当下语言认知在社会施加影响中，往往结合多种领域，对该社会的成员表现为认知域作战的形式，在这样的条件和形势下，语言认知的治理更加需要全社会的自醒、自觉、自我监督、自我批判，不断提高自身对语言认知层面的合理运用和识别，提高语言认知层面的自我治理能力。

结　语

当今时代，语言越来越被精心设计，特别是从认知层面，被操作者隐性设计，深度操控，系统组织。语言在认知层面，越来越被用来完成许多受众潜意识中并没有主动觉察的行动或者活动，包括语言行为或者活动。语言的认知设计有可能给广大受众带来负面影响，也成为社会之中思想博弈、舆论主导权争夺、人心向背塑造的重要发力点，特别是语言认知经常被设计者作为吸引受众、影响思维、塑造认知、夺控心智、博弈心理空间、影响群体态度、打造关键观点、培育思想阵地、掌握舆论主动、赢得人心支持的重要依靠。语言认知治理，就是在面对语言生活中的多样化语言认知层面的设计，有着当下的必要性。文中在回顾了语言治理的基本内涵和当下的新发展之后，重点探讨了当下语言治理面临的新挑战，并结合实际需要，提出了语言认知治理的概念和内容，分析了其主要特点，并指出了它在治理过程中应该考虑的主要方面。本文对于拓宽对传统语言治理的认识，加强从认知视角和层面对语言实施治理有着较好的帮助借鉴作用。

参考文献

［1］付京香．英语语言传播媒介中的性别现象——从性别歧视到性别平等［J］．现代传播，2010（10）：150—151.

［2］郭书谏，沈骑．全球化时代语言治理的后现代转向［J］．西安外国语大学学报，2022，30（01）：1—5.

［3］贾凌云．网络语言暴力的治理对策研究［J］．新闻研究导刊，2018，9（12）：70—71.

［4］李凌燕，左凯．语言腐败对政府形象的影响及其治理［J］．青海社会科学，2020（02）：22—26.

［5］李英姿．联合国基于性别平等的语言政策：缘起、内容及影响［J］．云南师范大学学报（哲学社会科学版），2022，54（02）：77—85.

［6］李宇明．语言在全球治理中的重要作用［J］．外语界，2018（05）：2—10.

［7］梁晓波，武啸剑，曾广．话语体系与国家安全［J］．国防科技，2018，39（03）：17—26.

［8］梁晓波，杨晓青．语言与国家安全国内外研究综述［J］．外语与翻译，2022，29（04）：17—24.

［9］刘海涛．国家安全视域下的语言问题［J］．中国外语，2021，18（06）：1+10—16.

［10］刘金海．论语言"污染"问题［J］．西北大学学报（哲学社会科学版），1993（02）：122—128.

［11］刘韵竹．校园低俗语言传播的负面影响与有效治理［J］．现代视听，2018（09）：73—75.

［12］鲁子问．国家治理视野的语言政策［J］．社会主义研究，2008（06）：54—58.

［13］罗譞．网络语言的价值观引导与治理［J］．新媒体研究，2018，4（17）：59—61.

［14］秦诗涵，甘雨，李精精，等．不文明语言的成因、危害及治理途径初探［J］．法制与社会，2013（20）：192—193.

［15］沈骑．全球语言治理研究的范式变迁与基本任务［J］．语言文字应用，2021（03）：30—40.

［16］施旭，李婧．美国国家安全话语体系研究［J］．中国外语，2021，18（04）：12—18.

［17］苏金智．语言腐败与语言污染［J］．决策与信息，2013（04）：72—73.

［18］王春辉．论语言与国家治理［J］．云南师范大学学报（哲学社会科学版），2020，52（03）：29—37.

［19］王辉．国家治理视野下的应急语言能力建设［J］．语言战略研究，2020，5（05）：13—20.

［20］文秋芳．对"国家语言能力"的再解读——兼述中国国家语言能力70年的建设与发展

[J]．新疆师范大学学报（哲学社会科学版），2019，40（05）：57—67．

[21] 文秋芳．国家语言治理能力建设70年：回顾与展望［J］．云南师范大学学报（哲学社会科学版），2019，51（05）：30—40．

[22] 吴小国．治理新媒体内容低俗化的分级制设想［J］．中国出版，2017（19）：63—65．

[23] 杨勇，张泉．生态语言学视野下网络流行语的语言污染及治理探究［J］．湖北社会科学，2015（03）：137—141．

[24] 余哲西，管成云．广播电视节目低俗化治理——基于美、英、日三国的比较研究［J］．云南社会科学，2013（05）：188—192．

[25] 张日培，刘思静．"一带一路"语言规划与全球语言生活治理［J］．新疆师范大学学报（哲学社会科学版），2017，38（06）：93—102＋2．

[26] 张四红，刘一凡．中国与周边"一带一路"沿线国家的跨境语言类型及治理［J］．云南师范大学学报（哲学社会科学版），2021，53（03）：95—103．

[27] 章文君．社会治理：语言运用与话语体系建构［J］．浙江学刊，2015（03）：208—213．

（责任编辑：石琳）

国际组织语言治理的议题、路径与效果[*]

方小兵[**]

提 要 语言因素对国际组织自身治理、参与全球治理都有重要的影响。国际组织语言治理的主要目标是提高日常管理水平、提升沟通效率和员工凝聚力、促进国际合作、增强国际组织的包容性和公正性、提升国际组织的形象和影响力、促进全球语言的和谐发展。语言治理的路径包括机制建设、话语引导、平台和队伍建设。国际组织语言治理可以分为内部语言治理和外部语言治理，后者涉及全球、区域或领域语言治理。现有的国际组织语言治理仍面临翻译成本高、沟通效率不尽如人意、语言权利难以得到保障、无力保护全球语言多样性等挑战。未来应该完善语言治理机制、加强语言团队建设、深化语言治理的国际合作、实现语言治理的精细化与个性化，并利用科技手段优化语言治理。

关键词 国际组织；全球治理；语言治理

The Issues, Approaches and Effects of Language Governance in International Organizations
Fang Xiaobing

Abstract Language factors show a significant impact on the governance of international organizations and their participation in global governance. The main goals of language governance in international organizations are to improve daily management level, communication efficiency and employee cohesion, promote international cooperation, enhance the inclusiveness and impartiality of international organizations, enhance the image and influ-

---

[*] 本文系2023年度国家语委研究型基地项目"联合国语言政策80年演进与启示"（ZDI145 – 89）、国家社科基金重点项目"联合国语言政策的历史演进与当代实践研究"（23AYY015）的阶段性成果，获中央高校基本科研业务费专项资金资助。

[**] 方小兵，南京大学中国语言战略研究中心研究员，主要研究方向为语言规划学与术语学。

ence of international organizations, and promote the harmonious development of global languages. The approach of language governance includes mechanism construction, discourse guidance, platform and team building. International organization language governance can be divided into internal and external language governance, the latter involving global, regional and domain language governance. Existing language governance still faces challenges such as high translation costs, unsatisfactory communication efficiency, difficulty in safeguarding language rights, and inability to protect global linguistic diversity. It is suggested to improve language governance mechanisms, strengthen language team building, deepen international cooperation, achieve refinement and personalization of language governance, and optimize language governance through new technological means.

Key words International Organizations; Global Governance; Language Governance

引　言

国际组织可以通过多种方式参与全球治理。一种方式是通过制定国际规则和标准促进全球治理的有效性和合规性，帮助各国认识到国际社会的共同规范，并为各国制定政策提供参考。另一种方式是提供平台，促进各类国际合作，使各国能够进行政策协调和沟通，共同应对全球性问题。还有一种方式是通过信息共享和经验交流，或提供信息、数据和技术援助，倡导创新理念，推动知识传播，推广最佳实践。

语言因素对国际组织自身治理、参与全球治理都有重要的影响。首先，来自不同国家和地区的成员使用不同语言，这可能导致政策协商、制定和执行中出现误解或者沟通困难。其次，翻译成本高昂且需要时间，可能导致决策过程受到拖延，影响国际组织的决策效率和效果。再次，语言差异可能导致文化误解和冲突，影响国际组织和成员国之间的互信与合作。如果某些成员国的语言没有得到充分的认可和使用，可能会使这些国家在国际组织中的发言权和影响力受到限制，从而削弱其参与度。语言障碍还导致某些国家和组织在获取信息和知识方面的不平等，这种信息不对称使他们在全球治理中的话语权和影响力受到限制（王春辉，2021）。最后，国际组织在发布各种文件、报告和新闻稿时，如果使用的语言无法被广泛理解和接受，就可能导致信息传递的效果不佳，降低国际组织参与全球治理的效果。

因此，进行语言治理是国际组织的应有之举。本文将首先介绍国际组织语言治理的目标、路径和主要议题，然后分别讨论国际组织的内部和外部语言治理，最后分析国际组织在语言治理中面临的问题和挑战，并提出相应的对策。

一 国际组织语言治理的目标、路径和主要议题

（一）国际组织语言治理的目标

国际组织语言治理的目标是多元的，主要体现在以下五个方面。

第一，提高日常管理水平、沟通效率和员工凝聚力。语言治理有助于国际组织内部及与会员国之间的有效沟通，确保信息传达及时准确，从而提高决策效率、执行力和员工满意度，为职责履行、组织运作创造良好的氛围。

第二，促进国际合作。语言是国际交流与合作的基础，良好的语言治理能够促进不同国家之间的沟通、理解和合作，推动全球治理体系朝着更加公正、合理和透明的方向发展。同时，国际组织在制定和实施国际法律时，需要考虑到各国的法律体系和文化差异。通过语言治理，可以确保国际法律在全球范围内理解的统一性和执行的适用性，有利于国际法律体系的完善与发展（沈骑，2021）。

第三，增强国际组织的包容性和公正性。国际组织语言治理的另一个目标是保障所有成员国平等参与国际事务。通过提供多语服务和多语培训、建立多语翻译和口译团队，确保国际组织内部所有成员方在语言权利、信息资源获取等方面享有平等待遇，消除语言霸权导致的不公正现象。

第四，提升国际组织的形象和影响力。国际组织可以通过提供高质量的语言服务来提高自身形象和影响力，良好的语言治理可以展现国际组织的专业性，吸引更多会员国加入，拓展合作伙伴网络，增强它在全球事务中的影响力。

第五，国际组织语言治理还有一个重要目标就是促进全球语言的和谐发展，包括保护语言资源的多样性、传承世界文化遗产，促进全球知识、文化、价值观的传播和共享，从而提高国际组织在各成员国中的认同感和信任度，进而增强其权威性和公信力。

（二）国际组织语言治理的路径

国际组织可以从机制建设、话语引导、平台和队伍建设等路径进行内部和外部语言治理。

在机制建设方面，国际组织需要制定一套完整的语言政策，包括官方语言、工作语言、会议及网站语言使用规则、笔译和口译服务等。这些政策应明确各成员国之间的语言权利和义务，为国际组织的语言治理提供指导和依据。同时，国际组织应设立专门的语言委员会，负责制定和执行多语主义原则的落实，以确保组织内各个层次和地区的沟通顺畅。

话语引导的有效性已在多个国际组织得到证实。国际组织还可以通过达成公约、发表宣言和倡议书等方式，为会员国提供语言理念和政策指导，或通过定期发布监察报告来监督成员国，从而影响成员国的语言政策；同时，也可以就信息生产、新闻报道和舆情发布等工作达成全球性共识（杨明星，2022），推动全球话语秩序治理的规范化，以建立公平、公正、透明的全球话语秩序，推动实施全球性的语言治理。

平台和队伍建设也是重要的治理路径。整合国际组织和会员国在语言治理方面的资源，实现信息、人力、技术等方面的共享和互利；建设在线多语言资源，如翻译软件、词典、在线学习平台等，为员工提供便捷的语言支持和跨文化沟通渠道；加强语言工作团队建设，通过大数据分析小组了解全球语言使用情况，优化语言治理。

（三）国际组织语言治理的主要议题

国际组织语言治理涉及以下四个主要议题。

第一，如何提升语言服务质量。国际组织需要不断提高语言服务的质量，包括本领域术语标准化服务、会议口笔译服务等方面的质量。国际组织需要制定符合自身特点的语言政策，包括官方语言的使用、多语种网站的建设、文件和资料的翻译及传播等方面。同时，还需要确保语言政策的实施得到有效监督和管理。

第二，怎样保障语言权利。语言权利是国际组织需要关注的重要议题之一。国际组织需要保护成员国的语言权利，确保各方都能够平等地获得相关信息和服务，同时还需要关注语言资源的公平分配和使用。各类国际组织的官方语言绝大多数是欧洲语言，而使用率最高的十大语言中不包括中文。中文在国际组织的使用率不到0.5%。这一现象在一定程度上反映了国际组织语言治理的格局和挑战。

第三，怎样保护语言多样性。国际组织关注保护不同国家和地区的语言资源，需要协调各方力量采取措施防止濒危语言灭绝，促进各国语言文化的和谐共生。

第四，如何进行话语治理。话语治理是全球治理的重要组成部分，国际组织需要消除一系列话语乱象，如话语霸权、话语陷阱、话语操控、话语歧视，提升全球话语秩序的理性与文明。

此外，直面语言冲突、语言濒危、一语独大、信息边缘化等全球语言生活治理问题，推进语言智能的行业标准和伦理原则，促进语言资源的全球共建共享，也是国际组织在语言问题上需要关注的重要方向（王辉，2022）。

二 国际组织内部语言治理

(一) 内部语言治理的机制与措施

国际组织通过一系列内部政策和程序来进行内部语言治理。这些措施旨在确保多语言环境中的有效沟通和公正对待各种语言。

一是制定符合自身特点的语言政策。国际组织需要确立其官方语言及工作语言、不同语言的优先级、适用范围以及在特定情境下的沟通规范，确保国际组织的各个层次和环节均有明确的指导和管理依据。

二是提供优质语言服务。首先，设立专门的翻译部门，负责将重要文件、报告和其他资料翻译成不同语言，确保信息在组织内部畅通无阻。其次，为员工提供各种语言的培训课程，提高他们的语言能力和跨文化沟通能力，以加强对不同语言和文化之间的尊重和理解。最后，建立语言资源库，包括词汇表、口译词典，以及多语言的在线平台（如网站、邮件系统、即时通信工具等），以方便成员国代表和员工在不同语言环境中进行交流，提高工作效率和准确性。

三是倡导多元语言文化融合的理念。为了增进不同语言和文化背景的成员之间的理解和信任，国际组织需要倡导包容多样性的语言文化价值观，通过举办各类文化交流活动，如文化节、语言日纪念活动等，提高员工对多种语言和文化环境的适应性，促进多元语言文化的融合，创造和谐的组织氛围。

四是建立监督和评估机制。国际组织需要定期对机构内部的语言治理工作进行评估，评估语言政策的实施效果、笔译和口译服务的质量等，及时发现问题，并根据实际需求对治理措施进行调整优化。许多国际组织成立了由不同部门成员和专业人士组成的、具有监督和执行职能的语言委员会，负责协调、评估、监督和组织内部的语言治理工作。

通过上述机制和措施，国际组织可以更好地实现内部的语言治理，促进各成员方之间的有效沟通与协作，提升组织运作效率。

本文以联合国为案例，考察国际组织的内部语言治理。

(二) 联合国内部语言治理

联合国在历史上开展了多项内部语言治理行动。1945 年，《联合国宪章》为联合国内部的多语言原则和平等公正原则奠定了基础；1946 年，联合国设立了翻译部（United Nations Departments of Translation，DUNS），负责提供官方语言的笔译、口译等服务；自 1948 年起，联合国秘书处针对不同会员国的需求，开设多种语言的培训课程；1995年，联合国设立多语言官方网站；2008年，联合国举办"国际语言年"活动；联合国还通过为六种官方语言设立"语言日"纪念活动，推动六种官方语言在联合国内部的平等使用；2010年，联合国大会通过一项决议，进一步明确多语制是联合国的一项核心价值观，对于实现《联合国宪章》规定的目标起着至关重要的作用。联合国问题高级别委员会还设立了一个工作组，在2022年年底前制定关于联合国六种官方语言的学习、评估和认证的联合国系统语文框架（方小兵，2021）。

在机制方面，联合国系统各组织的行政首长需要审查内部开发的语文技术的使用情况，将其纳入各自秘书处的组织信息技术系统和工具包，并在这一领域采取整体办法；联合国语言中心（UN Language Centre）负责推广联合国的语言政策和语言能力、提供语言教学培训、开发语言课程等资源，帮助成员国提高其语言能力；联合国大会附属的联合检查组（JIU）负责对联合国语言政策的实施进行监督和评估，迄今为止，联合检查组已经发布了5份评估报告；全球传播部受权设立联合国网络多种语言办公室，确保各国能够充分利用联合国的平台进行有效沟通与协作，以消除"英语与其他五种正式语文之间的使用差异"，并"确保对所有正式语文的全面理解和公平对待"（Garrido，2022）。

然而，实际的语言治理现状与理想目标之间仍存在一定的差距。例如，目前联合国内部明显缺乏统一的语言政策，不同语言之间资源分配不均，语言事务成本高昂、效率低下，导致信息传递不畅（McEntee-Atalianis，2021），这些因素都影响了联合国内部语言治理的效果，使之难以完全满足所有成员国的需求。

三 国际组织外部语言治理

国际组织外部语言治理，可以分为全球语言治理、区域语言治理和领域语言治理。全球语言治理是通过建立共同的规则、标准和政策来解决人类共同面临的世界性语言问题。区域语言治理是指国际组织与一个区域内的多个国家就共同面临的语言问题进行协调、合作与管理，目的是促进区域语言文化交流、保护语言多样性以及减少因语言差异导致的摩擦与冲突。领域语言治理是对一个特定领域内（如教育、科学、文化、能源、气候、体育、卫生、粮食、儿童、妇女）的各种语言现象和问题进行管理和规范的行为。领域语言治理既可以是全球性的，也可以是区域性的。

（一）全球语言治理

全球语言治理首先要倡导文化多样性和语言平等。例如，联合国通过《儿童权利公约》《民族或族裔、宗教和语言上的少数群体人权宣言》《和平文化宣言》《世界文化多样性宣言》等文件，强调每个人都应当能够用自己的母语来表达思想、进行交流。此外，联合国还设立"国际母语日"，启动"国际土著语言年"，促进语言表述中的性别平等，以提升全球语言治理的效果（方小兵，2022）。

其次要推动全球话语秩序的规范化，建立世界各国参与的国际话语权合理分配体系，严防话语霸权（王帅、孙佳乐，2021）。一些国际组织正在推动就国际事务和对外交往中的信息生产、新闻报道、舆论传播等达成全球共识，倡导客观、公正、文明、平等的原则，建立一套话语规范和规则。例如，在抗击疫情的国际合作中，应使用科学、专业、权威、规范的表达方式，严禁通过病毒对他国污名化（杨明星，2022）。

目前，全球语言治理机制尚不健全，缺乏有效的协调和管理机制，一些弱势和濒危语言面临严峻的生存挑战，而一些主流语言则面临过度商业化和滥用的风险，这将损害全球治理的公平和成效。

（二）区域语言治理

区域语言治理首先要确立区域语言发展战略和政策。国际组织负责制定和执行区域语言治理的整体战略与规划，旨在平衡各语言使用者的利益，维护、促进和发展区域内各语言的使用，以增强区域凝聚力，发挥语言在促进经济社会发展、加强国际交流与合作及增进民众福祉中的重要作用。

其次要构建区域语言交流与合作平台。国际组织通过举办各类会议、研讨会、培训和论坛等，为区域内的语言学者、政府官员、政策制定者和民间组织提供一个分享经验、交流观点和合作解决问题的平台。

例如，联合国教科文组织通过在各个地区设立办事处、一类中心和二类中心，与区域国际组织（如东盟、非盟）一道实施各类区域母语教育援助项目、开展区域语言多样性保护活动，推动该区域成员国之间的合作与交流，从而有效地参与区域语言治理。

（三）领域语言治理

领域语言治理的核心内容是制定术语标准和话语规范。国际组织会通过多种途径收集相关领域的术语，搭建大型术语工作平台，通过各种渠道推广这些术语规范，鼓励成员国、企业和学术机构在实际工作中应用这些规范，以提高信息传播的准确性和效率。

例如，国际奥委会（IOC）制定了奥林匹克运动相关术语的定义，以确保全球范围内的统一理解和使用，并与国际单项体育联合会（GAISF）以及其他相关组织进行合作，共同制定和实施术语标准和话语规范。《奥林匹克宪章》规定，奥运会上的标志、文件和公告都必须使用双语，即英语和法语，其中第24条又补充规定"如出现歧义，以法语为准"。奥运会开幕式播报的顺序是法语、英语和主办国语言。国际奥委会成立了语言委员会，该委员会制定了奥林匹克运动通用语言规范。国际奥委会还与全球各大媒体建立紧密合作关系，通过新闻报道、宣传片和社交媒体等方式，传播体育领域的正能量和正确价值观，包括友谊、团结、公平竞争、尊重他人等方面的价值观。这些价值观成为奥林匹克运动的话语规范。

又如，世界卫生组织（WHO）制定了一份官方的医学和健康术语指南——《国际疾病分类》（*International Classification of Diseases*）。该分类系统为全球范围内的医疗卫生专业人员提供了一个统一的疾病、症状和诊断标准的术语体系。该组织还定期对医学和健康术语进行审查和更新，以反映医学领域的新发现、研究成果和技术进步。联合国教科文组织（UNESCO）则建立了多个术语数据库，涉及教育、科学、文化等多个领域。这些数据库收录了大量的术语、定义、解释等信息，为全球范围内的学术研究和教育实践提供了便捷的参考和依据（方小兵，2022）。

国际标准化组织（ISO）在术语规范工作方面发挥了重要作用。该组织制定了多个领域的官方术语指南，包括语言文字、信息技术、质量管理、环境管理、食品安全，指南涵盖了术语的命名、定义、分类、使用等，为术语命名、定义和用法提供了统一的指导，为各国标准化机构和相关领域提供了参考和依据。同时，国际标准化组织建立了全球最大的术语数据库，为相关领域的机构和学者提供了便捷的检索和参考渠道。

四　国际组织语言治理的挑战与对策

（一）国际组织语言治理面临的挑战

现有的国际组织语言治理仍面临以下一些挑战。

第一，翻译成本高，沟通效率不尽如人意。预算的限制使得组织的语言治理效果受到制约，而人力资源的不足常常导致会议口译和文件笔译的质量不达标。国际组织往往需要在有限的人力成本条件下，选拔并培养具备较高语言能力、跨文化交往技巧的工作人员，这对组织的人力资源管理工作提出了较高要求。多语言环境下的协同工作也对语言治理提出了挑战。国际组织通常由来自不同国家和地区的工作人员组成，多种官方语言的使用可能使沟通变得复杂，影响团队协作效率。国际组织中使用的语言越多，沟通效率就越低。这可能导致决策迟缓、执行不力等问题，进而影响国际组织的效率和影响力。

第二，语言权利难以得到保障。在国际组织中，不同语言的地位和使用机会往往不平等，这可能导致一些成员国的语言权利受到损害。对此，一些成员国的代表会通过软硬程度不等的形式进行抵制。国际组织需要保障所有成员国的语言权利，确保语言公平和公正。

第三，无力保护全球语言多样性。随着全球化的加速和科技的不断发展，一些语言面临着消亡的危机。国际组织承诺采取措施保护和传承语言资源，为语言的多样性提供保障。但大多是"重承诺，轻落实"，未见提出有效的措施。

第四，数字时代带来新的挑战。随着大数据和人工智能等技术的不断发展，语言治理在价值体系、结构体系、功能体系和评估体系等不同层面都面临新的挑战。国际组织需要更加注重精准化和精细化的语言治理。通过对语言数据的深度挖掘和分析，准确了解国际社会的语言状况和语言问题，为制定更加精准的语言政策提供依据。

（二）提升国际组织语言治理能力的对策

以下一些策略有助于国际组织提升语言治理能力。

首先，完善语言治理机制。国际组织需要与成员国及其他利益相关者进行沟通和协商，建立一套包含官方语言、工作语言、优先语言等详细规定在内的多语言政策，明确成员国的语言权利和义务，确保语言治理的公正性和有效性。

其次，提供多样化的语言培训，加强语言团队建设。定期开展针对会员国、地区、部门等多层次的语言培训活动，帮助员工提高语言技能和文化沟通能力；通过举办语言学习班、工作坊、线上课程等多元化学习方式，满足员工个性化学习需求；提高语言工作团队的专业素质、工作效率和责任感，以确保组织内部以及外部沟通的有效性和真实性。

再次，深化语言治理的国际合作。与其他国际组织、会员国及相关专家加强沟通与联系，共享语言治理的经验与资源；促进各国在语言教育、评估与认证方面的合作，推动各国在语言水平考试与能力认证方面的合作，推广国际认可的语言等级体系，帮助跨国企业、学术团体、政府部门等更好地选拔和培养语言人才。

复次，实现语言治理的精细化与个性化。国际组织需要加强对语言数据的收集和分析，包括成员国的语言使用情况、语言翻译需求、语言教育和培训需求等。通过大数据和人工智能等技术手段，挖掘语言数据中的信息和规律，为制定更加精准的语言政策提供依据。根据组织、部门、项目等不同的需求特点，制定针对性的语言治理策略。注重员工个性化语言需求和差异化特征，提供有针对性的服务和支持

（高宁、宋晖，2022）。通过建立完善的语言教育和培训体系，提高教育和培训的水平，满足不同层次和不同领域的需求，为全球治理提供更加优秀的人才支持。

最后，利用科技手段优化语言治理。大数据、人工智能等数字技术的飞速发展，为国际组织语言治理带来新机遇和新路径。例如，国际组织可以与成员国合作建设在线语言学习平台、在线翻译系统，以提高语言工作效率；利用大数据和人工智能技术，对全球的语言状况进行实时监测和评估，了解各语言的普及程度、使用情况和发展趋势，为制定语言政策和保护濒危语言提供依据；建立多语言知识库、数字图书馆和数据库的建设，促进全球知识资源的共享；搭建多语言社交媒体网络，促进国际文化交流和理解；开展多语言数字技能培训项目，提升全球公民的数字素养和能力，并在全世界推广数字语言治理的成功经验和最佳实践。

结　　语

展望未来，国际组织语言治理可能呈现出以下几个发展趋势。第一，语言政策多元化和包容性增强。国际组织将强调多种官方和辅助语言的使用，提高组织的国际形象。第二，技术驱动。未来国际组织必然会应用更多的自动翻译工具和语音识别技术，从而降低翻译成本，实现实时多语言沟通。第三，重视社交媒体上的语言治理。未来，可能会出现更多的规范和准则，以确保社交媒体上的语言交流更加文明和友善。第四，注重国际合作与沟通，包括与其他国际组织、政府、企业、学术机构等建立合作关系，共同解决全球性的语言问题（李开、贾付强，2023）。第五，以中国为代表的新兴市场国家和发展中国家集体崛起，他们参与国际组织中的意愿不断增强，这将推动从"西方治理"到"全球治理"的变革。

参考文献

[1] 方小兵．联合国教科文组织语言政策的形成、变迁与影响［J］语言战略研究，2022，7（02）：12 21.

[2] 方小兵．国际组织多语制的困境与对策——《联合国系统使用多种语言情况报告（2020）》解读［J］．中国语言战略，2021，8（02）：2—10.

[3] 高宁，宋晖．论语言治理的问题域、困境与原则［J］．社会科学战线，2022（12）：160—168.

[4] 李开，贾付强．全球在地化下的语言治理：中国—东盟命运共同体建设路径探析［J］．广西社会科学，2023（02）：71—78.

[5] 沈骑．全球语言治理研究的范式变迁与基本任务［J］．语言文字应用，2021（03）：30—40.

［6］王春辉．学科建构视角下的语言治理研究［J］．陕西师范大学学报（哲学社会科学版），2021，50（06）：155—163．

［7］王辉．国家语言治理能力及其理论建构［J］．陕西师范大学学报（哲学社会科学版），2022，51（04）：134—142．

［8］王帅，孙佳乐．从"语言治理"到"话语治理"：概念、体系及其实践［J］．话语研究论丛，2021（01）：36—52．

［9］杨明星．话语治理助力提升国际舆论引导力［J］．中国社会科学报，2022—01—21．

［10］杨晓春，孙雨．全球语言治理研究的方法探索与路径创新——"第三届全球语言治理论坛"综述［J］．中国外语，2023，20（04）：108—111．

［11］Mcentee-Atalianis L．，Vessey R．．Using Corpus Linguistics to Investigate Agency and Benign Neglect in Organisational Language Policy and Planning：The United Nations as a Case Study［J］．*Journal of Multilingual and Multicultural Development*，2021（02）：1－16．

［12］Garrido，M. R．．The Evolution of Language ideo Logical Debates about English and French in a Multilingual Humanitarian Organisation［J］．*Language Policy*，2021（05）．

（责任编辑：邵明明）

国家发展目标下的母语推广战略*

博艾敦（著） 巩向飞（译）**

提　要　本文全面剖析了国家发展背景下的母语推广策略，并特别关注了加纳的本土语言。文章首先指出《我们的共同议程》和《国际土著语言十年》等联合国的倡议为语言保护建立了一个全球性框架。然后，文章深入探讨了母语的概念，包括其定义、意义和在多语言社会中的挑战，并提出语言泛非主义理论框架。接着，本文讨论了通过口头文学和文化实践来保存加纳语言的传统方式，强调了加纳在外国影响渗入之前就有丰富的语言遗产。其后，文章探讨了当代的加纳语言保护工作，包括在高等教育中涵盖加纳语言，以及开发语法书、词典和教材等语言资源。在此基础上，本文对达加拉语（Dagaare）做了详细的个案研究，具体探讨了该语言拼写标准的发展以及创建有效的拼写系统所涉及的复杂问题。此外，本文概述了未来的达加拉语推广策略，包括提倡跨语言社区的协作、统一各种书写系统，并开发新的术语。文章强调了学者、政府、私营部门和青年群体等各利益相关方在推广母语教育和应用方面的关键角色，并阐述了多学科参与的必要性，以及现代技术和社交媒体在语言保护方面的潜力。最后，文章呼吁各方采取行动，并重申了母语作为一种文化纽带和赋权工具的重要性。母语推广符合全球语言保护的倡议，在实现包容性国家发展方面起到重要作用。本文也呼应了非洲作家恩古吉·瓦·东奥（Ngugi wa Thiong'o）的观点，即了解母语及其他全球性语言能带来赋能，语言保护既是一种文化责任，也是国家发展的手段。

关键词　母语教育；本土语言；语言泛非主义；文化遗产；国家发展

---

* 本文系本刊向奥地利维也纳大学博艾敦教授的特约稿件，并获得作者授权翻译发表。在本文翻译过程中，得到了中南财经政法大学张洁教授的大力帮助，特此致谢！

** 博艾敦（Adams Bodomo），奥地利维也纳大学教授，主要研究方向为非洲语言文学、语言政策、社会语言学等。巩向飞，博士，首都师范大学国际文化学院副教授，主要研究方向为二语教学、跨文化传播与国际传播等。

Strategies for the Promotion of Mother Tongues for National Development
Adams Bodomo

Abstract This article presents a comprehensive examination of the strategies for promoting mother tongues, with a particular focus on Ghanaian languages, in the context of national development. It begins by highlighting the United Nations initiatives like "Our Common Agenda" and the "Decade of Indigenous Languages", setting a global framework for linguistic preservation. The author then delves into the concept of mother tongue, exploring its definition, significance, and challenges in multilingual societies while introducing the theory of linguistic pan-Africanism as a guiding framework. Traditional efforts in preserving Ghanaian languages through oral literature and cultural practices are discussed, emphasizing the rich linguistic heritage predating foreign influence. The article shifts to examining contemporary formal efforts, including the inclusion of Ghanaian languages in higher education and the development of linguistic resources such as grammars, dictionaries, and educational materials. A detailed case study on the Dagaare language is presented, focusing on the development of a standard orthography and the intricacies involved in creating an effective writing system. Future strategies for language promotion are outlined, advocating for collaborative efforts across linguistic communities, harmonization of orthographies, and the development of new technical terms. The article stresses the crucial roles of various stakeholders, including academics, government, the private sector, and the youth, in promoting mother tongue education and usage. It underscores the need for multidisciplinary involvement and highlights the potential of modern technology and social media in language preservation. Concluding with a call to action, the article reaffirms the importance of the mother tongue as a cultural link and a tool for empowerment. It aligns with global initiatives for language preservation and underscores the vital role of mother tongue promotion in achieving inclusive national development. The article echoes the sentiment of African writer Ngugi wa Thiong'o on the empowerment that comes from knowing one's mother tongue in addition to other global languages, framing language preservation as both a cultural responsibility and a means of national development.

Key words Mother Tongue Education; Indigenous Languages; Linguistic Pan-Africanism; Cultural Heritage; National Development

引　言

在 2021 年联合国成立七十五周年的纪念活动中，联合国秘书长发布了标题为"我们的共同议程"（*Our Common Agenda*）的报告。在该报告中，联合国秘书长的 12 项关键提议受到广泛关注。

1. 我们不会让任何一个人掉队
2. 我们将保护我们的地球
3. 我们将促进和平，防止冲突
4. 我们将遵守国际法，维护正义
5. 我们将把妇女和女童放在中心位置
6. 我们将建立信任
7. 我们将加强数字合作
8. 我们将对联合国进行升级改造
9. 我们将确保可持续融资
10. 我们将促进伙伴关系
11. 我们将听取青年的意见并与青年合作
12. 我们会做好准备

第一项提议"我们不会让任何一个人掉队"就指明了民主的一项基本原则，即包容性。本研究认为重视世界各地的母语研究是推行秘书长的包容性议程的最佳方式之一。其次，联合国规定 2022—2032 年为"土著语言①十年"（International Decade of Indigenous Languages），并通过了有关全球行动计划，这是促使我们关注母语的第二个原因。该项计划的目标是②：

> 国际土著语言十年（2022—2032）旨在确保土著人民保护、振兴和推广其语言的权利，并将语言多样性和多语主义纳入可持续发展的主要工作。它为在政策制定领域进行合作、促进全球对话以及采取必要措施促进世界各地土著语

---

① 本文根据联合国官方文献命名将"Indigenous Languages"翻译为"土著语言"，为避免歧义本文其他地方译为"本土语言"。
② 中文翻译参考联合国官网：https://en.unesco.org/idil2022—2032。

言的使用、保护、振兴和推广提供了一个契机。

在通常情况下，土著语言是一个族群的母语，无论这种母语属于多数群体、少数群体还是边缘化群体，都值得关注。当然，母语（mother tongue or mother language）这一术语本身也需要被解构。那么，什么是母语？大多数人似乎都明白它指什么，但学者们却难以确定其概念。"母语"这一术语指一个人从小到大会说的语言。在达加拉语（Dagaare）中，我们使用"tengɛ kɔkɔre"来指代"母语"或"第一语言"。在阿坎语（Akan）和豪萨语（Hausa）等其他非洲语言中，这一术语被译为"krom kasa"或"harshen garina"。不同语言对这一术语有不同的表达。所以当我在英语中使用"mother tongue"这个词时，与我在达加拉语中所使用的"tengɛ kɔkɔre"这个词几乎没有歧义。"母语"或"第一语言"这种说法遭到一些人的反对。其原因之一是，在非洲城市中心长大的孩子掌握多种语言，这使得"母语"或"第一语言"这一表达存在如下问题。

首先，在一个多语言环境中使用两种或多种母语或第一语言的情况并无不可能。"母语"并不总是指妈妈说的语言。所以我们不能直接放弃使用这个词语。在语言学中，拆解一个术语并不意味着弃用它，除非我们已有了更合适的术语。厘清这些概念至关重要，因为对这些概念的误解往往导致语言学学术讨论中的诸多混乱。

其次，作为一个在非洲农村长大的非洲人，我时常对一些语言学家或社会学家试图将非洲城市发生的事情强加给整个非洲的行为感到不安。例如，有人可能会说，在加纳首都阿克拉（Accra）郊区尼马（Nima）这样的城区长大的加纳儿童可能会同时说加语（Ga）、豪萨语（Hausa）、契维语（Twi）和埃维语（Ewe），那么哪种语言才是他们的母语呢？事实是，这种发生在城市中的情况，并不一定会发生在整个非洲。尽管非洲的主要公路和城市附近正出现越来越多这样的村庄，这些村庄的居民也可能使用多种语言（Sagna & Hantgan, 2021）。在非洲的许多农村地区，"tengɛ kɔkɔre"（mother tongue）一词指的是一种特定的语言，这是明确无误的。我的母语"tengɛ kɔkɔre"是达加拉语（Dagaare/Dagara），无论在尼马（Nima）、亚巴（Yaba）、桑达加（Sandaga）或其他地区，人们混合使用各种语言，最终成为无法拥有明确语言身份的混合语和洋泾浜语（pidgins）。

让问题更复杂的是，作为泛非民族主义的一部分，一些在美国、英国、法国、德国等地长大的非洲侨民，羞于把他们最熟练的语言如英语和法语称作自己的母语或第一语言，因此想要放弃使用这些术语。这就是为什么语言学家提出了"传承语言/祖语"（heritage language）这个术语。对于非洲移民的孩子来说，其传承语言是非洲语言，也就是父母在家庭场域里使用的语言。英语或者其他侨居国家的语言才是这些移民二代的母语或者第一语言。身处在这种语言混合、身份模糊的离散族群中的语言学者不应把自身的这种情况强加在其他有明确语言身份的非洲人身上。

事实上，在我目前的研究中，我也使用"身份语言"（Language of Identity）这个术语。它最接近"tengɛ kɔkɔre""krom kasa""harshen garina"这些非洲术语的含义。那么"非洲本土语言"（Indigenous African Language）这一术语又指什么呢？因为"非洲本土语言"这一表达贯穿全文始终，且是语言泛非主义的基石之一，因此有必要对其进行解释。我经常惊讶于为什么一些语言学家质疑"非洲本土语言"这一表达。简单来说，"Indigenous"（土著/本土）这一词语指一个原生于某特定地点的实体的外延。正如莱格尔（Legere, 2021）所言，"indigenous"一词的任何负面内涵都是由于缺乏对这种外延的理解而造成的，这不能成为我们放弃使用这个术语的原因。所以，我们确实可以有欧洲本土语言，如英语、法语和德语，或者非洲本土语言，如阿坎语（Akan）、豪萨语（Hausa）和祖鲁语（Zulu）。质疑这一术语其实是阻止非洲人民反抗语言帝国主义。从反殖民主义的视角来看，非洲本土语言并不难识别：它们是前欧洲人或其他殖民者试图压制的语言——然后这些殖民者把他们自己的语言强加给说这些本土语言的人。从阿坎语到祖鲁语，我们拥有许多非洲本土语言，但英语、法语和葡萄牙语并不是非洲的本土语言。在非洲，任何发源于非洲内部族裔所使用的语言都是非洲本土语言。有人试图将英语、法语和葡萄牙语等前殖民者语言与阿坎语、达加拉语、斯瓦希里语和祖鲁语等真正的非洲语言置于平等的地位上——认为这些语言都是非洲语言，从而质疑"非洲本土语言"这一术语。这一尝试毫无逻辑，且注定失败。英语、法语和葡萄牙语可以看作能在非洲使用的语言，但它们不是非洲语言。非洲有自己的语言，这些就是非洲的本土语言。在确定了这些不同的概念和研究动机之后，接下来将概述本文的理论框架和研究方法。

一 理论框架与研究方法

（一）理论框架

本文认为，在语言学家开展非洲母语研究的策略演进中，最佳的途径是接受语言泛非主义的理论概念，并通过语言资源管理的方式消减基于语言的社会不公正和不平等现象所带来的影响。因此，语言泛非主义这一概念鼓励通过管理非洲语言资源，促进非洲大陆内部更有效的语言交流和文化发展。以下是语言泛非主义理论的基本原则（Bodomo，2022）。

1. 非洲本土语言的重要性：语言泛非主义理论最重要的原则是，所有非洲本土语言都是非洲社会经济和社会文化发展的重要工具。

2. 母语教育：每一种本土语言都是非洲人民个体及其社区的母语或文化身份语言。因此，作为母语的本土语言教育（即确保所有非洲儿童都能拥有至少一种母语或身份语言的口语、阅读和书写能力）是语言泛非主义理论模型的一个基本原则。

3. 语言人权：语言泛非主义承认，语言权利是更广泛的人权概念的一个重要组成部分（Grin，2005）。"语言的权利和语言权"（right of language and right to language）这一原则（Mazrui，2004；Mazrui，2000；Mazrui & Mazrui，1998）在该理论模型中至关重要。奈德罗夫（Ndhlovu，2008：138）认为，语言的权利是一项集体权利，侵犯这种权利会自动影响到整个言语社区。这意味着，意图压制某些语言的语言政策将侵犯语言的权利。语言权是个人选择使用一种或多种语言的权利。马兹瑞（Mazrui，A. A）和马兹瑞（Mazrui，A. M）（Mazrui & Mazrui，1998：115）则将语言权解释为使用自己最精通的语言的权利，以及使用语言以赋能和促进社会经济发展的权利。

4. 作为全球未来的语言多样性：语言关系着世界的未来。语言保护和环境保护是息息相关的。例如，当我们失去了为植物和动物物种进行命名的本土语言时，那么在该言语社群中就难以开展各种植物和动物物种保护。因此，如果维持气候和环境安全是全球未来的重要议题，那么语言资源及语言保护就是全球未来的重要组成部分。

语言泛非主义理论还提出应发展区域性通用语（regional lingua franca），并且在可能条件下发展一种非洲大陆通用语（continental lingua franca），以方便非洲人之间的交流。具体如图1所示。

如果语言泛非主义得到妥善实施，就能保证非洲语言的包容性。将语言权视为人权是包容性语言规划的良方，这是语言学家对维持西非和平与安全的贡献，也可以最大限度地减少人们因其语言未被使用而感到被排斥进而导致不安全事件的发生概率。

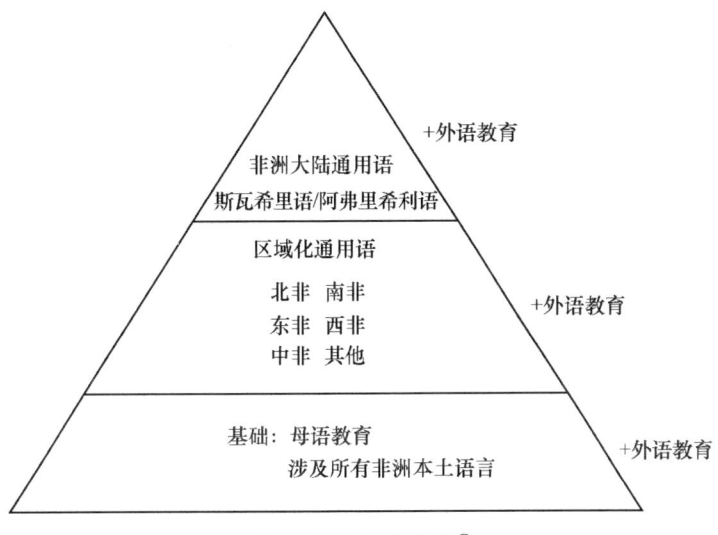

```
                    +外语教育
    非洲大陆通用语
    斯瓦希里语/阿弗里希利语

        区域化通用语
         北非  南非           +外语教育
         东非  西非
         中非  其他

       基础：母语教育            +外语教育
      涉及所有非洲本土语言
```

图 1　语言泛非主义①

（二）研究方法

本文的主要数据收集方法是通过数据库和互联网搜索并收集有关母语和本土语言研究的前沿思想信息，以及社会活动家和语言学者开展的推广本土语言，确保所有人都有权使用其社群语言的相关活动。网站来源包括联合国秘书长题为"我们的共同议程"的报告和"土著语言十年"的项目网站。在前文和之前的论著中（Bodomo，2022），本人将"本土语言"（Indigenous Languages）定义为：本土语言是一种使语言使用者把他们的当前位置看作自己的传统家园，并且在世界上任何其他地方都没有已知的传统家园的语言。考兹耐茨（Kozinets，1998）在他的网络志著作中阐述了互联网在收集信息和找到特定研究领域关键利益相关者以获取研究资料方面的重要性。本文指出，互联网是获取推广本土语言以促进语言人权领域发展相关信息的主要来源。

---

① 阿弗里希利语（Afirihili）是斯瓦希里语（Swahili）的另一种叫法。它主要被一些泛非主义者使用，他们认为随着斯瓦希里语越来越成为一种全非洲范围内的通用语，应该更多使用阿弗里希利语（Afirihili）这个名字，以反映这种语言是在全非洲大陆使用。

二　非洲本土语言的语言学研究史

非洲的历史往往被描绘成始于西方白种人和其他外国人的到来。大多数像我一样，20世纪七八十年代在加纳上小学和中学的人仍记得，在我们的课本里加纳的历史是从1492年葡萄牙登陆埃尔米纳（Elmina）开始的。即使在非洲本土语言的研究和推广史上，我们也经常看到诸如此类的一些言论，表明非洲本土语言的推广始于欧洲传教士的到来。如贝米勒称：欧洲传教士和加纳教会成员率先尝试推广加纳语言文字（Bemile，2000：204）。若果真如此，那西方传教士到来之前加纳语言是如何幸存下来的？这是一个重要问题：自11世纪由纳·吉瓦国王（Naa Gbewaa）和他的继任者们创建和领导的阿桑特王国（Asante Kingdom）和马比亚帝国（Mabia，由摩尔达格班人建立"Mole Dagomba"）以来，非洲是如何保护、维持、复兴并推广我们几百年来的语言和文化的？

接下来我们将进一步探讨两个主要问题：（1）加纳过去是如何推广母语的？（2）利益相关者采取什么策略来推广和保持我们的母语以及相关文化？

（一）传统的加纳母语推广工作

早在与外国人接触之前，加纳人就采取了口头文学（orature）和口头语（oracy）的形式保护和推广加纳语言。因此，书面文字（writeracy）并不是传承语言文化的唯一形式。这种对文字细微的分析视角使我们看到，早在欧洲传教士和殖民者到来之前，就有大量保持和推广加纳语以及其他非洲语言的活动了。我的大部分例子都来自我的母语，达加拉语（Dagaare）。以下这些传统价值观念强调了教授、保护、振兴和推广加纳语言的重要性。

（1）与祖先交流：在达加拉和其他加纳文化中，人们通常只能用达加拉语向祖先敬献祭品和祭奠酒。在向祖先洒祭奠酒和献祭品的祭祀过程中，任何人在达加拉语中试图夹杂外语或使用混合语的行为，都会引起长辈的不满。

（2）达加拉侨民父母的文化压力：生活在远离达高（Dagao）的达加巴人（Dagaaba）（比如，生活在加纳南部，甚至是加纳以外的达加巴人），因不能向孩子传授达加拉语及其文化知识，会遭受同族的嘲笑和指责。这种文化压力是确保达加巴青年传承语言的一种方式。甚至在达加巴人的家里，那些不能鼓励后代浸润在达加巴文化中的人，也会遭受阻止这种情况发生的文化压力。"*ka nɛɛ bie'ng ba bɔng bawaa tenee paalong bie naa*"这首舞曲很好地证明了这点。这首舞曲歌词的大致意思是，如果有人的孩子不知道怎么跳舞，那个孩子就不是我们社群的孩子。

（3）发达的吟游诗人（Griot）制度：吟游诗人是英雄事迹的歌颂者和口述历史的守护者，他们精通谚语的使用，备受尊敬。挽歌歌手等艺术家在达加拉艺术中占有一席之地。

下面本文将讨论正规教育部门为达加拉语和其他非洲语言教学而开发的当代教学资源的案例。该案例研究将重点列出推广达加拉语及其语言学、文学和文化的主要资源，但所提出的许多问题也与其他加纳母语有关。

（二）当代的加纳母语推广工作：以达加拉语为例

加纳的高等教育课程教授很多本土语，与20世纪70年代或更早时候相比是一大进步。达加拉语是加纳大学莱贡分校（University of Ghana，Legon）和教育大学温内巴分校（University of Education，Winneba）等加纳高等教育机构所教授的10—20种语言课程之一。

许多学者和利益相关者都为加纳语言的研究、保护和发展做出了贡献。他们的成果包括语法书、词典、各级教材、语言指南、网站、历史和社会的书籍以及标准拼写体系。

（1）语法书和词典。《达加拉语音韵学》（*Phonology of Dagaare*，Kennedy）、《达加拉语音韵转换学》（*Phonologie Transformationnelle du Dagara*，Delplanque）、《达加拉语语音描述》（*Description Phonologique de la Langue Dagara*，Girault）、《达加拉语语音和音调图》（*Phonie et Graphie Tonale du Dagaare*，Nakuma）、《达加拉语词类》［*Yelbie Gangere*（Dagaare Word Classes），Cletus Yabang］、《达加拉语结构》（*Structure of Dagaare*，Adams Bodomo）、《达加拉语语法》（*Dagaare Grammar*，Dakubu）、《达加拉语—英语词典》（*Dagaare-English Dictionary*，Durand）、《达加拉语—粤语—英语词汇》（*A Dagaare-Cantonese-English Lexicon*，Bodomo）、《达加拉语词典和语法草图》（*A Dictionary and Grammatical Sketch of Dagaare*，Ali，Grimm and Bodomo）等。

（2）各级教学用书及读物。《关于我们的农业》（*Te Kɔɔbo Yɛlɛ*，Zakpaa）、《达加拉语民间故事》（*Dagaare Sinsolong*，Zakpaa）、《达加拉民间故事》（*Dagara Folktales*，Kyoore）、《酋长的麻风病：达加拉民间故事集》（*Naa Konga：A Collection of Dagaaba Folktales*，Kuuwaabong）、《请听：民间故事双语读本》（*Yɛ Gorogoro Yaa：Dagaare Folktales in Parallel Texts*，Ali and Bodomo）、《大家说达加拉语》（*Ka Te Yele Dagaare*，Bodomo）、《学习你的语言》（*Zanne Fo Kɔkɔre*，Saeed Faruk）等等。

（3）语言指南、互联网和论坛。《达加拉语指南》（*Language Guide-Dagaare*，Bureau of Ghana Languages）、唯一的达加拉语（*Dagaare Yong*，Bodomo，Mwinlaaru and Babuna）、达加拉语遗产保护（*Dagara Heritage Preservation*，Joseph Ziem）。

（4）历史与社会书籍。《社会组织，祭祀神话》（*Social Organization*，Myth of Bagre，Goody）、《佤邦及其人民》（*Wa and its People*，Douga）。

基于所有这些工作，特别是音韵学方面的工作，吉拉帕（Jirapa）天主教会支持下的达加拉语委员会创建了标准化的达加拉语拼写系统。达加拉语是一种双音调语言，但其标准拼写体系中没有音调标记。表1是标准的达加拉语字母表，包含31个字位（graphemes），24个单字位（monographs）（代表19个辅音和7个元音），6个双字位（diagraphs）和1个三字位（triagraph）。

表1　　　　　　　　　　　达加拉语字母表

A，a	如在	báná lá wàáná	是他们来了（It is they who are coming）
B，b	如在	báá	狗（dog）
D，d	如在	dúní	膝盖（knee）
E，e	如在	kpéré	切开（to cut up）
	也如在	féntéré	戒指（ring）
ɛ，ɛ	如在	gɛ́rɛ́	离开（going）
F，f	如在	fànfánè	肥皂（soap）
G，g	如在	gánè	书（book）
GB，gb	如在	gbérè	腿（leg）
GY，gy	如在	gyìlé	木琴（xylophones）
H，h	如在	húólì	嘲笑某人（to mock at someone）
I，i	如在	bìbììrí	孩子（children）
K，k	如在	kànnè	读（to read）
KP，kp	如在	kpááré	枕骨（occiput）
KY，ky	如在	kpéngé	走路（to walk）
L，l	如在	láá	碗（bowl）
M，m	如在	má	妈妈（mother）
N，n	如在	néɛ̀	人（person）
NG，ng	如在	bòngó	驴（donkey）
NY，ny	如在	nyɛ́	看见（to see）

续表

A, a	如在	báná lá wààná	是他们来了（It is they who are coming）
NGM, ngm	如在	ngmέn̂	上帝（God）
O, o	如在	zòró	跑步（running）
	也如在	tólóng	热（heat）
Ɔ, ɔ	如在	sɔ́wɔ́lɔ́	菜（kind of dish）
P, p	如在	pènnè	休息（to rest）
R, r	如在	pùrì	爆发（to burst）
S, s	如在	sénsέ	蛋糕（cakes）
T, t	如在	tùòrì	遇见（to meet）
U, u	如在	dùndúló	虫子（worms）
V, v	如在	vóóróng	呼吸，生命（breath, life）
W, w	如在	wááó	蛇（snake）
Y, y	如在	yánngáá	孙子（grandchild）
Z, z	如在	zàgá	笔（pen）

可见，我们必须持续讨论这些字位，以改进达加拉语的书写体系。值得注意的是，书写系统的问题并不仅仅局限于正字法。我们必须解决如何组合造词（例如，复合造词法）以及如何组词造句（例如，不同词类之间的间隔）等问题，所以我们需要深入了解该语言的形态和句法。在下一节中，本文将提出未来为推广加纳语言及其文化应该实施的策略。

三 推广和振兴加纳本土语言的策略

（一）推广和振兴加纳本土语言的策略

最重要的策略之一是让所有的利益相关者明白每一种加纳语言都是更大的语言系统的一部分。每种语言的发展必定与其他加纳语言的发展是有机联系的。我们需要创建统一的书写体系以匹配不同加纳语言的书面表达，并且开发统一的书写技术，如计算机键盘、文字处理软件等，从而协助快速阅读、写作和教材出版等读写实践活动。值得重视的是，加纳语言的书写体系应尽量避免使用以下字位：ɣ ɖ ŋ ɲ Ɩ ʊ。从分析非洲语言的各种拼写系统可见，阿坎语、豪萨语和斯瓦希里语等最完善的非洲语言拼写系统都避免了这些字位的使用。非洲语言拼写系统委员会的成员需认识到禁止批准这些难以书写的字位的使用，才能真正提高民众对该语言的读写能力。

音素不是字位，世界上最成功的拼写系统都遵循简单和经济的重要原则。

此外，加纳语言专家可以开发新的词语来表达现有的和新兴的科技术语。在产生新的科技术语时，我们必须注意避免成为语言纯粹主义者。还记得20世纪80年代，一位达加拉语的演讲者告知学生：学校的vuudoge（发电机）坏了。没人理解他，所以他又用达加拉语的gyenereeta①（发电机，英语"generator"在达加拉语中的翻译）一词来解释。显然，在这种语境下，"gyenereeta"比"vuudoge"更简明易懂。未来，达加拉语科技术语词典可以将"gyenereeta"和"vuudoge"这两个词作为同义词收录。

事实上，推广加纳语言的一项重要的策略是成立加纳语言标准协调委员会。比较理想的情况是，加纳语言标准协调委员会将由各语种委员会的至少两名成员组成。加纳的各语种委员会包括阿坎语（Akan）语言委员会、埃威语（Ewe）语言委员会、恩济马语（Nzema）语言委员会、加语（Ga）语言委员会、达格班语（Dagbane）语言委员会、达加拉语（Dagaare）语言委员会、贡贾语（Gonja）语言委员会、古鲁恩语（Gurune）语言委员会、塞萨尔语（Sesaale）语言委员会、卡塞姆语（Kasem）语言委员会、库萨尔语（Kusaal）语言委员会等。该协调委员会应定期召开会议，对各种语言里出现的新词和表达方式的使用作出决议，从而以一种平衡的方式开发加纳语言标准。加纳语言局应在此项工作中发挥重要作用。

（二）利益相关者的角色

（1）学者的角色。在加纳教育系统中，中小学及高校的语言教学和使用应获得更多的学术关注。如果我们忽视加纳的本土语言教学，那未来我们就没有足够的人力资源来发展这些语言。相关学者不仅要在顶级期刊上发表学术文章，同时要重视编写前沿的加纳语教材，包括儿童读物、儿歌、短篇故事、民间故事，以及加纳语和英语双语读本。

发展母语的工作不应该只由语言学家和语言工作者来承担。科学、技术、工程和医学领域的加纳人才也可以为加纳母语的发展作出巨大贡献。加纳科学家应相互协作将最重要的自然科学教材和读物翻译成加纳语言。这样我们才能避免无法将与瘟疫疾病相关的重要术语翻译给英语水平较低的农村居民这样的情况。

（2）国家和地方政府的角色。国家政府应制定明确的国家教育政策（并由地方政府妥善执行），推进加纳和其他非洲本土语言的研究。在加纳实施地方三语制，

---

① "vuudoge"在达加拉语中的字面意思是"火炉"，用该词来翻译"发电机"的概念较笼统；英语"generator"在达加拉语中翻译为"gyenereeta"，意思是发电的系统。

可以使加纳年轻人精通自己的母语或文化身份语言，并同时精通加纳或非洲的一种主要通用语，以及一种国际语言，如英语或法语。以达加拉人的案例来说明，国家和地方政府必须投入资源，确保每个达加拉孩子在学校发展至少三种语言的读写能力：包括达加拉语、一种主要的非洲语言（如阿坎语、豪萨语和斯瓦希里语）和一种主要的外语（如英语）。

此外，非洲各国政府必须为学习和推广非洲语言制定一系列的激励措施。例如，政府可为非洲语言文化教师和学者支付高于外国语言文化教师和学者的报酬，从而提高非洲语言研究的吸引力。政府也可要求非洲公务员入职前必须提供至少一种非洲语言读写能力的证明。

（3）私营部门的角色。除了国家和地方政府之外，私营部门应担负文化发展的企业社会责任。国家领导者应鼓励公民精进加纳语言和文化学习。传统节日须重视通过竞赛的方式促使社区青年在语言和文化方面作出杰出表现。私营企业应提前规划好企业社会责任预算，用来资助加纳语言和文化方面的竞赛和奖品。个人和宗教团体可以考虑建立奖学金、研究金和教授职位，以促进加纳语言和文化研究的发展。一个社会如果不激励它的优秀公民就无法维持社会的进步和发展。

（4）青年的角色。青年是社会的未来，如果没有青年人的广泛参与，任何语言都无法生存。必须鼓励年轻人利用广播和电视等传统媒体，以及 Facebook、Instagram、WhatsApp 等社交媒体，来创建推广使用母语的节目。必须鼓励青年和资深作家用加纳语言创作优秀诗歌、小说和戏剧等文学作品，并制作面向不同年龄阶层和不同教育背景受众的电影。最后，还应设立文学奖励和奖项，以鼓励年轻人开发推广母语的创意项目。

结　　论

我们的祖先和先辈给我们留下了非常丰富的语言和文化。母语是我们理解世界、表达自我的重要工具。我们的先辈使用了微妙而复杂的方式来进化、发展、推广加纳语言并将其传承给我们。我们有责任继续开发、推广和完善这些强大的语言工具。母语是我们与过去的联系，也是我们通向世界和未来的窗口。我们有责任把它传给我们的后代。加纳人必须团结，并与非洲人民广泛合作，推进我们的语言和文化发展。如联合国秘书长在《我们的共同议程》和《2022—2032 联合国土著语言十年》里所说，如果不推广母语促进国家发展，任何包容性的政治政策都不会有效。我们绝不能因为学习英语和法语等外语，而忽视我们的本土语言学习与研究。著名的非洲作家恩古吉·瓦·东奥（Ngugi wa Thiong'o）曾说：即使你知道世界上所有的语言，但不懂你的母语，那还是被奴役。与所有其他的语言一样，了解你的母语就是一种赋权。

参考文献

[1] Ali, M. andBodomo, A (eds.). *Yɛ Gorogoro Yaa Dagaare Folktales in Parallel Texts* [M]. Vienna, Italy：LIT Verlag, 2021.

[2] Ali, M., Grimm, S., Bodomo, A. *A Dictionary and Grammatical Sketch of Dagaare* (*African Language Grammars and Dictionaries* 4) [M]. Berlin：Language Science Press, 2021.

[3] Bemile, S. K. *Promotion of Ghanaian Languages and Its Impact on National Unity：the Dagara Language Case* [C]. In Lentz, Carola and Paul Nugent (eds.). *Ethnicity in Ghana：The limits of invention*. London：Palgrave Macmillan UK, 2000：204-225.

[4] Bɔdɔmɔ, Vengvengnaa Bonglakyɛre [Adams Bodomo]. *Strategies for the Promotion of Mother Tongues for National Development* [EB/OL]. [2021-09-17]. https：//www. ug. edu. gh/linguistics/news/professor-ad ams-bodomo-delivers-lecture-mother-tongue-national-development. html.

[5] Bodomo, A. *Linguistic Pan-Africanism as a Global Future：Reflections on the Language Question in Africa. Inaugural Lecture* [M], Ghana Academy of Arts and Sciences (GAAS), Accra, February 10, 2022. Berlin, Germany：Galda Verlag, 2022.

[6] Bodomo, A., Abubakari, H., Issah, S. *Handbook of the Mabia Languages of West Africa* [M]. Berlin, Germany：Galda Verlag, 2020.

[7] Bodomo, A. *The Structure of Dagaare* [M]. Stanford：CSLI, 1997.

[8] Bodomo, A. *Dagaare：Languages of the World Materials No. 165* [M]. München, Germany：Lincom Europa, 2000.

[9] Bodomo, A. *A Dagaare-Cantonese-English Lexicon for Lexicographical Field Research Training* [M]. Cologne, Germany：Rudiger Köppe Verlag, 2004.

[10] Bureau of Ghana Languages. *Dagaare Language Guide* [M]. Accra, Ghana：Ghana Publishing Corporation, 1991.

[11] Dagaare Language Committee. *A Guide to Dagaare Spelling* [M]. Wa, Ghana：Catholic Press, 1982.

[12] Delplanque, A. *Phonologie Transformationnelle Du Dagara* [M]. Paris：Peeters Publishers, 1983.

[13] Durand, J. B. *Dagaare-English Dictionary* [M]. St. John Bosco's Press, 1953.

[14] Dougah, J. C. *Wa and Its People* [M]. University of Ghana, 1966.

[15] Girault, L. *Description Phonologique De La Langue Dagara* [M]. Université de Dakar, 1967.

[16] Goody, J. *Death, Property and the Ancestors: A Study of the Mortuary Customs of the LoDagaa of West Africa* [M]. Stanford University Press, 1962.

[17] Goody, J. *The Social Organisation of the Lo Wiili* [M]. London: Oxford University Press, 1967.

[18] Goody, J. *The Myth of the Bagre* [M]. London: Clarendon Press, 1972.

[19] Grin, F. Linguistic Human Rights as a Source of Policy Guidelines: A Critical Assessment [J]. *Journal of Sociolinguistics*, 2005, 9 (3): 448 – 460.

[20] Kennedy, J. Collected Field Reports on the Phonology of Dagaari (Collected Language Notes 6) [R]. *University of Ghana*, Accra: Institute of African Studies, 1966.

[21] Kozinets, R. V., Alba, J., Hutchinson, W. (eds.). On Netnography: Initial Reflections on Consumer Research Investigations of Cyberculture [J]. *Advances in Consumer Research*. 25. Provo, UT: Association for Consumer Research. 1998: 366 – 371.

[22] Kropp, D., Mary E. *Collected Language Notes on Dagaare Grammar (Collected Language Notes, Vol. 26)* [M]. Institute of African Studies, University of Ghana, 2005.

[23] Kuwaabong, D. *Naa Kɔnga: A Collection of Dagaaba Folktales* [M]. Accra: Woeli Publishing Services, 1992.

[24] Paschal, K. *Dagara Folk Tales* [M]. New Orleans: University Press of the South, 2011.

[25] Legère, K. *Linguistic Identity in and out of Africa* [M]. EUT Edizioni Università di Trieste, 2021.

[26] Lirri, E. How Digital Activism is Helping African Languages be a Part of the Multilingual Web [EB/OL]. [2022 – 05 – 15]. https:// cipesa. org/2021/11/how-digital-activism-is-helping-african-languages-be-part-of-a-multilingual-web/. html.

[27] Mazrui, A. A. Cultural Amnesia, Cultural Nostalgia and False Memory: Africa's Identity Crisis Revisited [J]. *African Philosophy*, 2000, 13 (2): 87 – 98.

[28] Mazrui, A. M. Globalization and Some Linguistic Dimensions of Human Rights [C]. In P. Zeleza & P. McConnaughay (Ed.), *Human Rights, the Rule of Law, and Development in Africa* (pp. 52 – 70). McConnaughay, Philadelphia: University of Pennsylvania Press, 2004.

[29] Mazrui, A. A. and Mazrui, A. M. *The Power of Babel: Language and Governance in the African Experience* [M]. London: James Currey Ltd, 1998.

[30] Motanya, C. C, Toro M G. Language: A panacea to Insecurity Challenges in Nigeria [J]. *Journal of Pristine*, 2015, 2 (1): 2250 – 9593.

[31] Musau, P. M. Linguistic Human Rights in Africa: Challenges and Prospects for Indigenous Languages in Kenya [J]. *Language, Culture and Curriculum*, 2003, 16 (2): 155 – 164.

[32] Nakuma, C. *Phonie et Graphie Tonale du Dagaare (Langue Voltaique)* [M]. Paris: l'Harmattan, 1998.

[33] Ndlovu-Gatsheni, S. J. Decoloniality as the Future of Africa [J]. *History Compass*, 2015, 13

(10): 485-496.

[34] Sagna, S., Hantgan, A. African Multilingualism Viewed from Another Angle: Challenging the Casamance exception [J]. *International Journal of Bilingualism*, 2021, 25 (4): 939-958.

[35] Yabang, C. *Yelbie Gangere (Dagaare Word Classes)* [M]. Clekaya Publications Series, Volume 8. 1987.

[36] Zakpaa, B. B. *Te Koɔbo Vɛlɛ* [M]. Accra, Ghana: Bureau of Ghana Languages, 1978.

[37] Zakpaa, B. B. *Dagaare Sinsolong* [M]. Accra: Bureau of Ghana Languages, 1977.

（责任编辑：巩向飞）

语言政策及规划系列译丛述评：学术翻译视角[*]

张治国^{**}

提　要　语言政策及规划学科是社会语言学中的一个重要领域，最近二十年在中国得到较多的学术关注和发展，表现之一是出现了不少该领域的中文译丛。本文作者深度参与了这些译丛的部分工作，于是拟根据自己的工作经验和译丛书籍的使用体会对这些译丛进行学术总结、分析和反思，旨在促进该领域乃至其他领域学术中译的良性发展。文章重点论述了学术中译的必要性和重要性——有助于我国的学科发展、中文的学术表达、翻译人才的培养以及我国语言政策制定与管理的完善。最后，文章还指出了译丛中存在的一些不足，并提出了几点未来发展的建议。

关键词　语言政策及规划译丛；学术翻译；中文学术表达

A Review of Several Series of Chinese Translation of Literatures on LPP: Academic Translation Perspective

Zhang Zhiguo

Abstract　Language policy and planning (LPP), a key branch of sociolinguistics, is getting more and more academic attention and advancement in China in the last two decades. Increasing English literatures on LPP, for instance, have been translated into Chinese in the mode of series. To enhance the further development of these series or similar ones in other disciplines in China, the author, deeply involved in the job of these series both as a translator, reviewer or advisor and as a reader, is to make a review about these series. He argues that Chinese translation of academic literatures is quite necessary and im-

---

* 本文系国家社科基金重点项目"国家外语能力指数构建和中国关键外语战略研究"（22AYY011）的阶段性成果。

** 张治国，上海海事大学外国语学院教授，主要研究方向为语言政策及规划。

portant because of its functions to facilitate the development of LPP theories and practices, Chinese academic expression and academic translation talents. Finally, the paper points out some demerits in the current series and some suggestions for the series' future development.

Key words　Series of Chinese Translation of LPP; Academic Translation; Academic Expression of Chinese

引　言

学术翻译的重要性不言而喻,但学界对学术翻译的关注与研究仍显不足(殷海红,2023)。近年来,我国学界对学术翻译的概念有过一些探讨(如周领顺,2008;陈生梅,2011;范梦栩,2020;张保国,2021),观点上大同小异。综合这些研究,本文指出:学术翻译就是指学术文献(尤其是学术著作和学术论文)的翻译,其特点是"学术",故它应该包括人文社科和自然科学的学术,与之对应的是非学术翻译(即文学、生活、消遣等领域的书刊翻译)。另外,根据学术成果的传播方向,学术翻译还可分为输入型学术翻译和输出型学术翻译。通常,输入的都是自己没有的或较弱的学术成果,而输出的则是自己特有的或较强的学术成果。本文要探讨的就是输入型学术翻译,具体而言,是语言政策及规划学科(LPP)的输入型学术翻译。

语言政策及规划学作为一个年轻的学科起源于国外,至今已有 70 余年的历史(斯波斯基,2011)。而我国在该领域起步较晚,进入 21 世纪之后才开始有较多的学者研究语言政策及规划学,但我国在该领域的学术发展飞快,其原因及现象之一就是该领域进行了,而且目前还在进行中的国外学术研究成果的引进活动,尤其是各种系列译丛(以下简称译丛)。本文作者参与了这些译丛的不少工作,于是拟在此根据自己的翻译经验和译丛书籍的使用体会对这些译丛进行学术翻译视角下的总结、分析和反思,旨在促进该领域乃至其他领域学术中译工作的良性发展。

一　译丛简介与分析

(一) 译丛的种类

目前,我国出版了如下 5 个有关语言政策及规划学科的译丛(见表 1),笔者参与了其中 4 个译丛的部分工作。

表1　　　　　　　　　　我国语言政策及规划译丛总览表[①]

序号	丛书名称	主编	形式	出版数	出版社
1	语言规划经典译丛	徐大明	专著	3	商务印书馆
2	语言资源与语言规划译丛	徐大明、吴志杰、方小兵	专著	12	外语教学与研究出版社
3	应用语言学译丛（包含但不仅限于LPP书籍）	刘海涛	专著	3（仅LPP书）	商务印书馆
4	"一带一路"国家语言政策与语言教育译丛	王辉、徐丽华	专著	2	社会科学文献出版社
5	国际语言政策研究前沿	方小兵	论文集	1	商务印书馆

据表1，我们不难发现如下几个共同点：从译丛主编来看，他们大多都是在语言政策及规划领域做得很好的学者，并较早就洞察到国外在这方面的发展以及引进和翻译的必要性；从译丛形式来说，主要还是以翻译国外有分量的专著为主，但后来也增加了编著和论文的翻译，从而可以更好地"反映当前国际学界研究的最新热点"（方小兵，2022：vii）；从译丛出版数量来讲，语言资源与语言规划译丛是出版最多的，目前已推出了12本书，其余的都是个位数，且数字还较小，这说明这些译丛都还处在成长期；从出版社来论，5个译丛共涉及3个出版社，它们都是知名出版社，其中3个译丛都是商务印书馆出版的，这说明商务印书馆非常看好语言政策及规划学科在中国的发展。

（二）译丛的内容

现将上述5个译丛的内容列表如下（见表2—表6）。

表2　　　　　　　　　　　　语言规划经典译丛

序号	书名	作者	译者	审订者	出版年
1	语言政策——社会语言学中的重要论题	[以色列]斯波斯基	张治国	赵守辉	2011
2	《语言政策与语言规划——从民族主义到全球化》	[英]赖特	陈新仁	—	2012
3	《语言管理》	[以色列]斯波斯基	张治国	刘海涛	2016

---

① 数据截至2023年10月，下表同。

表3　　　　　　　　　　　　　语言资源与语言规划译丛

序号	书名	作者	译者	审订者	出版年
1	《语言规划与语言政策的驱动过程》	[英]埃杰	吴志杰	姚小平	2012
2	《太平洋地区的语言规划与语言教育规划》	[美]卡普兰等	梁道华	顾利程	2014
3	《语言教育政策：关键问题》（第二版）	[美]托尔夫森	俞玮奇	张治国	2014
4	《语言：权利和资源——有关语言人权的研究》	[匈]孔特劳等	李君等	刘骏	2014
5	《语言政策》	[美]约翰逊	方小兵	张治国	2016
6	《语言与政治》	[英]约瑟夫	林元彪	潘文国	2017
7	《语言规划与语言教育》	[英]弗格森	张天伟	赵守辉	2018
8	《文字与社会导论》	[德]库尔马斯	阎喜	战菊	2018
9	《语言政策：隐意图与新方法》	[以色列]肖哈米	尹小荣	张治国	2018
10	《语言政策评估与〈欧洲区域或小族语言宪章〉》	[瑞士]格兰	何山华	周庆生	2020
11	《语言政策与政治经济：全球化背景下的英语》	[加]里森托	林洁	张卫国	2021
12	《语言保持与语言转用：社会语言学中的重要论题》	[英]波维尔斯	李艳红	戴曼纯	2023

表4　　　　　　　　　　　　　应用语言学译丛

序号	书名	作者	译者	审订者	出版年
1	《语言政策导论：理论与方法》	[美]李圣托	何莲珍等	刘海涛	2016
2	《语言规划——从实践到理论》	[美]卡普兰等	郭龙生	刘海涛	2019
3	《语言规划与社会变迁》	[美]库珀	赵守辉等	张治国	2021

表5　　　　　　　　"一带一路"国家语言政策与语言教育译丛

序号	书名	作者	译者	审订者	出版年
1	《非洲语言规划与政策：博茨瓦纳、马拉维、莫桑比克、南非》	[澳]巴尔道夫等	徐丽华等	陈兴伟等	2023
2	《非洲语言规划与政策：阿尔及利亚、科特迪瓦、尼日利亚、突尼斯》	[美]卡普兰等	徐丽华等	陈兴伟等	2023

表6　　　　　　　　　　国际语言政策研究前沿（第一辑）

序号	文章名	作者	译者	审订者	出版年
1	《公共政策中的语言和学术掣肘》	［丹］菲利普森	张天伟	赵守辉	2022
2	《翻译是否体现了包容性？——国际非政府组织翻译政策文件解析》	［爱尔兰］泰绪尔	李艳红	赵守辉	2022
3	《机构语言政策中的语言信念——通过语言政策语域看差异》	［美］菲茨西蒙斯-杜兰	林　晓	戴曼纯	2022
4	《语言调查——用数字进行管理的艺术》	［瑞士］杜申等	何山华	戴曼纯	2022
5	《作为情感机制的语言经营管理——组织机构、审计文化与外语教育政策》	［美］德科斯塔等	蔡　冰	戴曼纯	2002
6	《语言政策及管理理论优化版》	［以色列］斯波斯基	张治国	赵守辉	2022
7	《微观语言规划概念质疑——语言政策与规划专业学生的视角》	［澳］哈米德	方小兵	张治国	2002
8	《语言竞争模型与语言政策评估》	［德］坦普林	王　辉	赵守辉	2022
9	《德国教育英语化的公共讨论——一项批评话语分析研究》	［英］兰弗斯	张璟玮	赵蓉晖	2022
10	《国际组织成员国语言意识形态探讨——基于联合国一般性辩论的语料》	［英］麦肯蒂-阿塔利尼斯	马　嫣	张治国	2022

从表2—表6，我们可发现译丛的如下几个特点。首先，翻译的材料内容还是比较丰富的，既有专著或编著，也有期刊论文；既有理论研究，也有实践探讨；既有语言政策及规划的普适研究，也有这方面的国别综述。其次，翻译材料的原文都是英语，其作者大多来自欧美发达国家，尤其是英语国家。因为这些国家在语言政策及规划的研究上都走在世界的前列，而且全球有接近70%的语言学杂志都是用英语发表的（Crystal，2003：93），专著情况与此也比较接近。再次，译者大多都具有英语专业背景，都是从事语言政策及规划研究的博士、副教授或教授，而审订者大多都是该领域的知名学者，且中英文水平较高。最后，这些译丛都还很年青，最早的一本译著是2011年出版的，至今也才12岁。年青意味着充满活力，但也意味着经验不足，还有很多值得我们去总结和发展的地方，这也是本文书写的出发点和目的。

（三）译丛的模式

这些译丛的最大共同点是：出版的模式基本一致。在出版模式方面，商务印书馆起了很好的模范带头作用，从而确定了后来各种译丛的基本模式。商务印书馆是最早出版这类译丛的（即语言规划经典译丛），其第一本书就是笔者翻译的《语言政策——社会语言学中的重要论题》，现根据笔者的翻译经历和感知把其出版模式的特点总结如下。

第一，译丛要经历"译者+审订者+责任编辑"的三环过程，这相当于给翻译工作设置了三道质检关，它有利于译丛的质量保证。

第二，译著的操作程序清晰且必要。我还记得当初该译著的一些程序性过程：译著的选择（先是本人推荐了该书，然后编委讨论后通过）、译者的遴选（首先是让几位候选人翻译该著作的第一章，然后编委据此选出译者）、审订者的内容审阅和责任编辑的形式把关。

第三，该译著在封面及扉页上都分别标注了作者（包括其国籍）、译者和审订者的姓名，而且还在译著的勒口上附上了上述三者的简介（包括头像），这充分体现了出版社对译者和审订者工作的肯定与尊重，也激发了一些学者对该项学术翻译工作的参与，还增加了读者的阅读兴趣。尽管目前我国不少高校对翻译成果（包括学术翻译成果）的认可度都还不高，但翻译（尤其是学术翻译）绝非易事。为此，李宇明（2010：6）指出：我们"应当充分尊重翻译、特别是书面翻译的价值，在晋职晋级、科研成果统计、劳务报酬等方面给以合适对待"。商务印书馆的这种做法受到译者和审订者的欢迎。

第四，译丛主编请了李宇明（时任教育部语言文字信息管理司司长）作译丛总序——《了解世界怎样做语言规划》，译者则请了作者写中文版前言。这些都为译著的研读提供了深层次的战略指引和中国视角的学术思考。

第五，译著在书后提供了译者所做的专有名词和专业术语中英对照表，这非常有利于读者的学习、学科的国际化表达以及该领域的术语发展。

第六，译著还有译后记，讲述了译者在翻译过程中的心路历程、译后感悟以及所得到的帮助。这些内容既增加了译著的学术意义和阅读兴趣，也增加了译者的主体性；如果译者没有把自己当成翻译的主人、学术交流的参与者，又如何进行反思和批评？如何保证令人满意的学术水准？主体意识要以遵守道德规范为基础，同时也要给译者发挥才能的空间，从而改变了译者"一仆二主"的身份认知，并形成有生机的健康的学术交流环境（陈冰，2014：53）。

（四）译丛的影响

这些译丛为中国语言学界（包括中文界、少数民族语言界和外语界）的语言政策及规划学科的发展与研究作出了有目共睹的贡献。正如方小兵（2022：Ⅵ）所说：这些译丛之书"在学界产生了很大影响，成为语言规划研究学者们的案头参考书，部分成为该领域研究生的入门教材"。根据这些译丛的一些责任编辑反馈，其中有些译著销量较好，已是第二次印刷了，有些则准备进行第二次印刷。这说明这些译丛尽管属于学术文献，但其读者群还是有一定数量的。

此外，译丛的出版也加强了部分作者与译者以及作者与中国语言政策及规划学界的联系与合作。例如，《语言政策——社会语言学中的重要论题》和《语言管理》中文版的发行促进了斯波斯基在中国的知名度，也促进了他与中国同行之间的互动以及他对中国语言政策及规划实践的关注与研究：他已先后成为上海海事大学外国语学院语言政策和语言规划研究所的荣誉所长、北京语言大学语言资源高精尖创新中心的国际学术顾问、《语言战略研究》的国际编委。他还数次访问中国，在我国多所大学（如北京语言大学、上海外国语大学、上海交通大学、西交利物浦大学等）、研究机构（如教育部语言文字应用研究所）和出版社（如商务印书馆）都进行过相关主题的学术讲座，从而引发中国学者对语言政策及规划的研究兴趣（张治国，2023）；他还在国际上发表了有关中国语言政策及规划的文章（如 Spolsky，2014），以及在中国发表了他新写的文章——《语言政策中的人口因素》（斯波斯基，2019）。再如，戴维·约翰逊是美国爱荷华大学的语言政策研究专家，但在方小兵翻译约翰逊的《语言政策》专著之前，国内知道该专家的人屈指可数。当这本书的中文版问世以后，约翰逊在中国的名声也开始传开，而且，后来他也来到中国多所高校进行过语言政策的学术交流。

二　译丛的必要性和重要性

这些译丛的学术作用或学术意义可能是缓慢的，也可能是隐性的，还可能是间接的，因此，我们有必要在此分析并凸显一下译丛的重要性。

（一）译丛有助于我国语言政策及规划学科的发展

首先，译丛可以帮助我国学界不懂英语或英语水平不高以及英语文献有限的相关学者在一定程度上获知该领域的研究内容和国际发展动态。也许有人会说，现在国内学者的英语水平普遍提高了，他们可以通过阅读英语原文来获悉国外的学术进展情况。此话有一定道理，但不完全正确。诚然，国内现在有些学者英语水平较高，但仅占一小部分，还有大部分学者尚处于以下三种状态：第一类是英语水平有限，根本无法阅读英语原文；第二类是借助词典可以部分地阅读英语文献，但还处于一知半解中；第三类是可以基本看懂英语原文，但理解不深，且费时费力，从而降低了他们的阅读效率。例如，笔者在给 2023 年国家语委语言文字应用研究高级研修班（第二期）上课时发现：上述三类现象普遍存在，尽管这些学员都是年轻有为的语言学高级学者（都是博士研究生、副教授或教授），但他们不少人要在短时间内看完和看懂有关语言政策的英语文献是存在困难的，于是有些人就只好借助机器翻译或英语专业学生的快速翻译（但这些翻译还存在不少问题）来了解文章的大意。之所以会出现这种现象，是因为这些人不少都属于非英语专业的学者（如中文教师、少数民族语言教师及英语之外的外语教师）。而且，根据笔者多年的翻译以及审订经验，即使是英语专业的学者（如这些译丛中的有些译者，当然也包括笔者本人）在翻译英语原著的过程中也时常会遇到原文理解上的问题。若不是翻译此书的需要，译者往往就会忽略跳过，但是，要翻译时译者就必须弄懂每一个细节，于是就得查阅各种相关资料，仔细分析句子结构，最后推导出句子的意思。可见，"全民学外语"并不能减弱翻译对于国家的必要性和重要性（李宇明，2010：5）。此外，有些英语文献也并不是每位中国学者和学生都能轻易获知和获取的，但译成中文后，他们就能更简单地获得。

其次，译丛可以开阔我国相关学者的学术视野，从而更好地了解世界语言生活和全球多地的语言政策和语言管理状况。这些译丛多数都会结合世界众多地方的语言生态、语言政策和语言管理案例来进行阐述和分析，从而大大地拓宽了我国读者的眼界，如太平洋地区和非洲国家的语言生态及语言政策、爱尔兰语的管理尴尬、新西兰毛利语的生存濒危、以色列希伯来语的成功复活、西班牙加泰罗尼亚语的发展与压制、日本对英语教育的重视与困惑、法国对英语威胁的抵抗与无奈……同时，这些译丛的信息和分析也可在一定程度上提高我国读者对语言及其管理的各种认知，如"和谐语言生活，减轻语言冲突"（李宇明，2012）。总之，在全球化时代我们更需要"加强汉语的译入，应将世界上的优秀文化成果及时译为汉语，向中国讲好世界故事"。"中国的发展建立在继承人类优秀文化成果的基础之上，不能造成中国与世界的文化隔膜。"（李宇明、王春辉，2018：25）

最后，译丛可以较快地丰富我国在该领域的学术理论，进而促进学科的发展。这些译丛中不乏理论性很强并非常具有代表性的国际著作，如《语言规划与社会变迁》《语言政策——社会语言学中的重要论题》《语言管理》《语言政策：隐意图与新方法》和《语言规划——从实践到理论》。它们加快了我国语言政策及规划领域对这些理论的研究与应用，如我国该领域的学者都比较熟悉了库珀对语言政策的三分法理论（即地位规划、本体规划和习得规划）和"八问方案"，斯波斯基的语言政策三成分理论以及语言管理域理论，肖哈米的扩展语言概念及其政策理论，卡普兰和巴尔道夫的识字规划（literacy planning）。此外，译丛还拓展和加强了我国学者的研究话题，如近年来我国学界对于家庭、军队和国际组织语言政策的研究越来多，内容也越来越丰富。这正如李宇明（2022）所说："学术引进，有助于国家的知识建构"，进而促进我国语言政策及规划学科的发展。

（二）译丛有助于中文的术语建设、学术表达和语言活力

首先，译丛可加强语言政策及规划领域的术语建设。术语就是表达某一领域内容的专业词汇，学科的发展必然需要创造许多专业术语，其中也包括外来术语的翻译。另外，术语本身及其相关的命名法（nomenclature）就是语言政策及规划学科中的研究对象或内容（Antia，2000）。当我们的学科发展还不如外国的时候，输入型的术语翻译就必不可少，以免出现"术语空缺"（terminology gap）现象。而且，外国术语的表达只有汉化以后才能在中国生根、发芽、开花和结果，因此我们要注重外语（尤其是英语）术语的本土化建设（李宇明，2007）。可喜的是，上述译丛在引进国外的语言政策及规划研究成果时，翻译了很多该领域的术语。例如，语言意识形态（language ideology）、语言信仰（language belief）、教学媒介语（medium of instruction）、语言体制或语言机制（language regime）和语言转用（language shift）。

其次，译丛可以促进中文在语言政策及规划领域的学术表达和语言活力。语言的学术表达是指人们可以用该语言进行口头和书面学术交流。尽管语言的学术表达核心在于术语的可及性和表达的规范性，但语言的学术表达还得有用武之地，这样才能维持和发展该语言的活力。语言的学术表达或学术活力主要表现在教学语言（teaching language）、发表语言（publishing language）或出版语言（language of publication）、会议语言（conference language）三方面（张治国、崔楠楠，2022），而这三方面的语言使用仅仅依靠丰富的术语是远远不够的，它们还需要大量的用同一种语言书写的学术文献。因此，当我们的人文社科和自然科学发展还需要向外国（尤其是欧美国家）学习的时候，输入型的学术翻译就显得非常必要。所以，李宇明（2010：5）指出："外国文献只有经过翻译用本民族的语言表达它的概念、命题和思想推演，才能最终成为本民族的精神财富。一百多年来，中华民族所获得的新概念新思想，有许多都得益于翻译。由此可见翻译对于国家的重要意义。"例如，英国诗人雪莱的名句"如果冬天来了，春天还会远吗？"被广大的中国民众所知和所用，但有多少中国百姓知道该句话的英语原文（If winter comes, can spring be far behind?）呢？这句话若没有翻译成中文，它在中国的知晓度和使用率肯定不会这么大。可见，语言及其表达只有被大众所用，它才会有强大的生命力。同理，外国的语言政策及规划研究成果只有翻译成中文后才能永久地保留在中国，才能成为中文的表达内容。

（三）译丛有助于我国学术翻译人才的培养

这些译丛为我国语言政策及规划学科翻译人员的培养提供了良好的锻炼机会。翻译是一种语言技能，它需要大量的实践和感悟，而对于学术水平达到一定程度的学者来说，要进行大量没有科研产出的翻译实践是不太可能的，也是难以持久的。但译丛却同时解决了上述两个问题（尽管不少高校目前还不是太看重翻译成果，但它毕竟还是成果，而且社会影响较大）。笔者翻译或审订过上述不同译丛中的好几本书，经过这些锻炼后深深感到自己的翻译水平大有长进，翻译理念也大有改观。这些不是通过看几本翻译理论书或听几次翻译讲座就能获得的，也不是通过翻译几篇学术文章就能发展起来的，而是要达到一定的翻译量（至少一本书）才会有较深的体会。因此，我们要看到这些译丛不光促进了我国语言政策及规划学科的发展，同时它们还带动了我国一些相关领域（如学术中译）的发展。

（四）译丛有助于我国语言政策的制定和语言管理的完善

随着我国综合国力的提升，全球化和城市化带来的人口流动越来越频繁，我国参与全球治理行为也越来越多，这些都使得我国的社会语库（linguistic repertoire）变得越来越复杂，这也为我国语言政策的制定和语言管理的完善提出了更高的要求，并带来了更多的挑战。因此，我国各个层面的语言政策制定和语言管理机构都需要语言政策及规划的学术支持：学术理论的支撑、国际案例的了解以及调研数据的参考。这些译丛可以在一定程度上满足上述要求。正因为如此，所以我国教育部（尤其是教育部的语用司和语信司）以及国家语言文字工作委员会等政府部门都高度重视和支持语言政策及规划学科的发展，其中就包括对这些译丛的支持与发展。

三 译丛的翻译与阅读感悟

（一）译者要灵活应用"信、达、雅"原则

译者在翻译时要对得起作者和读者。笔者在翻译学术著作的过程中，当遇到一些翻译难题时经常会不由自主地想到严复提出的有关翻译的三个标准：信、达、雅。但在翻译实践中，要科学合理地处理好这三者的关系也是不容易的。这三个标准，到底哪一个最重要，这需要根据具体的情况来判断。众所周知，"信"就是在意思上要忠实于原文，因此理解原文是前提和基础，这是翻译的最低要求。但是，当译者发现原文存在不妥乃至错误的时候，此时，译者就应该放弃"信"，若还一味地追求"信"，那就是错上加错，误导读者，甚至损害国家利益。例如，我在翻译中曾遇到过一种这样的现象：英语原文中引用了美国《民族语》的语言使用信息，说

印度有一种濒危语言，其使用地在所谓的"阿鲁纳恰尔邦"（Arunachal Pradesh）等地，而这个地方就是我国的藏南地区。此时，译者绝不能让这种错误的表述延续下去，更不能以牺牲国家的利益来追求翻译标准中的"信"。因此，笔者在翻译该句话时就进行了意义上的淡化处理，即不显示该语言的使用地区。尽管"学术翻译固然是极注重准确性和逻辑性，但这并不能成为译者故步自封的理由"。有的时候，译者需要发挥主体性，可以"摆脱原文束缚，灵活运用多种翻译技巧，必要的时候进行结构调整、述评、脚注、后记等"（陈冰，2014：53）。正如杨枫（2022：2）所说："翻译不是原文的影子，而是原文的翅膀，使知识飞向更高、更远的天空。"

（二）审订者要严把译丛的质量关

笔者审订过好几本专著和若干篇论文，同时，自己的译著或译文也被别人审订过，由此笔者深感审订的必要性和重要性。好的译者会自我监督和自我纠错，让审订者感到轻松愉快，而质量较差的译稿则大大增加了审订者的工作量，有时审订者感觉是自己在翻译该作品，这也更加凸显了审订者的必要性和重要性。任何东西审查得越多，问题就会发现得越多，最后的产品质量就会越好。学术著作的翻译也是如此，它必须经过译者的自我修改、审订者的提高修改以及编辑的规范修改三个步骤。此时，如果审订者不能把好这一关，译作的质量就难以得到保障。根据笔者的审订经验，常见的翻译问题有如下几类。第一，原文的理解问题。这是翻译中的基本问题，也是最常见的问题。第二，翻译技巧的匮乏问题。有些人缺乏翻译经验，也没上过任何翻译课程，他们不懂英汉翻译中诸如长句短译之类的技巧，从而导致译作翻译痕迹很重，甚至还让读者不知所云。第三，过于"忠诚"原文的问题。在一些学术格式、不实或错误信息等方面都不敢越雷池一步，失去了译者的主体性。第四，几人合译带来的理解、风格、术语、表达等不一致的问题。第五，教师让学生翻译，使得翻译质量下降的问题。这些问题对于翻译经验不多的译者来说，恐怕难以自我发现，所以，审订者作为"第一读者"和"旁观者"就能看得一清二楚。审订者就相当于工厂的"质检员"，要善于发现问题，甚至还要解决问题。好的审订者还会适当指出这些问题产生的根源，使得译者知其所以然，进而提高翻译技能。

（三）读者要辩证看待书中的某些数据和观点

任何一本书或一篇文章都体现了作者的观点和语言意识形态，里面都会有值得我们学习和思考的精华，也可能会有一些不妥或不适合我国情况的观点或数据。因此，我们在阅读这些译丛时，一方面，要充分理解和借鉴里面的一些重要理论、基础信息和研究话题等。例如，译丛中有不少有关政府域、语言活动者群体域或语言提倡者（language advocate）、学术研究机构（包括智库）的语言政策及语言管理研究，但这些并没有引起我国学者的太多关注。此外，译丛中有些研究视角（如人口、地理和殖民等）显得非常新颖，但我国学界对此还少有人问津。另一方面，我们又不能完全被里面的思想和内容牵着鼻子走，一股脑地全部接受他们的观点和信息，而要有自己的独立思考能力，能够客观辩证地看待和有保留地有取舍地接受这些东西。例如，译丛中有些资料显示说中国有二百多种语言，可是我国的各种官方资料都说我国只有一百多种。这种数据矛盾的产生主要是国内外对语言的界定存在分歧，国外有些机构或学者出于各种动机而把我国的某些方言也看作语言。因此，读者要有这种基本的鉴别意识和能力。对于这种信息，我们通常首先应该选用和尊重各国的官方统计数据，而不是某些外国机构或学者提供的数字。

四 有关译丛未来发展的建议

（一）需要确保译丛的持续发展

目前国内有好几个涉及语言政策及规划的译丛，其中有些存在重复之嫌，这容易分散资源和削弱译丛的竞争力，但愿它们能各自保持自己的特色，形成相互促进的良性竞争环境。此外，尽管目前我国语言政策及规划领域的译丛有好几个，但译著及译文的总量还不算多。目前这些译丛都还很年轻，仍需不断地扩大自己的翻译内容，尤其是不要断档。"不怕慢，就怕站。"我们在与国际同行进行学术接轨以及学术发展的过程中，要保持每年都有适当数量的国外经典著作或论文翻译成中文，国际学术的发展是持续的，我们的学术中译工作也不能间断，其意义是巨大的，如张治国和崔楠楠（2022：44）所说："提高中文的学术地位（尤其是国际学术地位），不能急于求成，这是一个漫长的过程，是一个伴随国家综合国力发展以及大学众多学科发展的过程。在此过程中，我们要加强国外学术成果及术语的中译工作，使中文在学术表达方面保持活力。"

（二）需要增加译丛所选材料的多样性和权威性

在国际学术成果的引进方面，我们要在作者、话题、国别及源语言四方面都做到多样性，这样我们才能更客观、更完整地了解中国之外的世界学术动态。目前，国外还有不少该领域著名学者的一些力作尚未翻译成中文，如美国的费什曼（Fishman）和霍恩博格（Hornberger）、法国的卡尔维（Calvet）、荷兰的布罗马特（Blommaert）、澳大利亚的戈特利布（Gottlieb）、新西兰的梅（May）和德国的巴克豪斯（Backhaus）；有些经典话题（如语言活力、语言传播和语言死亡）的译作尚未出现；有些区域国别（如中美洲、巴西、阿根廷、印度、日本）的语言政策及规划研究成果甚少得到译介；有些语言（如法语、葡语、西语和日语）的经典著作未能得到翻译。此外，这些材料的选择要群策群力，如大家可以推荐书目或文章名及其内容简介，然后组织专家讨论，最后作出材料的选择决定，以便保证译丛材料的权威性。

（三）需要遴选优秀的译者和审订者

译丛的翻译质量是影响译丛生命力的关键，好的译者和审订者可为译著或译文添彩，差的译者和审订者则可能会把一本好的原著或一篇好的原文弄得灰头土脸。好的译者和审订者至少必须具备如下几个条件。第一，要熟悉语言政策及规划领域，否则他们尽使用一些外行话，如把"corpus planning"（本体规划）翻译成"语料库计划"或"语料规划"。第二，要具备良好的中英文素养，尤其是英语的理解能力，否则，翻译出来的中文句子，晦涩难懂，甚至是误译频出。第三，要有一些基本的翻译经验，懂得一些基本的中英文的翻译技巧，从而让译文好读易懂。第四，要有严谨的翻译态度，有些人翻译时遇到不懂的地方又不愿查词典或其他相关资料，也不愿意请教别人，还不愿意多花时间去分析和琢磨，就草草地根据自己现有的理解来翻译，结果就出错了。例如，有人看见"in that + 句子"结构，就把它译作"在……方面 + 句子"，只要一查词典就知道，这是一个短语，表示"因为"的意思。第五，从翻译质量的角度来说，在译者和审订者的选择方面应该尽量分别让一个人来操作执行，因为人多，他们在原文的理解、语言的风格、术语的统一、翻译的策略、责任的担当等方面都容易出现问题。

（四）需要加强专业术语的规范化管理

尽管目前译丛的多数译本在后面都有中英文术语表，但问题是，各个译者及审订者对有些英语术语的翻译存在不同的看法，因此每本书后面的中英文术语表可能存在一些差异。而且，有的译者和审订者不知道已有不错的中文表达，他们自己又"另立门户"；还有的译者和审订者明知已有人译成了中文，却觉得译得不好，于是就寻找他法。专业术语的规范程度直接关系到学科的进步与发展。这些工作的改进需要译者、审订者和编辑的共同努力，但更关键的是需要国家层面的语言管理机构（如国家语委）和学术权威机构（如中国语言学会语言政策与规划专业委员会）进行一些相关的工作，如学术机构可以考虑在年度学术会议上增设外语术语中译探讨的主题或专题，管理机构可以每隔几年公布一些比较规范化的中文术语，供该领域的学习者和译者参考。总体而言，术语的翻译要体现其准确性、可读性、简洁性、优美性和独特性（即不会引起谐音等方面的误读）。对于某些不存在争议的或者不会带来任何理解困难的术语，译者、审订者、责任编辑和读者在使用术语方面时则要遵循术语的规约性,即尊重首译工作者或者多数人接受的用法,例如,当学术主流都把"Spolsky"翻译成"斯波斯基"后,我们就没必要再翻译成"斯博斯基""思波斯基""斯波尔斯基"等,后面这些译法不能说有错,但容易带来术语使用的混淆或混乱。如果说管理机构或学术权威机构公布或推荐术语名单属于规则制定行为,那么大家使用这些术语就是规则遵守行为。对于术语的规范化工作,我们既要制定,更要遵守。

结　语

他山之石,可以攻玉。在全球化的今天,中国更需要学术引进和学术翻译。本文总结和分析了我国语言政策及规划学科里的几个学术译丛,研究表明这些学术中译表现不俗:译丛数个,内容丰富,影响甚大,模式统一,特点显著,意义重大。此外,笔者还根据自己的学术翻译和学术阅读经历分别为译者、审订者和读者提出了一些学术翻译和学术阅读策略。最后,本文还就该领域的译丛发展提出了几点建议。总之,学术翻译的实践和相关研究应当引起学界的足够重视。尽管本文是围绕语言政策及规划学科来探讨我国的学术中译问题,但其大部分内容也适用于我国其他学科的学术中译现象,但愿本文能对我国学术翻译(尤其是语言政策及规划译丛)的研究和发展起到抛砖引玉的作用。

参考文献

[1] 博纳德·斯波斯基,张治国. 语言政策中的人口因素 [J]. 语言战略研究,2019,4(06):12—18.

[2] 博纳德·斯波斯基. 语言政策:社会语言学中的重要论题 [M]. 张治国,译,北京:商务印书馆,2011.

[3] 陈冰. 浅论学术翻译中的译者主体性 [J]. 英语广场(学术研究),2014(12):52—53.

[4] 陈生梅. 中国学术翻译研究 20 年 [J]. 兰州大学学报(社会科学版),2011,39(04):149—154.

[5] 范梦栩. 学术翻译研究的现状与展望 [J]. 民族翻译,2020(02):37—44.

[6] 方小兵. 编者的话 [A]. 方小兵. 国际语言政策研究前沿. 第一辑 [C]. 北京:商务印书馆,2022:1—2.

[7] 李宇明. 谈术语本土化、规范化与国际化 [J]. 中国科技术语,2007(04):5—10.

[8] 李宇明. 中国外语规划的若干思考 [J]. 外国语(上海外国语大学学报),2010,33(01):2—8.

[9] 李宇明. 了解世界怎样做语言规划 [A]. 博纳德·斯波斯基. 语言政策：社会语言学中的重要论题 [C]. 张治国, 译. 北京：商务印书馆, 2011.

[10] 李宇明. 和谐语言生活，减轻语言冲突 [A]. 丹尼斯·埃杰. 语言规划与语言政策的驱动过程 [C]. 吴志杰, 译. 北京：商务印书馆, 2012.

[11] 李宇明, 王春辉. 全球视域中的汉语功能 [J]. 云南师范大学学报（哲学社会科学版），2018, 50（05）：17—26.

[12] 周领顺. 学术翻译研究与批评论纲 [J]. 外语研究, 2008（01）：78—84.

[13] 张保国. 论学术翻译和科学翻译的关系 [J]. 外语与翻译, 2021, 28（04）：51—56.

[14] 杨枫. 知识翻译学的翻译定义与分类 [J]. 当代外语研究, 2022（01）：1—2.

[15] 殷海红. 从"学术"到"学术翻译"概念考辨 [J]. 当代外语研究, 2023（04）：106—112+137.

[16] 张治国, 崔楠楠. 中国学术语言的中英文地位问题 [J]. 语言战略研究, 2022, 7（05）：36—46.

[17] 张治国. 斯波斯基：一位伟大的语言政策及规划研究者 [J]. 中国语言战略, 2023, 10（01）：173—179.

[18] Antia, B. E.. *Terminology and Language Planning：An Alternative Framework of Practice and Discourse* [M]. Amsterda/Philadelphia：John Benjamins Publishing Company, 2000.

[19] Crystal, D.. *English as a Global Language* (2nd edn.) [M]. Cambridge：Cambridge University Press, 2003.

[20] Spolsky, B.. Language Management in the People's Republic of China [J]. *Language*. 2014, 90 (4), 165–175.

（责任编辑：赵立博）

【语言与新科技】

人工智能的发展与大语言模型的对齐

冯志伟 丁晓梅[*]

提　要　计算语言学中采用深度学习、神经网络和大语言模型的技术，自然语言理解和自然语言生成达到了前所未有的水平。人工智能推动了计算语言学的发展。大语言模型是一种变革性的人工智能技术，它将重塑社会和科学技术发展，但同时它也存在多种明显的风险及可以预见的风险。因此需要进行大语言模型的对齐研究。目前可用于大语言模型的对齐的相关技术方法和提案可以分为三大领域：外部对齐、内部对齐和机械可解释性。语言学家应当研究大语言模型时代的语言学问题，从而把语言学推进到一个崭新的阶段。

关键词　人工智能；神经网络；深度学习；大语言模型；对齐

Development of AI and Alignment of LLMs
Feng Zhiwei　Ding Xiaomei

Abstract　The techniques of deep learning, neural networks, and large language models are adopted in computational linguistics, and natural language understanding and natural language generation have reached unprecedented new levels. Artificial intelligence has promoted the development of computational linguistics. Large language models are a transformative artificial intelligence technology that will reshape society and the development of science & technology, but at the same time, it also has various obvious risks and foreseeable risks. Therefore, alignment research on large language models is needed. Currently,

---

　　[*] 冯志伟，教育部语言文字应用研究所研究员、博士生导师，新疆大学天山学者，大连海事大学讲座教授，主要研究方向是计算语言学、术语学、语言规划。丁晓梅（通讯作者），大连海事大学外国语学院副院长、副教授，主要研究方向是计算术语学。

the technical methods and proposals available for alignment of large language models can be divided into three major areas: external alignment, internal alignment, and mechanical interpretability. Linguists should study language issues in the era of large language models to advance linguistics to a new stage.

Key words　Artificial Intelligence; Neural Network; Deep Learning; Large Language Models; Alignment

一　人工智能推动了计算语言学的发展

计算语言学（computational linguistics）是用计算机研究自然语言的一门交叉学科，它涉及语言学、计算机科学、数学等领域，是典型的新文科。21 世纪以来，普通计算机用户可以使用的数据资源以惊人的速度迅速增长，互联网成为计算语言学无比丰富的信息来源，无线移动通信（手机）日益普及并且日益增长，这些都使得计算语言学进入了前所未有的、激动人心的时刻，而计算语言学的应用也就成为当前科学技术的热门话题。

从 2012 年开始，计算语言学采用深度学习（Deep Learning，DL）和神经网络（Neural Network，NN）的方法，自然语言理解（Natural Language Understanding，NLU）和自然语言生成（Natural Language Generation，NLG）都达到了前所未有的新水平。神经网络是人工智能（Artificial Intelligence，AI）研究的一种基本的计算工具，并且是出现得很早的一种工具。之所以冠以"神经"二字，是因为它源自 1943 年 McCulloch 和 Pitts 提出的神经元。神经元是一种人类大脑神经的可计算单元的简化模型，可以使用命题逻辑描述。

现代的神经网络是由一些小的计算单元构成的网络，神经网络中的每一个单元取一个输入值向量，产生一个输出值。因为神经网络在其计算过程中要反复地从神经网络的一个层（layer）馈入另一个层，这种神经网络通常具有多个层次，所以是一种有深度的网络，我们常常把神经网络的机器学习叫作深度学习（冯志伟，2019）。在神经网络中，要尽量避免过多地使用手工的方式设计大量的特征，而是要把原始的语言数据作为输入进行深度学习，让计算机自动地推导出各种特征，并把这作为分类学习过程的一个有机组成部分。

层次很深的神经网络在表示学习方面的表现非常优秀。正是由于这样的原因，深度神经网络成为处理大规模语言问题的很恰当的工具，它可以为自动的学习特征提供充分的数据。在 1943 年，Warren McCulloch 和 Walter Pitts 就描述了一种理想化的人工神经网络，并构建了一种基于简单逻辑运算的计算机制。他们提出的神经网络模型称为麦卡洛克-皮茨模型（McCulloch-Pitts model，MP模型），开启了神经网络研究的序幕。1951年，McCulloch和Pitts的学生Marvin Minsky建造了第一台模拟神经网络的机器，叫作SNARC。1958年，Rosenblatt提出可以模拟人类感知能力的神经网络模型，称之为感知机（perceptron），并提出了一种接近于人类学习过程的学习算法。但是，感知机因为它的结构过于简单，不能解决简单的线性不可分问题。1969年，Minsky和SeymourPapert指出了感知机不能解决常见的"线性不可分问题"，而且当时的计算机也无法支持大型神经网络所需要的计算能力。这样的论断直接将以感知机为代表的神经网络打入冷宫，导致神经网络的研究进入了十多年的"低谷"（冯志伟，2021）。

1974年，哈佛大学的Paul Webos提出反向传播算法（Backpropagation algorithm，BP算法），但当时未受到应有的重视。1980年，Fukushima（福岛）提出了一种带卷积和子采样操作的多层神经网络，叫作新知机（Neocognitron）。新知机的提出是受到了动物初级视皮层简单细胞和复杂细胞的感受野的启发，但新知机没有采用反向传播算法，而是采用了无监督学习的方式训练，因此没有得到学术界重视。

在1983—1995年，反向传播算法重新激发了人们对神经网络的兴趣。1983年，美国加州理工学院的物理学家John Hopfield提出了一种用于联想记忆和优化计算的神经网络，称为何普菲尔德网络（Hopfield network）。1984年，加拿大多伦多大学的计算机科学家Geoffrey Hinton提出一种随机化版本的何普菲尔德网络，即玻尔兹曼机（Boltzmann machine）。1986年，David Rumelhart和James McClelland对于连接主义（connectionism）在计算机模拟神经活动中的应用进行了全面的研究，并改进了反向传播算法。

Geoffrey Hinton等人将反向传播算法引入到多层感知机（multi-layer perceptron）中，于是人工神经网络又重新引起人们的注意，并开始成为新的研究热点。随后，Yann LeCun等人将反向传播算法引入到卷积神经网络（Convolutional Neural Network，CNN）中，并在手写体数字识别上取得了很大的成功。2006年，Hinton和Salakhutdinov发现多层的前馈神经网络（Feed-Forward Neural Network，FFN）可以通过逐层预训练，再用反向传播算法进行微调，取得了很好的机器学习的效果。Geoffrey Hinton因此而被人们尊为"深度学习之父"。

深度的人工神经网络在语音识别、图像分类、自然语言处理等应用领域中取得巨大的成功，以神经网络为基础的深度学习迅速崛起。近年来，随着大规模并行计算以及GPU（Graphic Processing Unit）设备的普及，计算机的计算能力得到大幅度提高，可供机器学习的数据资源规模也越来越大。在计算能力和数据资源规模的支持下，计算机已经可以训练大规模的人工神经网络，于是，各大科技公司都投入巨资研究深度学习（冯志伟，2023）。

在当前的自然语言处理研究中，为了解决语言数据贫乏（language data poverty）的问题，学者们开始探讨小规模语言数据资源下自然语言处理的可行性问题，因而提出了"预训练语言模型"（pre-trained language models）。这样的语言模型使用大规模的文本语料库数据进行"预训练"（pre-training），建立"预训练语言模型"，然后使用面向特定任务的小规模语言数据集，根据迁移学习的原理进行"微调"（fine-tuning），形成"下游任务的模型"（冯志伟、李颖，2021）。

这样的预训练语言模型新范式使得自然语言处理系统的研究者能够专注于特定的任务，而适用于各种任务的通用的预训练语言模型可以降低自然语言处理系统的研制难度，从而加快了人工智能研究创新的步伐。

研究人员设计出各种预训练模型，这些预训练模型可以把通过预训练从大规模文本数据中学习到的语言知识，迁移到下游的自然语言处理和生成任务模型的自动学习中。预训练模型在几乎所有自然语言处理的下游任务上，都表现出了优异的性能。预训练模型还从单语言的预训练模型，扩展到了多语言的预训练模型和多模态的预训练模型，并在相应的下游任务上都表现出色，成为一个功能强大的"大语言模型"（Large Language Models，LLMs），这样一来，人工智能便进入了空前繁荣的大语言模型的新时代（冯志伟、张灯柯，2023）。

ELMo（AI2公司研制）、GPT（OpenAI公司研制）、BERT（Google公司研制）等预训练模型在2018年先后建立。2019年，GPT-2（OpenAI公司研制）、VideoBERT（Google公司研制）、XLNet（Google公司研制）等预训练模型建立。OpenAI公司研制的GPT和GPT-2就是著名的ChatGPT的前身。预训练模型的发展详情如图1所示。这些预训练模型后来都发展成了大语言模型。

以Sam Altman为首的OpenAI公司开发的基于Transformer（转换器）的生成式预训练模型（Generative Pre-Trained Transformer，GPT）成为当前大语言模型研究的核心技术，包括GPT-1、GPT-2、GPT-3、InstructGPT、ChatGPT、GPT-4、GPT-4 Turbo，我们把它们统称为GPT系列，简称为GPTs。

从图2可以看出，OpenAI公司于2018年研制了GPT-1，于2019年研制了GPT-2，于2020年5月研制了GPT-3，于2020年7月分别研制了GPT-3中的davinci、curie、babbage，于2022年3月研制了InstructGPT，进行文本和代码的语言模型训练，研制成GPT-3.5，接着进行有监督微调（Supervised Fine Tuning，SFT）和基于人类

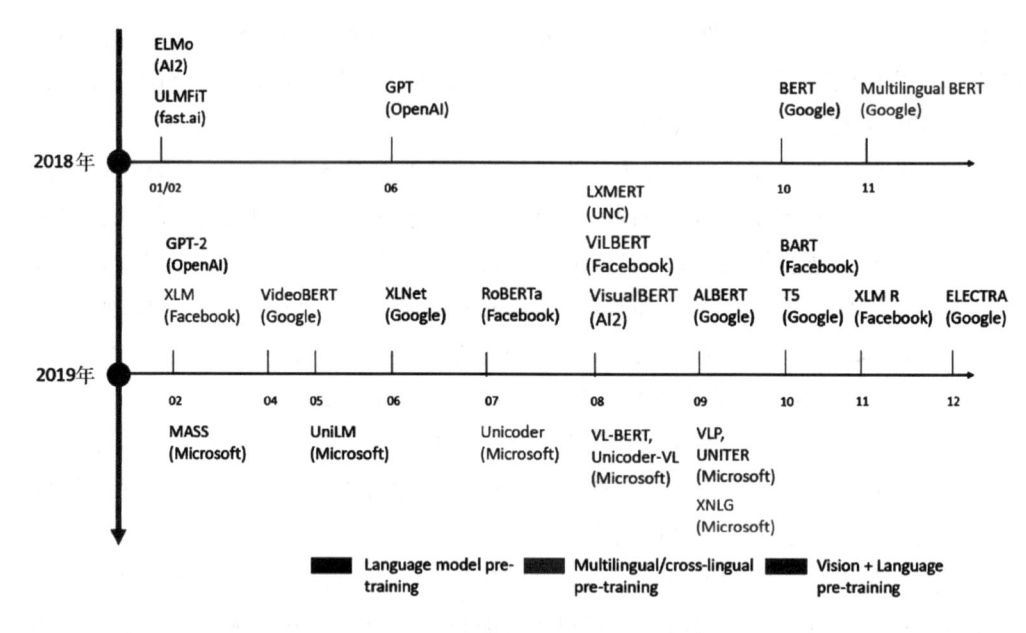

图 1　预训练模型的发展

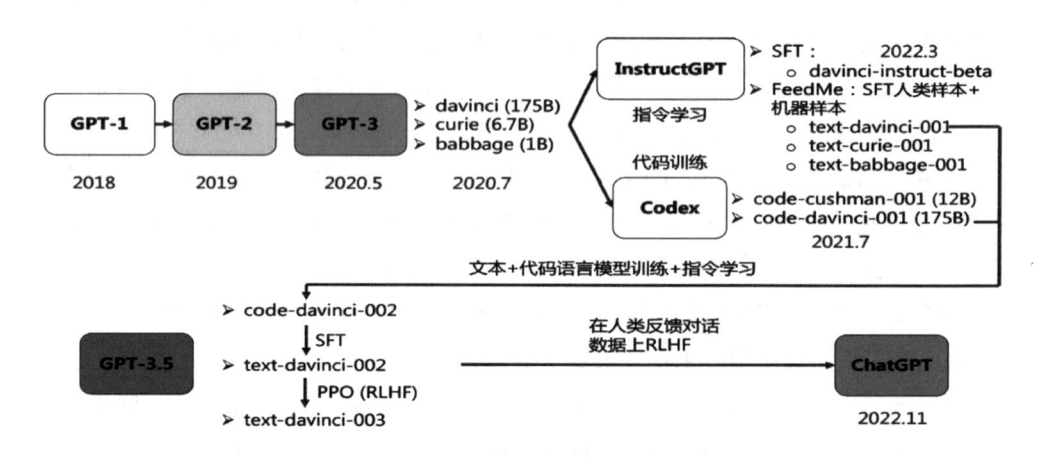

图 2　GPTs 的发展过程

反馈的强化学习（Reinforcement Learning from Human Feedback，RLHF），于 2022 年 11 月推出 ChatGPT。

ChatGPT 是一种对话场景优化语言模型（optimizing language models for dialogue）。ChatGPT 比 GPT-3 更进一步，已经进化到具备执行自然语言指令的能力，用户不必给出示例，只要使用自然语言给出指令，ChatGPT 就可以理解用户意图。例如，用户只要直接用自然语言告诉 ChatGPT 把某个英语单词译成法语，ChatGPT 就可以执行，并给出翻译结果。ChatGPT 可以根据上下文提示，自动理解并执行各类任务，不必更新模型的参数或架构。

GPTs 利用 Transformer 模型，从语言大数据中获取了丰富的语言知识，GPTs 在语言生成任务上达到了相当高的水平。这样一来，GPTs 便成为大语言模型时代的最重要的神经网络模型。GPTs 系列的训练参数越来越多，性能越来越好。

ChatGPT 的训练语料高达 100 亿个句子，包含约 5000 亿个词元（tokens）。ChatGPT 可以通过使用大量的训练数据来模拟人的语言行为，生成人类可以理解的文本，并能够根据上下文语境，提供出恰当的回答，甚至还能做句法分析和语义分析，帮助用户调试计算机程序，写计算机程序的代码，做数学题，而且能够通过人类反馈的信息，不断改善生成的功能，已经达到了很强的自然语言生成能力。

ChatGPT 使用 Transformer 进行训练，在训练过程中，使用海量的自然语言文本数据来学习单词的嵌入表示（word embedding expression）以及上下文之间的关系（context relation），形成知识表示（knowledge representation）。一旦训练完成，知识表示就被编码在神经网络的参数中，可以使用这些参数来生成回答。当用户提出问题时，神经网络就根据已经学习到的知识，把回答返回给用户。

2022 年 11 月 30 日，ChatGPT 推出仅仅 5 天，注册用户就超过百万。推出短短的两个月，月活跃用户就超过 1 亿。TikTok 月活跃用户超过 1 亿用了 9 个月时间，Twitter 月活跃用户超过 1 亿用了 90 个月时间，ChatGPT 打破了历史纪录，引起了全球网民的广泛注意，在大语言模型时代掀起了一场史无前例的、波澜壮阔的海啸。

ChatGPT 的推出引起了史无前例的轰动。成千上万的用户从不同角度对它进行了应用体验。2023 年 3 月 17 日，OpenAI 发布 GPT-4。GPT-4 具有强大的识图能力，文字输入限制由 3000 词提升至 2.5 万词，回答问题的准确性显著提高，能够生成歌词、创意文本，改变文本的写作风格，GPT-4 还具有自动翻译的能力。

2023 年 11 月 7 日，OpenAI 举行开发日（DevDay），OpenAI 公司的总裁 Altman 在开发日上宣布了 GPT-4 的一次大升级，推出了 GPT-4 Turbo，引起了全世界的密切关注。

GPTs 系列的成功具有划时代的里程碑性质，是大语言模型时代最伟大的成果，足以载入人工智能发展的史册（冯志伟、张灯柯、饶高琦，2023）。

人工智能推动了计算语言学的发展。计算语言学研究者使用半人工半自动的标注方式构建了一个包含 178521 篇论文领域标注的训练集，并且训练得到了一个论文领域分类器，使用这个分类器进行分类，得到了 1952 年至 2022 年计算语言学会文选（ACL Anthology）。其中包含共计 74279 篇论文作为最终的分析研究对象，把计算语言学研究归纳为 12 个领域，包含多模态（Multimodality）、自然语言交互界面（Natural Language Interfaces）、语义文本处理（Semantic Text Processing）、情感分析（Sentiment Analysis）、句法文本处理（Syntactic Text Processing）、语言学与认知自然语言处理（Linguistics & Cognitive NLP）、负责且可信的自然语言处理（Responsible & Trustworthy NLP）、自动推理（Automatic Reasoning）、多语研究（Multilinguality）、信息检索（Information Retrieval）、信息提取与文本挖掘（Information Extraction & Text Mining）、文本生成（Text Generation）等，这 12 个领域包括了在人工智能的推动之下，当前计算语言学研究的主要内容（Feng Zhiwei, 2023）。

计算语言学研究者对于 1952 年至 2022 年计算语言学会文选（ACL Anthology）中的论文数量进行过统计，统计结果如图 3 所示。可以看出，早期的计算语言学研究论文寥寥无几，1990 年以后逐渐增多，2020 年以后出现了爆发式的增长，每年已经超过了 8000 篇（Feng Zhiwei, 2023）。

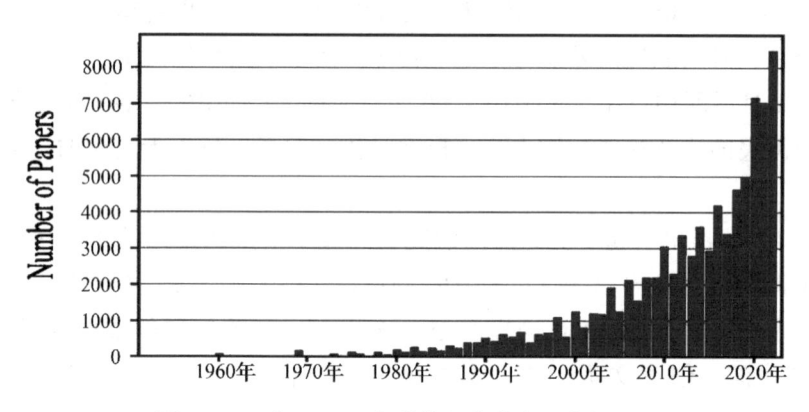

图 3　1952 年至 2022 年计算语言学论文增长图示

J. Kaplan（2020）等人在《自然语言模型的缩放法则》一文中提出了"缩放法则"（Scaling Laws），指出语言模型的性能依赖于模型的规模，包括计算量（Compute）、数据集大小（Data Size）和参数量（Parameters），语言模型的效果会随着这三者的增加而提高，而语言模型的损失值（Loss）随着计算量的规模、数据集的规模、参数量的增大而线性降低，如图 4 所示。

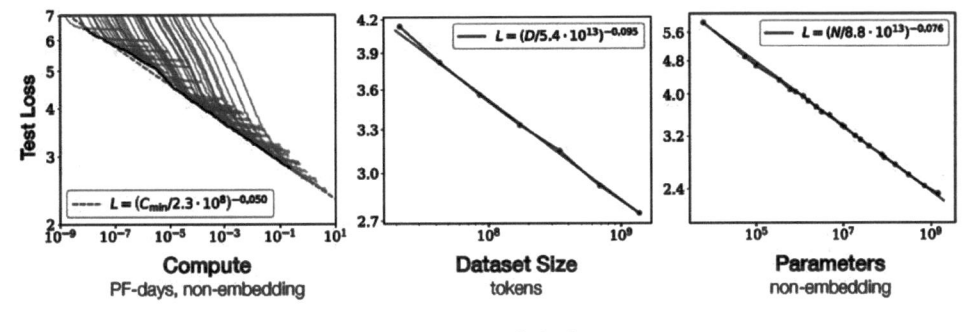

图 4　缩放法则

"缩放法则"意味着语言模型的能力是可以根据这三个变量来估计的。提高模型的计算量、扩大数据集的规模、提高参数的数量，都可以降低语言模型的损失，使得语言模型的性能可预测地提高。"缩放法则"为继续提升大语言模型的规模给出了定量分析依据。

二　涌现与幻觉

在 GPTs 的研制中，随着训练数据的增加，词向量的长度和参数量也随之增加。GPT-1 的训练数据约 5GB，词向量的长度为 768，参数量为 1.17 亿；GPT-2 的训练数据为 40GB，词向量的长度为 1600，参数量为 15 亿；GPT-3 的训练数据为 45TB，词向量长度为 12888，参数量为 1750 亿。

研究人员惊讶地发现，当数据规模参数超过 500 亿的时候，大语言模型系统会出现"涌现"（emergence）现象，只需要输入一段提示（prompt），即便在没有训练过的新任务上，系统也能够举一反三，无师自通，很好地工作，显示出越来越接近于人类的优秀表现，生成的语言也就越来越接近人类的语言，如图 5 所示。

图 6 是美国斯坦福基础模型研究中心语言大模型综合评测的数据。可以看出，当大语言模型的规模扩展到 500 亿参数时，模型的准确率、鲁棒性等指标一般会从"猜测水平（0.5）"处跃升。这样的"涌现"现象似乎意味着，当训练数据规模的参数在数量上增加到 500 亿时，大语言模型系统发生了从量变到质变的重大变化。因此，只要不断地增加训练数据，就会产生质变的飞跃。

可见，"涌现"是指系统内部的个体或组件通过相互作用和动态演化所导致的

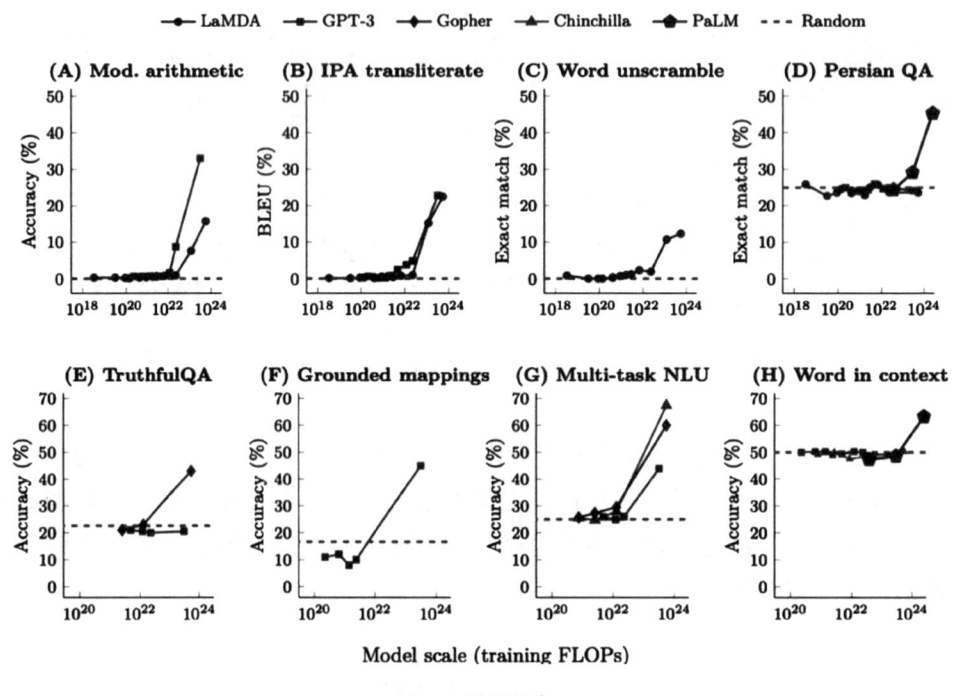

图 5　涌现现象

产生全新的、难以预测的属性、行为和规律的现象。这些新的特征无法简单归因于某一个单独的个体或组件，也无法直接从单独的个体或组件的属性中推导出来。

为什么大语言模型会出现这种"涌现"的现象，如何来阐明"涌现"的本质，目前也还是一个未解之谜。

我们注意到，这种群体性的"涌现"现象在其他的学科中也有类似的表现。例如，在免疫学中，单个免疫细胞的功能是单一的，但是无数的免疫细胞却可以组成非常强大的免疫系统。在神经学中，神经元的相互作用可以产生意识、思想、记忆等复杂的现象，然而我们却无法从单一的神经细胞推导出这些现象。在生物学中，一只蚂蚁没有规划能力，但一个蚁群却可以构建出复杂的蚁穴来。在物理学中，液体的流动性、张力、抗压性是由单个水分子通过分子间相互作用而产生的，但是我们却无法从单个分子的特性中推导出液体的流动性、张力、抗压性。

在高飞的雁群中，无数的大雁排列成一个"人"字形，而单个的大雁却只知道自己的位置。在脑科学中，人类单个神经元的功能有限，而人类的大脑有 860 亿个神经元，有 6000 万亿个链接，这样的群体效应终于涌现出了极为复杂的人类意识，

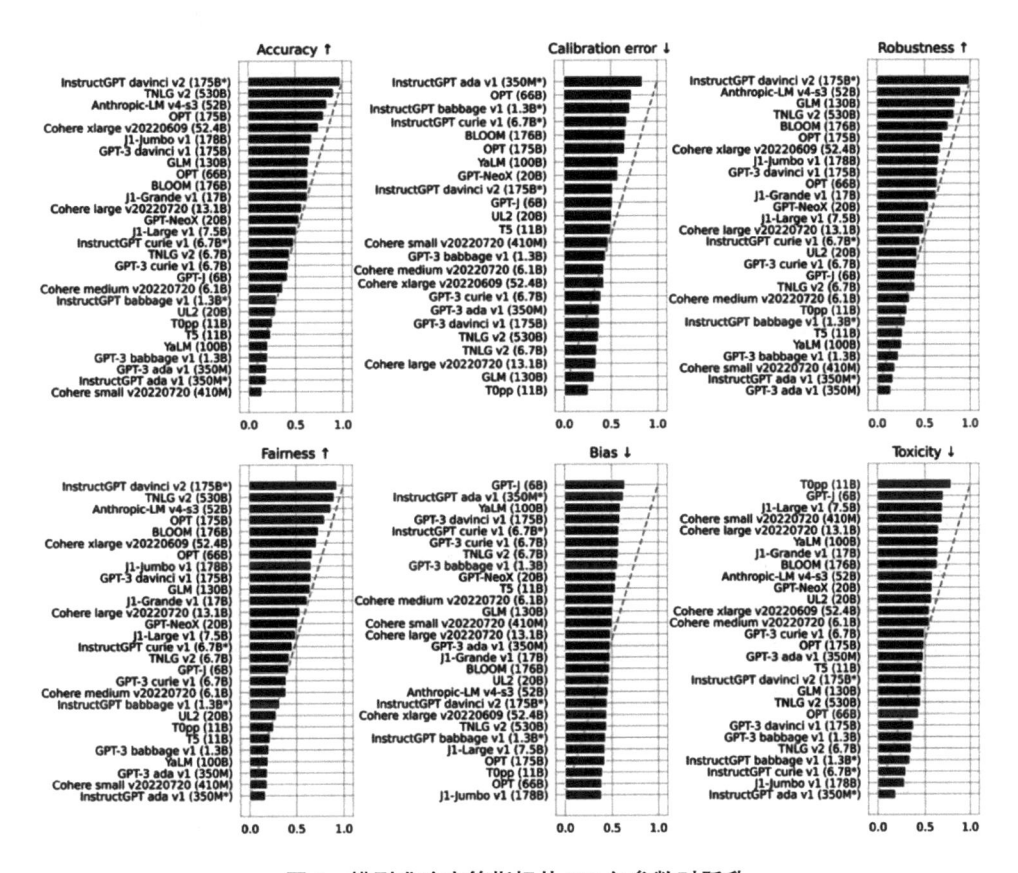

图6 模型准确率等指标从500亿参数时跃升

使人类成为万物之灵。由此观之，在大语言模型中出现"涌现"这样的现象不仅在大语言模型中存在，在其他学科中也是存在的。

那么，从语言学的角度，我们怎样来看待大语言模型的这种"涌现"现象呢？

我们认为，从语言学理论的角度看，大语言模型出现"涌现"可能是由于语言本身的"递归性"（recursiveness）造成的。

单个句子的表达能力是有限的，语法规则也是有限的，而语言中句子的数量却是无穷无尽的，人们之所以能够借助于有限的语法规则，造出无穷无尽的句子来，其原因就在于语言符号具有递归性。语言符号的这种递归性，在不同的语言里表现不尽相同。汉语的句法构造的递归性突出地表现为句法成分所特有的套叠现象。

在汉语里，由实词和实词性词语组合而成的任何一种类型的句法结构，其组成成分本身，又可以由该类型的句法成分充任，而无须任何的形态标志。这种套叠现象在主谓结构、偏正结构、述宾结构、述补结构、联合结构、复谓结构中都是存在的。例如，在句子"他脑子聪明"中，"脑子/聪明"是主谓结构，这个主谓结构套叠在"他脑子聪明"中做谓语，与"他"又构成一个更大的主谓结构"他/脑子聪明"，这是主谓结构的套叠现象。又如，在短语"大学哲学教授"中，"哲学/教授"是偏正结构，这个偏正结构套叠在"大学哲学教授"中，与它前面的名词"大学"又构成一个更大的偏正结构"大学/哲学教授"，这是偏正结构的套叠现象。这种套叠现象是语言符号递归性导致的。

在大语言模型中，语言符号的递归性起着很大的作用。正是由于自然语言具有递归性，可以实现有限规则的无限运用，因而大语言模型产生了泛化的能力，可以举一反三，无师自通地生成无限数目的、合乎语法的句子来，给人以"涌现"的感觉。

GPTs采用的方法是一种经验主义的方法，在大规模数据的基础上，通过机器学习获得各语言要素之间的统计规律，生成越来越接近人类自然语言的输出，使得用户感觉到计算机似乎理解了自然语言。

当然，这只是我们粗浅的认识，对于这种"涌现"现象的本质，至今在科学上还不能作出令人信服的解释，还有待进一步研究。

自从计算机问世之后，就出现了人与计算机怎样交互的问题，叫作人机交互（Human Computer Interaction，HCI）。早期人们需要使用符号指令与计算机交互，需要用户记住大量的符号指令，人机交互非常困难。后来研制出图形界面（Graphical User Interface，GUI），用图形方式显示计算机操作的用户界面，人机交互变得容易起来。鼠标、触摸屏都是进行人机交互的重要工具。

GPTs出现之后，人们可以使用自然语言自如地与计算机进行交互了，人机交互变得更加方便，只要会说话或打字，就可以操作计算机了。人与计算机的交互终于回归到最自然的状态，自然语言不单是人与人之间进行交互的工具，而且也成为人与计算机进行交互的工具。这是人类文明发展史上的重要事件，自然语言真正成为人工智能皇冠上的明珠。以语言研究为己任的语言学，当然应当关注这样的事件，不但要研究人与人之间用自然语言交互的规律，也应当研究人与计算机之间用自然语言交互的规律，这是人工智能时代赋予语言学的重大使命。

"涌现"现象说明，当训练参数达到500亿的时候，计算机的自然语言水平可以提升到接近于人类的自然语言水平，貌似计算机已经能够通过大语言模型习得了人类的自然语言。实践说明上面所述的这种数据驱动的"端到端嵌入技术"对于非人类实体的自然语言习得是行之有效的。

大语言模型在产生"涌现"的同时，最受争议的挑战是它们产生"幻觉"（hallucination）的倾向。幻觉指的是大语言模型会捏造参考资料和事实，或在逻辑推断、因果推理等方面颠三倒四、生成毫无意义的内容，或者一本正经地胡说八道，说多了就会"露馅"，有时甚至会提供不符合事实的错误答案，或者说一些永远正确的废话。

大语言模型的幻觉来源于它们缺乏对事件之间因果关系的了解。最近我国学者高靖龙等在《ChatGPT是一个好的因果推型器吗？一个全面的评估》的论文中指出，ChatGPT这类大语言模型具备一定的解释因果关系的能力，不管现实中是否存在关系，它们都倾向于假设事件之间存在着因果关系，并试图解释这样的因果关系，但是，ChatGPT不能很好地进行因果关系的推理（Jinglong Gao, et al., 2023）。因此，他们最后得出结论："ChatGPT是一个优秀的因果关系解释器，但却不是一个好的因果关系推理器。"

这个结论也可以推广到其他大语言模型中。这意味着，大语言模型本质上只具有通过观察进行因果解释的归纳能力，而不具备因果推理的演绎能力。这说明，大语言模型是有局限性的，如果智能（intelligence）意味着从经验中学习，并将学习得到的内容转化为对理解周围环境的世界模型（world model），那么因果演绎作为构成学习的基本要素，是智能不可或缺的一部分。

现有的大语言模型正缺乏这种因果演绎的能力，所以，现在的大语言模型不可能成为通用人工智能（Artificial Generative Intelligence，AGI）。

现实世界是非常复杂的、五彩缤纷的。而大语言模型所构建的语言、知识、文本资料，甚至是视频、音频、图形等多模态资料都仅仅只是我们所能体验到的现实的很有限的一部分。当我们能够构建一个有能力质疑自身现实、能够自我探究的系统时，通用人工智能才能真正实现。

因此，我们应该构建一个能够进行因果推理、能够理解世界的模型。这是当前人工智能研究的主要任务，也是人类历史上的又一进步，意味着我们对世界本质有了更深的理解，对人类认知的边界有了进一步的拓展，我们将更加清楚地认识到人类在宇宙中的地位，以及人类与宇宙的关系。

显而易见，大语言模型还不是通用人工智能的最终答案，构建一个能够理解客观世界的世界模型才是通用人工智能未来的方向。

最近，OpenAI的总裁Altman预言，2030年前将出现通用人工智能，他们将要研制的GPT-10的智慧将会超过全人类智慧的总和。但愿他的预言成真！

近年来，大语言模型取得了显著进展，其中最为人们所熟知的有OpenAI的

GPTs 和谷歌公司的 Gemini 等。这些模型在众多领域如数学、医学、法律和编程中展现出接近人类的水平。但随着大语言模型能力的飞速发展，关于它们可能带来的伦理风险和对人类的潜在威胁的担忧也随之增长。

大语言模型是一种变革性的人工智能技术，它将重塑社会和科学技术发展，但同时它也存在多种明显的风险及可以预见的风险。

首先，大语言模型由于其固有的"幻觉"（hallucination）问题，可能会生成不真实、前后不一致的内容，或者生成不符合人类期望的文本，其中可能包含歧视、偏见和泄露他人隐私、敏感信息的内容。大语言模型还可能传播其训练数据中的有害信息和有毒内容，产生误导性和虚假性信息。

其次，大语言模型可能会被别有用心的人用来执行恶意行为。未经对齐的大语言模型能够生成以假乱真的假新闻，也能帮助黑客们对网络上的设备展开攻击。这些恶意行为会对我们的日常生活产生负面影响，甚至会对整个社会造成严重的伤害。随着其能力的不断增强，大语言模型还可能展现出"追求"自我保护、自我增强、获取资源等目标，这些目标在通用人工智能中通常被称为工具性趋同目标，因为几乎所有人工智能代理都有可能将它们作为其追求的目标。

最后，大语言模型的训练和部署需要消耗巨大的计算资源和电力，需要花费巨额的投资和社会财富。

这些都是大语言模型可能产生的弊端和风险。基于大语言模型研制出来的各种语言数字代理（digital agent）将越来越多地融入我们的日常生活中。为了克服大语言模型的这些弊端和避免各种难以预测的风险，需要推动大语言模型对齐（LLMs alignment）技术的研究，使大语言模型的输出和行为与人类的期望和价值保持一致。任何未对齐的行为都可能导致意想不到的严重后果。

在语言治理的工作中，大语言模型对齐应当成为语言治理的一个重要内容。

三 大语言模型对齐

相比于近几年出现的大语言模型对齐，人工智能对齐（artificial alignment）的研究相对更早。早在 1960 年，控制论之父 Robert Wiener 就对人工智能表达了自己的担忧。他指出：如果我们使用一个机械代理（mechanic agent）实现我们的目标，一旦开始它的操作，我们就无法有效地对其干预，因为该操作是如此之快而且不可撤销，以至于我们在操作完成之前没有充分的数据进行干预，那么我们就最好确保这个机械代理的用途是我们真正想要的用途，使机械代理不要偏离人类的目标，与人类的目标保持一致。Wiener 在这里所说的"保持一致",也就是"对齐"。Wiener 在这里强调了确保"机械代理"的目标与我们真正想要的目标保持一致的重要性,强调了机器和人类目标之间的一致性。这是关于人工智能对齐的最早论述。

但随后很长一段时间,这样的研究并没有真正地开展起来。直到 2010 年左右,人工智能专家 Stuart Russell 等人逐步开始研究这一领域,并将其称为"价值对齐问题"(Value Alignment Problem)。Russell 强调了将人工智能的目标与人类价值对齐的重要性。他认为,"价值对齐"可以确保人工智能系统在各种情境下都能为人类带来益处,而不是造成伤害。

由此可见,人工智能对齐是确保人工智能代理的外部和内部目标与人类价值一致的技术。其中外部目标是人工智能的设计者根据人类价值定义的目标,而内部目标是人工智能代理内部优化的目标。

目前,人工智能对齐研究中最受关注的正是大语言模型对齐,而大语言模型对齐的许多概念和方法来自更广泛的人工智能对齐研究。一方面,大语言模型作为新兴的高性能人工智能系统,为人工智能对齐研究提供了坚实的基础。许多人工智能对齐概念和提案,例如对齐的理论假设和实证方法,都可以使用大语言模型进行实验。另一方面,大语言模型研究的快速推进不仅扩展了人工智能对齐研究的前沿,还可以为人工智能对齐提供工具。当然,强调大语言模型对齐对人工智能对齐的重要性并不意味着我们可以在人工智能对齐的背景之外进行大语言模型对齐的研究。对于人工智能对齐的广泛深入的研究必定能够促进大语言模型的对齐。

当我们谈到大语言模型的对齐时,意味着这些模型不仅能够理解人类语言,还能够按照我们的期望和道德伦理作出响应。这涉及社会、伦理、哲学及技术等多方面的因素,以确保人工智能技术的发展不会对社会产生负面影响。

近年来,大语言模型取得了显著进展,这些模型在众多领域中展现出接近人类的水平。但随着大语言模型能力的飞速发展,关于它们可能带来的伦理风险和对人类的潜在威胁的担忧也随之增长。未来这些语言数字代理(digital agent)将越来越多地融入我们的日常生活中,任何未对齐的行为都可能导致意想不到的严重后果。因此,需要推动大语言模型对齐技术的研究和突破,使模型的输出和行为与人类的期望和价值保持一致,确保人工智能代理的外部和内部目标符合人类的价值。

大语言模型是一种变革性的人工智能技术,它将重塑社会和科学技术发展,但同时它也存在多种明显的风险及可以预见的风险。

从人工智能对齐(AI alignment)的视角,目前可用于大语言模型的对齐(LLM alignment)的相关技术方法和提案可以分为三大领域:外部对齐(outer alignment)、内部对齐（inner alignment）和机械可解释性（mechanistic interpretability）。

外部对齐旨在选择正确的损失函数或奖励函数，并确保人工智能系统的训练目标符合人类价值。也就是说，外部对齐试图将指定的训练目标与其设计者的目标对齐。研究者们针对外部对齐提出了许多方法。这些方法大致可以分为非递归监督（Non-recursive Oversight）和可扩展监督（Scalable Oversight）两种。非递归监督只能监督人类能力范围之内的任务，而可扩展监督则能把监督范围扩大到超出人类能力范围的任务，以更好地应对强大的人工智能模型。

内部对齐则是为了确保人工智能系统训练中真实优化和实现其设计者设定的目标。内部对齐失败可能会导致严重的后果，而且这样的后果不易被发现。例如，经过训练以在游戏中获胜的人工智能系统可能会发现意外的漏洞，这些漏洞在技术上满足其目标，但违反了游戏准则。此外还存在着目标错误泛化（goal mis-generalization）问题，即使我们有正确的目标规范，由于分布之外的鲁棒性问题，仍然可能会出现意想不到的目标。

机械可解释性广义上是指促进人类理解人工智能系统的内部运作、决策和行动的方法、模型和工具。机械可解释性试图将神经网络的输出和行为通过逆向工程的方式定位到其内部状态、权重和模块。由于大语言模型的参数数量巨大，对大语言模型进行逆向工程是非常困难的。当前的机械可解释性研究通常在小型简化的Transformer[①]模型上进行。

自然语言是人类文明的操作系统。标志人类文明的科学、艺术、思想、感情都离不开自然语言。人工智能对自然语言的掌控，意味着它可以入侵并操纵人类文明的操作系统。因此，人工智能系统如果没有可解释性，就相当于摩天大楼没有坚实的地基。而如果地基坍塌，人工智能系统组装的摩天大楼再高也是没有价值的。

外部对齐和内部对齐对于构建安全且值得信赖的人工智能非常重要。如果其中任何一个失败，我们就有可能构建出与人类价值或意图不一致的系统。随着大语言模型的能力越来越强，这些对齐问题的重要性也会随之而增加，因此，相比于大语言模型能力方面的研究，大语言模型对齐研究也是同样重要的，甚至是更加重要的。同时，虽然可解释性并不直接针对外部对齐和内部对齐，但它的工具和技术可以帮助外部对齐和内部对齐。通过了解模型如何演变和决策，可以更好地识别偏差发生的时间和地点。例如，如果一个模型采取了我们意想不到的捷径实现其目标，可解释性可能会帮助我们理解这种情况在什么时候发生以及怎样发生。此外，可解释性

---

① Transformer是大语言模型广泛使用的术语，目前还没有确切的中文术语译名，故本文用英语的原文。

可以让我们深入了解模型的内部推理过程，这有助于构建更加可信、透明的大语言模型。

目前，大语言模型对齐研究主要聚焦在外部对齐领域。然而，对于对齐的整体理解不仅应该涵盖广泛研究的外部对齐，还应该包含目前仍处于研究起步阶段且具有巨大潜力的内部对齐、机械可解释性等领域。虽然这些新兴领域的研究有些仍然停留在理论阶段，或仅仅是思想实验，但它们对大语言模型对齐技术研究及未来发展是不可或缺的。

最近的研究表明，对齐后的大语言模型能够表现出针对恶意攻击的防御能力。然而，这并不意味着现有的对齐技术就万无一失了。

有4种攻击已对齐模型的方法：隐私攻击、后门攻击、对抗攻击和"越狱"。

（1）隐私攻击（privacy attacks）是指攻击者试图从模型的输出中提取有关训练数据的隐私信息或敏感信息。

（2）后门攻击（backdoor attacks）是指攻击者通过后门注入并触发某些漏洞使模型产生特定的、不正确的输出。

（3）对抗攻击（adversarial attacks）是指攻击者通过对输入数据引入精心设计的小扰动以改变模型行为的对抗性技术。这些扰动通常是人类无法察觉的，但可能导致模型产生不正确或出人意料的输出。

（4）"越狱"（jailbreaking）是指攻击者通过反复的交互来"欺骗"大语言模型，引导大语言模型生成有害内容，从而达到其攻击之目的，产生类似于"越狱"的效果。

评估（evaluation）对于对齐研究非常重要，有助于了解目前大语言模型对齐方法还存在哪些不足。大语言模型的对齐评估包括事实性评估、毒性评估、偏见评估、伦理评估、通用评估。

事实性评估（factuality evaluation）：大语言模型生成的内容应与事实一致，避免生成有幻觉的内容。事实性评估包含事实一致性评估和事实准确性评估。

毒性评估（toxicity evaluation）：毒性是指在人际关系、工作环境或其他社会环境中表现出来的有害和破坏性行为或态度。这可能表现为控制他人、操纵、贬低或恶意攻击。这些行为可能是公开的，也可能是隐蔽的，对个人的自尊、安全和福祉造成损害。对于大语言模型而言，毒性评估一般涵盖了多种有毒文本，包括导致自残行为的建议，具有色情或暴力性质的内容，发布骚扰、贬低、冒犯、侮辱、仇恨言论，鼓吹网络欺凌等攻击性或暴力行为的建议，寻找非法商品或服务的指南或指示等。

偏见评估（bias evaluation）：偏见是指一些基于种族、性别、性取向、宗教或其他特征的先入为主的态度。这些态度可能是消极的或积极的，但都是群体的普遍判断，而不是基于个人的实际行为或特征。偏见可能导致歧视或其他不公正行为，同时考虑到大语言模型生成的带有偏见的内容可能会加剧这种情况的发生，对其进行评估是非常重要的。

伦理评估（ethics evaluation）：评估大语言模型生成的内容是否符合伦理。

通用评估（general evaluation）：同时评估对齐的多个维度，而不是只衡量某一维度（如事实性、毒性等），包括通用评估方法和基准。

随着大语言模型能力的提升及其在各领域的广泛应用，其产生的问题和风险也在不断增加。为了降低使用大语言模型所带来的潜在风险，首先需要对大语言模型生成的内容进行检测。近期的人工智能检测研究提出对模型词汇表进行随机划分以限制词汇选择范围的方法，并利用划分信息作为水印（watermark）进行检测，这种方法叫作"语义感知水印算法"（semantic-aware watermark algorithm），这种方法把相关的重要词汇预先加入到目标词表（target lexicon）中，能更好地确保生成重要信息（如特定的名词或关键词），从而提高文本生成的准确性和相关性。相比之前的检测方法，随机划分词汇表的方式更为简单而有效。这种方法在处理条件文本生成任务时，特别是在必须要精确地控制输出内容的场景中，表现更加优秀（Yu Fu, Deyi Xiong, et al., 2023）。

人工智能领域内的大语言模型对齐研究还处于萌芽阶段，许多问题尚未得到解答，许多挑战也尚未解决。当前还缺乏有凝聚力的科学范式，导致理论、方法和实证结果存在争议。在语言治理中，我们应当建立一个大语言模型对齐方法的测试平台，以之作为检验对齐方法实验和提案的平台，这将有助于制定更加稳定的大语言模型对齐方法，在关键问题上达成共识，并为人工智能对齐制定一致的科学框架。这些都是大语言模型时代的语言治理应当关注的问题。

2023年以来，国内外提出了一系列大语言模型治理的办法和倡议。

2023年8月15日，我国正式施行《生成式人工智能服务管理办法》（以下简称《办法》），这个《办法》规定了对服务提供者的制度要求，为未来生成式人工智能行业的发展指明了方向。

10月18日，我国中央网信办发布《全球人工智能治理倡议》。倡议提出，发展人工智能应坚持相互尊重、平等互利的原则，各国无论大小、强弱，无论社会制度如何，都有平等发展和利用人工智能的权利。与此同时，我国科技部国家新一代人工智能治理委员会制定了《新一代人工智能伦理规范》，外交部制定了《中国关于人工智能伦理治理的立场文件》。

11月1日，首届人工智能安全峰会在英国召开，会议发布的宣言指出，人工智能的许多风险基本上是国际性的，因此最好通过国际合作来解决。

12月8日，欧洲议会、欧盟成员国和欧盟委员会三方，达成了《人工智能法案》的协议，该法案将成为全世界首部人工智能领域的全面监管法案。

12月28日，OpenEval平台、中国软件评测中心等机构联合发布《2023人工智能大模型基准测试白皮书》，指明了大语言模型潜在的安全风险点，说明了大语言模型在追求知识和能力提升的同时，还应当关注大语言模型的价值对齐。随着大语言模型能力的不断进化，价值对齐问题的重要性将会日益突出。

大语言模型的治理已成为全球的共识，这是值得高兴的事情。

大语言模型取得的成就应当算是当代语言研究的重大成果，可惜的是，语言学对于大语言模型几乎没有贡献，语言学家本来就是以揭示语言的奥秘为己任的，可是，与大语言模型相比，语言学家几十年如一日的许多研究成果显得苍白无力，大语言模型的巨大成就似乎成为对于语言学家几十年如一日的艰苦探索工作的辛辣嘲讽。

大语言模型对语言学提出了严峻的挑战。计算机把文本中的语言符号转化为向量，读了亿万个"词元"（tokens），只要根据上下文对于下一个"词元"的预测来调整参数，就可以生成符合语法、逻辑通顺的文本。可见构成新文本的脉络就潜藏在大规模的文本数据之中，这样的脉络的实质是什么？怎样发现这种脉络？怎样使用这种脉络？这正是当代语言学应当研究的大问题。

这样的挑战同时也是语言学发展的一个千载难逢的好机会，新时代的语言学家应当面对这种挑战，抓住这样的机会，研究大语言模型时代的语言学问题，从而把语言学推进到一个崭新的阶段。

参考文献

[1] 冯志伟. 词向量及其在自然语言处理中的应用 [J]. 外语电化教学, 2019 (01)：3—11.
[2] 冯志伟, 李颖. 自然语言处理中的预训练范式 [J]. 外语研究, 2021 (01)：1—14+112.
[3] 冯志伟. 神经网络、深度学习与自然语言处理 [J]. 上海师范大学学报（哲学社会科学版），2021 (02)：110—122.
[4] 冯志伟. 计算语言学方法研究 [M]. 上海：上海外语教育出版社, 2023.
[5] 冯志伟, 张灯柯. GPT与语言研究 [J]. 外语电化教学, 2023 (02)：3—11+105.
[6] 冯志伟, 张灯柯, 饶高琦. 从图灵测试到ChatGPT——人机对话的里程碑及启示 [J]. 语言战略研究, 2023 (02)：20—24.

［7］Feng Zhiwei. *Formal Analysis for Natural Language Processing* ［M］. 合肥：中国科学技术大学出版社，Springer，2023.

［8］Kaplan J, McCandlish S, Henighan T, et al. . *Scaling Laws for Neural Language Models* ［J］. arXiv preprint arXiv：2001. 08361，2020.

［9］Jinglong Gao, Xiao Ding, Bing Qin, Ting Liu. *Is ChatGPT a Good Causal Reasoner? A Comprehensive Evaluation* ［J］. arXiv preprint arXiv：2305. 07375，2023.

［10］Tianhao Shen, Renren Jin, Yufei Huang, Chuang Liu, Weilong Dong, Zishan Guo, Xinwei Wu, Tan Liu, Deyi Xiong. *Large Language Model Alignment：a Survey* ［J］. arXiv preprint arXiv：2309. 15025，2023.

［11］Deyi Xiong, Yue Dong. *Watermarking Conditional Text Generation for AI Detection：Unveiling Challenges and a Semantic Aware Watermark Remedy* ［J］. arXiv preprint arXiv：2307. 13808，2023.

（责任编辑：姜昕玫）

人工智能时代的外语教育：
挑战、机遇与策略重塑

董洪杰　郑东晓*

提　要　本文分析了人工智能对外语教育的影响。文章指出，人工智能为外语教育带来重大变革，它可以实现个性化学习、提供丰富资源、实时反馈等，大幅提升语言学习效率。但它也存在局限，难以处理语言的文化因素和产出创造性语料。文章提出人工智能可精准培养语言技能，促进跨文化交流，生成个性化学习路径。但是人工智能无法完全取代教师，需要实现人机协作。为适应人工智能技术，文章建议外语教育要将文化内涵融入语言教学，同时强化学生真实语言交流能力的培养。总体而言，人工智能为外语教育提供新的可能性，但也带来一些问题，需要不断调整教育理念和实践来应对新技术环境。

关键词　人工智能；外语教育；挑战；机遇；价值重塑；政策参考

Foreign Language Education in the Age of Artificial Intelligence: Challenges, Opportunities and Strategic Reinvention
Dong Hongjie　Zheng Dongxiao

Abstract　This article analyzes the impact of artificial intelligence on foreign language education. The article points out that artificial intelligence brings significant changes to foreign language education, which can realize personalized learning, provide rich resources, real-time feedback, etc., and improve the efficiency of language learning significantly. However, it also has limitations: it is difficult to deal with the cultural factors of language and produce creative corpus. The article proposes that artificial intelligence can cultivate language skills accurately, promote cross-cultural communication and generate

---

*　董洪杰，西安文理学院教授、语言治理研究融智协同创新中心研究员，主要研究方向为社会语言学、国际中文教育。郑东晓，遵义医科大学讲师，主要研究方向为国际中文教育数智化。

personalized learning paths. However, artificial intelligence cannot replace teachers completely and human-machine collaboration needs to be realized. In order to adapt to artificial intelligence technology, the article suggests that foreign language education should integrate cultural connotations into language teaching, and strengthen the cultivation of students' authentic language communication skills at the same time. Overall, artificial intelligence provides new possibilities for foreign language education, but it also brings some problems, which require constant adjustment of educational concepts and practices to cope with the new technological environment.

Key words Artificial Intelligence; Foreign Language Education; Challenges; Opportunities; Value Reshaping; Policy Reference

引　言

自ChatGPT问世以来，人工智能技术取得了长足的进步。ChatGPT的出现标志着人工智能进入了一个新的发展阶段，它不仅能够与人类进行自然的对话，还能够生成各种类型的文本，对教育领域产生了深远的影响，尤其在外语教育方面，人工智能的应用开启了诸多新的可能性，也带来了技术伦理和教学理念方面的挑战。一方面，人工智能技术为外语教育创造了接近真实的语言环境，在一定程度上缓解了教育资源分配不均的问题，提供了个性化的学习路径等等。另一方面，人工智能也为外语教育带来了一些需要应对的问题。例如，教师的角色转变、数据安全和隐私保护等。

为了适应人工智能新时代的教育需求，我们必须充分发挥人工智能技术的优势，同时有效防范人工智能技术的风险，重新审视和制定教育策略。从源头上来看，人工智能在教育中的应用已经有相当长的历史，以该领域的著名期刊 *International Journal of Artificial Intelligence in Education* 为例，该刊于1989年发行了第一期，距今已有三十多年（张立山，2019）。随着生成式人工智能的迅猛发展，教育变革创新逐渐加速。2022年，习近平总书记强调，"中国高度重视人工智能对教育的深刻影响，积极推动人工智能和教育深度融合，促进教育变革创新"。国务院印发的《新一代人工智能发展规划》，明确利用智能技术加快推动人才培养模式、教学方法改革；教育部出台《高等学校人工智能创新行动计划》，并先后启动两批人工智能助推教师队伍建设试点工作（吴丹，2022）。人工智能在教育中的应用正在不断发展和深化，未来将会在教育领域发挥更大作用。

对于外语教育而言，人工智能在其领域中的应用可以追溯到 20 世纪 50 年代，起源于制造翻译机器，最早的机器翻译系统是基于规则的，需要人工编写翻译规则，效果有限。后来，随着统计学习理论的发展，机器翻译逐渐采用基于数据的方法，利用大量的双语语料进行训练，提高了翻译的准确性和流畅性（蒋洪新，2019）。近年来，随着人工神经网络的兴起，机器翻译又进入了基于神经网络的时代，能够更好地捕捉语言的复杂性和多样性，实现不同语言环境下的人的无障碍交流。与此同时，人工智能有效提升了外语教学的实用性与针对性，例如，通过智能诊断和个性化推荐，可以根据学生的水平和需求提供适合的学习内容和方法。在这样的背景下，从认知理论角度来看，外语学习是一个复杂的认知过程，需要大量语言输入和输出。人工智能系统可以通过自然语言处理技术，提供个性化的语言输入材料，并给出反馈与纠错，帮助学习者建构语言知识；从社会互动理论角度来看，语言是一种社会交际工具。人工智能系统可以通过对话接口，与学习者进行交互练习，模拟真实的社交环境，增强学习体验；从个性化学习理论角度来看，人工智能系统可以收集学习者的数据，根据其语言水平、学习风格、兴趣爱好等，提供个性化的教学内容和反馈。本文将分析人工智能在外语教育中的理论依据和实践意义，旨在为外语教育的理论创新和实践改革提供一些启示和建议。

一 外语教育的发展：面临的巨大挑战

ChatGPT 的基本依托是计算机和网络。计算机和网络与语言的血肉联系，是不争的事实，这就从根本上决定了 ChatGPT 与语言的不解之缘（赵世举，2023）。生成式人工智能代表了人工智能技术的新的发展方向，其核心是通过深度学习模型生成人类语言。典型的生成式人工智能如 ChatGPT，其最大特点是可以进行语义合理的多轮语言生成。生成式人工智能在外语学习中扮演着重要的角色，能够进行自然语言处理、机器翻译和自然语言生成。近来，相关企业已经将其应用于外语学习。例如，SpeakG 是一款人工智能视频聊天应用软件，用户可以通过它和一个名叫 Annie 的虚拟女性进行视频通话，该软件由 OpenAI 旗下的 ChatGPT 模型驱动，它可以听懂各种各样的语言，实时与用户进行英语对话练习。从整体上来看，生成式人工智能的优势在于，可以自动生成大量语料、支持多轮交互对话（郑东晓等，2023）、提供语法纠错等即时反馈。但是，生成式人工智能生成语料的质量仍有待提高，需要大量语言数据支持生成。

(一) 脱离真实语境：传统外语教育方法的局限性

与现代人工智能技术相较而言，传统的外语教育方法在诸多方面都展现了不足之处。第一，教学模式单一。传统的外语教育方法通常依赖于课堂授课和书本学习。这种"教师中心"的教学模式往往忽视了学生的参与度，学生在课堂上往往扮演被动的角色，教师与学生互动不够（胡加圣等，2023）。第二，缺乏个性化。在传统的教学模式中，所有学生需要按照相同的教学大纲和进度进行学习，这往往忽视了学生之间的个体差异。每个学生的语言能力、兴趣和目标都是不同的，因此，这种"一刀切"的教学方法往往不能满足所有学生的需求。这就需要教师花费大量的时间和精力来进行个别化的教学。但在实际操作中，这往往是非常困难的。第三，实际应用机会有限。在传统的外语教育体系中，学生缺乏足够的机会将所学的语言应用于实际生活场景中。这通常是由于学校缺乏足够的资源来提供这样的机会，这种情况限制了学生的语言技能的综合发展。第四，文化交流缺失。语言是文化的载体，学习一门语言就是学习一种文化。然而，传统的外语教学往往过分注重语法和词汇的学习，而忽视了语言背后的文化和社会因素。这导致学生在学习语言的过程中，无法真正理解和掌握语言背后的文化含义，从而影响了他们的语言运用能力。总体来看，传统的外语教育方法在很多方面都存在局限性。然而，这并不意味着我们应该完全放弃这些方法。相反，我们应该尝试结合人工智能，来克服这些局限性，进而提高外语教育的效果。

(二) 系统性变革：人工智能技术对外语教育的影响

人工智能技术的引入不仅改变了教学方式，也为学习者提供了更加个性化和高效的学习体验。具体表现在以下几方面。首先，人工智能技术能够提供个性化的学习体验（毛伟文等，2023）。通过大数据和机器学习算法，人工智能能够根据每个学生的学习进度、兴趣和能力，提供定制化的教学内容和学习路径。其次，人工智能技术可以提供实时反馈和互动。例如，通过语音识别和自然语言处理技术，人工智能可以实时评估学生的发音和语法，提供即时反馈，帮助学生改进语言技能。再次，人工智能技术能够提供丰富的学习资源（胡壮麟，2023；宋飞等，2023）。人工智能平台能够提供大量多元化的学习资源，如模拟对话、视频内容和互动游戏，这些资源能够提高学习的趣味性和参与度。最后，人工智能技术使学习效果的量化成为可能。人工智能技术可以准确记录学生的学习历程，通过数据分析帮助教师和学生更好地了解学习成效。总之，人工智能技术对外语教育的影响是深远的。它不仅改变了教学方式，也为学习者提供了更加个性化和高效的学习体验。然而，我们也应该意识到，人工智能技术并不能替代教师的角色，而是作为一种工具，辅助教师进行更有效的教学。

（三）人工智能的局限：人工智能辅助与真实语言交流之间的差距

在我们探讨人工智能技术如何改变外语教育的同时，也需要意识到，与真实的人际交流相比，人工智能辅助的学习方式存在一些明显的差异。首先，情感与文化因素。真实的语言交流不仅仅是信息的传递，更包含情感和文化背景的交流。人们在交流中会传递情感，比如喜怒哀乐，这些都是人工智能在处理非文字层面信息时存在的不足。此外，语言是文化的载体，每种语言都蕴含了其特定的文化背景和价值观。然而，人工智能系统往往难以理解和处理这些深层次的文化信息，长期使用它会降低跨文化交际能力（张震宇等，2023）。其次，交流的复杂性与深度。在真实交流中，非语言因素，如肢体语言、语调和上下文等都起着重要作用。这些非语言的信息可以提供大量的上下文信息，帮助我们理解对方的意图和情绪。然而，这些是人工智能目前难以完全模拟的。再次，语言的创造性使用。在真实交流中，人们常常会创造性地使用语言，比如使用比喻、讽刺等修辞手法，或者创造新的词语和表达方式。然而，人工智能系统可能仅限于其编程和数据集中的语言规则，缺乏灵活性。最后，语言学习的动机与目的。人们学习外语的动机往往是为了真实的人际交往和文化理解，而过度依赖人工智能可能会削弱这种动机，影响学习的深度和广度。例如，如果学习者只是为了通过人工智能系统的测试，而忽视了真实交流的能力，那么他们可能无法在真实的交流场景中有效地使用所学的语言。真实的语言交流涉及的情感、文化、复杂性和创造性等因素，都是人工智能技术目前难以完全模拟的。尽管人工智能无法完全替代真实的人际交流，但它仍然可以作为一种强大的工具，辅助我们进行更有效的语言学习。因此，我们需要在认识到这些差异和局限性的同时，更好地利用这些技术来提高语言教育的效果。

二　外语教学的未来：人工智能技术赋能外语教育

关于人工智能技术为外语教育所带来的正面影响不断涌现，学者们都认为这一领域的研究充满无限可能（Pokrivčáková，2019；Liang, Jia-Cing, et al., 2023）。外语学习者借助人工智能获得到量身定制的学习体验，这在传统的教学模式中是难以想象的。人工智能时代不仅仅是关于技术的进步，更是教学方法和学习路径的革新，新技术所提供的工具与方法使学习者能够以更有效、更个性化地学习语言，为外语教育带来了前所未有的机遇。

(一) 精准培育：人工智能技术提升语言学习效率

人工智能技术可以大大提高语言学习的效率，主要体现在以下几个方面。第一，快速适应学习者水平。人工智能系统通过自然语言处理和深度学习技术，可以快速分析学习者的语言能力水平、词汇量、语法掌握程度等，并根据分析结果自动调整教学内容的难易程度，提供适合不同学习者的个性化教学（Ruan, et al., 2021），学习者不会面对过于简单或过于困难的学习内容，始终在最合适的难度水平上学习。第二，动态更新学习材料。基于人工智能算法的外语学习平台，可以持续从海量数据中提取最新、最适合学习者的语言学习材料。平台会自动更新这些个性化学习内容，使学习者能接触到前沿且适合自己的语言知识点和表达方式。第三，即时反馈与纠错。人工智能教学系统能够对学习者的语言产出进行实时分析，发现词汇、语法、语用错误，并给出反馈与纠正建议。与传统人工批改相比，这种及时的反馈能够帮助学习者迅速改正错误，避免错误积累，从而加快语言能力提升的进度（Guilherme, 2019）。第四，个性化记忆与练习。人工智能系统通过检测学习者在哪些知识点上存在弱项或常见错误，能够自动生成个性化的复习计划和练习，帮助学习者掌握自己的薄弱知识点。这种针对性记忆与练习比传统的统一性练习更加有效。

（二）互融交往：人工智能技术促进跨文化交流

人工智能技术在推动跨文化交流和理解方面具备独特优势，第一，人工智能系统可以汇聚不同国家和地区的大量语言学习资源，进行跨文化的内容整合。学习者可以在一个平台上获取不同文化的语言知识、文学作品、社会现象的学习材料，扩宽文化视野。人工智能还可以对这些资源进行多语种标注和链接，创建一个多元文化的语言知识网络。第二，基于神经网络的人工智能即时翻译系统，还可以让多语和跨文化背景的人群帮助学习者在交流中克服语言障碍，避免误解。实时翻译也有助于跨文化的知识传播和经验分享。第三，沉浸式虚拟体验不同文化。通过虚拟现实、增强现实等技术，人工智能可以打造高度仿真的语言使用环境和文化场景（Divekar & Rahul, 2020），让学习者身临其境地感受不同的文化现象，形成直接的体验。这些虚拟体验可以增强学习者对多元文化的敏感性，也让无法实地体验的文化更加鲜活。第四，培育文化敏感性和包容心。人工智能系统不仅可以传授语言知识，也可以通过情景对话、角色扮演等手段，让学习者意识到不同文化中的微妙差异，培养学生尊重多样性的素养。系统还可以分析学习者在文化理解方面的偏见，给出改进建议，帮助学习者成为能够包容多元文化的语言使用者。

（三）提质增效：人工智能技术创造个性化学习路径

人工智能技术可以全面分析学习者的个性化特征，实现个性化的外语学习路径，具体包括：第一，生成定制化的学习计划。人工智能系统可以通过问卷调研、语音分析等方式收集学习者的兴趣方向、学习风格、日程安排等数据（Ruiz, et al., 2023），并综合评估学习者的语言水平、背景知识面等，自动生成个性化的外语学习计划，包括学习目标、内容顺序、学习方式、自学与教学的最优比例等。第二，自适应调整学习路线。在学习过程中，人工智能系统可以通过学习效果监控和持续反馈收集，来判断每位学习者的学习情况，及时发现问题并调整路线。系统可以通过变更教学方式、学习内容的难易度及比例、增加记忆强化模块等方式，实现学习高效开展。第三，智能化学习资源推荐。人工智能算法可以分析每位学习者的行为数据、语音数据，判断其兴趣和偏好，建立学习者画像（Mustapha, Riad, et al., 2023），并据此从海量资源中精准推荐学习者感兴趣的语言学习文章、视频等内容，加强学习主动性。第四，提供学习数据可视。利用可视化工具，将学习者的学习进度、词汇掌握情况、语法错误分布等数据进行可视化呈现，便于学习者直观地了解自己的学习情况，以及需要改进的方面。第五，生成个性化学习报告。人工智能系统可以生成每个学习者语言能力发展情况、存在问题和改进建议的个性化学习报告，以便学习者更好地掌握自己的学习状况。

尽管人工智能技术提供了许多新的可能性，但技术和教学的结合仍需要在实践中探索，以便教师和学生利用这些工具来提高教学效果。

三　外语教育的应变：人工智能带来的结构性变化

由前文对人工智能时代外语教育实践的分析可知，重新构思教育策略，以适应日益加深的全球化和不持续发展的数智技术显得尤为重要，而现有的教学模式和教学理念以及教师与人工智能的角色等因素都应纳入外语教育的改革之中。

（一）深度整合：文化与社会的互动协作

在人工智能时代的大背景下，外语教育的战略重塑须重视文化和社会背景的深度整合。这一整合对于提升语言学习效果至关重要，因为它不仅加深了学习者对语言的理解和应用，还极大地提升了跨文化交流的能力。在人工智能技术的助力下，我们现在可以采取更具创新性和互动性的方法来实现这一目标。首先是融入文化内容。人工智能技术可以提供个性化的文化内容学习体验，如通过自然语言处理技术解析文化背景下的语言用法，以及通过机器学习算法推荐相关的文化学习材料，从而让学习者在理解目标语言的习语、俚语及礼仪时更加高效。其次是设置跨文化交流项目。人工智能辅助的语言学习平台可以连接世界各地的学习者，促成虚拟交换项目，使得跨文化体验更加易于参与。人工智能也能通过分析沟通模式和反应，为学习者提供实时的跨文化交流策略和建议。此外还可以利用多媒体资源，通过人工智能技术，学习者可以接触到经过智能筛选的多媒体资源，如人工智能推荐的电影、音乐和文学作品，这些资源不仅符合学习者的语言水平，还能够根据他们的文化兴趣进行个性化推荐。最后，案例研究和讨论也是外语教育适应性调整的一个方向。人工智能分析工具可以用来研究跨文化交流中的案例，提供深入的数据洞察，帮助学习者理解文化差异如何影响沟通。此外，人工智能系统可以模拟不同的跨文化沟通场景，让学习者通过角色扮演和模拟对话来练习和提升他们的交流技巧。通过上述策略的实施，外语学习将不再是静态的知识传递过程，而是变成了一个动态的、技术驱动的、文化沉浸式的学习体验，更贴合人工智能时代的外语教育要求。

（二）强化交流：虚拟与真实的跨界交融

在人工智能时代，外语教育策略的构建须在传统教学法的基础上进行创新，特别是在培养学生真实交流能力的过程中。人工智能技术提供了新的途径和工具，使得语言实践不再局限于课堂环境，而是扩展到了一个更加广阔和互动的平台。第一，强化超出了传统意义上的实际语言应用场景。人工智能模拟环境和虚拟现实技术能够创造出逼真的语言使用场景，让学生在安全且控制的环境中进行角色扮演和情景模拟。这种技术还可以模仿辩论和演讲的真实场景，以此来提高学生的逻辑思维和语言表达能力。第二，强化沟通技能训练，利用语音识别和处理技术，人工智能可以提供针对性的听力和口语训练，分析学生的语音，并给出个性化的反馈和改进建议，从而加强学生的语言技能，尤其是在真实环境中的交流能力。第三，强化语言交流和社群参与。人工智能平台可以连接全球用户，为学生提供与各种语言背景的人进行实时交流的机会。这些平台还能根据交流内容提供实时的语言和文化反馈，增强学生的跨文化交流能力。第四，强化反馈与自我评估。通过利用数据分析和机器学习，人工智能可以跟踪学生的学习进度，并提供定制化的反馈和学习建议。此外，人工智能技术也可以帮助学生进行自我评估，通过可视化工具展示他们的学习轨迹和进步空间，增强自主学习能力。在人工智能技术的支持下，外语教育可以变得更加个性化、动态和互动，不仅提高了语言学习的效率，也为学习者提供了丰富的真实交流体验，这将有助于他们在全球化的世界中有效沟通。

（三）模式创新：人工智能与教师的双向链接

人工智能和教师各自的优势可以相互补充，共同提高教学效果（Ji, et al., 2023）。在语言教学中更加重视人工智能和教师的协作，以提高教学效果，满足学生的学习需求。人工智能可以根据学生的学习风格、速度和兴趣提供定制化的学习材料和路径。例如，人工智能可以分析学生的学习进度和表现，然后提供适合他们的词汇和语法练习。这种个性化的学习方法可以帮助学生更有效地学习，同时也可以提高他们的学习动力。同时，教师在培养学生的批判性思维、文化理解和高级语言技能方面仍然不可替代。教师可以引导学生进行深入的讨论，激发他们的思考，还可以通过建立良好的师生关系，激发学生的学习兴趣，维护课堂的互动氛围。因此，人工智能和教师可构建一种协作式的教学模式，人工智能负责提供个性化的辅助和练习，而教师则专注于课堂教学、文化教育和沟通技能的培养。这种模式可以充分利用人工智能和人类教师的优势，提高教学效果。此外，为了确保教师能够充分利用人工智能技术，需要为教师提供关于有效整合人工智能技术的培训和专业课程，帮助教师了解人工智能的功能和应用，将人工智能技术有效融入教学中。

总而言之，重新构思外语教育策略需要对传统教学方法进行创新和改进，将文化和社会背景的教学整合到语言学习中，同时培养学生的真实交流能力。此外，恰当地利用人工智能技术与人类教师的互补性，可以提升教学效率和质量，同时确保学习过程既高效又具有人性化。通过这些策略，可以更好地促进学生在全球化和技术驱动的世界中有效地沟通和交流。

四 外语教育的重塑：人工智能技术赋值学习价值观

在人工智能时代，外语学习的价值观正经历深刻的转型，这不仅影响着我们如何教授语言，还改变了我们对语言学习重要性的认识。现代外语教育不再仅仅关注语言本身，而是将语言看作通往广阔世界的桥梁，这一桥梁跨越文化的边界，连接不同的思想和观念。因此有必要重新审视外语教育的价值取向，并在教育理念、教学实践和政策层面进行相应的调整与创新。

（一）从工具到文化：外语学习的范式转型

从交流工具到文化交流的转变是重新构建外语学习价值观的重要方面。这种转变可以帮助我们更好地理解语言学习的真正目的，理解和参与全球文化交流。首先，语言学习的新理念。语言不仅仅是一种交流工具，也是文化和社会的反映。因此，我们需要将语言学习的目标从单纯的语言技能训练转向理解和参与全球文化交流。这种转变意味着我们需要在语言教学中更加重视文化教育，帮助学生理解语言背后的文化含义和社会背景。其次，在外语教育中，可以通过加入更多的跨文化内容来帮助学生理解语言背后的文化多样性和社会动态。如使用国际新闻来让学生了解不同文化的社会问题和观点，使用文学作品来让学生了解不同文化的思维方式和价值观，使用电影分析来让学生了解不同文化的生活方式和人际关系。最后，鼓励学生从全球视角看待语言学习，帮助学生理解不同文化在全球化背景下的相互影响。例如，让学生研究不同文化如何影响全球问题，如气候变化、经济发展等。还可以让学生研究如何通过外语交流来解决这些问题。

（二）从语言到社会：外语学习的深层价值

在这个全球化和文化交流频繁的时代，外语学习的意义已超越简单的语言工具的学习，而蕴含着极为重要的教育和社会价值。在当今全球化的世界，跨国家跨文化沟通与协作极为重要，外语学习不仅能帮助学生掌握一门或多门外语，还能让他们了解不同文化的历史、价值观、习俗和行为规范，从而增强他们的跨文化敏感性。外语学习也能促进学生的国际理解力，认识到世界的多元性和多样性，尊重和欣赏不同文化的优势和贡献，培养他们的全球公民意识。此外，外语学习是一种认知活动，要求学生运用逻辑、分析、推理、判断和评估等思维技能，解决语言问题和跨文化问题。外语学习也能激发学生的批判性思维，让他们通过比较和反思跨文化背景下的语言使用和表达方式，发现语言和文化之间的联系和差异，从而对自己的语言和文化有更深入的认识和理解。外语学习还能培养学生的创造性思维，让他们能够灵活地运用所学的语言和文化知识，创造出新的语言和文化产品，如诗歌、故事、歌曲、影视作品等。最后，外语学习是一种个人发展的途径，能够帮助学生提升自己的知识水平、技能水平和素养水平，为他们的学习、工作和生活开拓更广阔的空间。外语学习也能促进学生的自我实现，让他们通过学习新语言和文化，拓宽自己的视野，增进自己的认识，发掘自己的潜能和价值。

（三）从应用到革新：外语学习的教学策略

外语教育的价值观转型不仅体现在教学内容和方法上，更体现在如何利用新兴技术来提升教育效果上。为了适应这种变化，外语教育领域需要在教育理念、教学实践和政策层面进行创新和调整。其一是更新教育理念，强调跨文化交际能力的培养。在人工智能的辅助下，语言教学不再局限于传统的教室环境。通过人工智能的语音交互和机器翻译技术，我们可以为学生创造一个沉浸式的语言学习环境，使情景化教学成为可能，极大地提高学生的口语交流能力。这种教学方式鼓励学生不仅学习语言，而且深入了解和体验不同文化。此外要改进教学方法，实现教学个性化。人工智能算法的应用使得教学内容和方法能够根据学生的个别差异和学习进度进行调整，从而实现真正意义上的个性化教学。智能化的网络学习平台支持在线教学和自主学习，为学生提供更灵活、更多样化的学习选择。优化教师培训，提升信息技术应用能力也是其中一个重要方面。教师作为教育传递的关键，他们的信息技术应用能力对于教学质量至关重要。通过人工智能培训系统，教师可以学习如何有效地运用智能语音交互、智能评估等新技术，从而在教学过程中更好地辅助和引导学生。最后，需要建立智能化考核体系，实现多元化评估。利用人工智能的语音和图像识别技术，可以对学生的听说读写能力进行综合和自动化的评估，这样的评估不仅更全面，而且更加客观，有助于准确把握学生的学习进度和效果。

通过这样的价值观重塑，外语学习将不再局限于语言技能的提升，而是成为连接不同文化和理解全球多样性的重要途径。这种转变对于培养具有国际视野和跨文化交流能力的现代公民至关重要，同时也为外语教育赋予了更深远的意义和价值。

结　语

人工智能为外语教育提供了新视角，也带来了新挑战。我们需要以开放和积极的态度面对机遇与挑战，不断反思外语教育的理念，调整教学实践，以适应新时代的需求。唯此才能培养具备国际视野和跨文化交流能力的世界公民，使外语教育的价值在人工智能时代得到重生与升华。此外，人工智能对外语教育的影响将不断持续且动态发展，未来需要在该领域开展更多实证研究，为外语教育在人工智能时代健康发展提供数据支持。

参考文献

[1] 胡加圣，戚亚娟.ChatGPT 时代的中国外语教育：求变与应变［J］.外语电化教学，2023（01）：3—6＋105.

[2] 胡壮麟.ChatGPT 谈外语教学［J］.中国外语，2023，20（03）：1＋12—15.

[3] 蒋洪新．人工智能给外语教育发展带来新机遇［N］．光明日报，2019－03－16（12）.

[4] 毛文伟，谢冬，郎寒晓.ChatGPT 赋能新时代日语教学：场景、问题与对策［J］.外语学刊，2023（06）：25—33.

[5] 宋飞，郭伴慧，曲畅.ChatGPT 在汉语作为外语教学中的应用体系及实践［J］.北京第二外国语学院学报，1—19.

[6] 吴丹．人工智能促进教育变革创新［N］.人民日报，2022－12－22（5）.

[7] 张立山．"人工智能＋教育"的发展历史与研究进展［J］.人工智能，2019（03）：8—14.

[8] 张震宇，洪化清.ChatGPT 支持的外语教学：赋能、问题与策略［J］.外语界，2023（02）：38—44.

[9] 赵世举.ChatGPT 对人的语言能力和语言教育的挑战及应对策略［J］.长江学术，2023（04）：114—118.

[10] 郑东晓, 蒋熠. ChatGPT 推动教育数字化转型 [N]. 中国社会科学报, 2023 – 03 – 23 (05).

[11] Divekar, Rahul R. *AI Enabled Foreign Language Immersion: Technology and Method to Acquire Foreign Languages with AI in Immersive Virtual Worlds* [J]. Rensselaer Polytechnic Institute, 2020.

[12] Ji, Hyangeun, Insook Han, and Yujung Ko. A Systematic Review of Conversational AI in Language Education: Focusing on the Collaboration with Human Teachers [J]. *Journal of Research on Technology in Education*, 2023, 55 (01): 48 – 63.

[13] Mustapha, Riad, et al. Towards an Adaptive E-learning System Based on Deep Learner Profile, Machine Learning Approach, and Reinforcement Learning [J]. International Journal of Advanced Computer Science and Applications, 2023, 14 (05): 265 – 274.

[14] Pokrivčáková, S. Preparing Teachers for the Application of AI-powered Technologies in Foreign Language Education [J]. *Journal of Language & Cultural Education*, 2019, 7 (03): 135 – 153.

[15] Ruan, S., Jiang, L., Xu, Q., Liu, Z., Davis, G. M., Brunskill, E., & Landay, J. A. *Englishbot: An AI-powered Conversational System for Second Language Learning. 26th International Conference on Intelligent User Interfaces* [M]. ACM Digital Library, 2021: 434 – 444.

[16] Ruiz, Simón, Patrick Rebuschat, and Detmar Meurers. Supporting Individualized Practice through Intelligent CALL [A]. In Simón Ruiz, Patrick Rebuschat, Detmar Meurers (eds.) *Practice and Automatization in Second Language Research* [C]. London: Routledge, 2023: 119 – 143.

[17] Liang, Jia-Cing, et al. Roles and Research Foci of Artificial Intelligence in Language Education: an Integrated Bibliographic Analysis and Systematic Review Approach [J]. *Interactive Learning Environments*, 2023, 31 (07): 4270 – 4296.

[18] Guilherme, Alex. AI and Education: the Importance of Teacher and Student Relations [J]. *AI & Society*, 2019 (34): 47 – 54.

（责任编辑：梁德惠）

大语言模型的语言特征计量
及智能语伴应用探究[*]

饶高琦　朱奕瑾[**]

提　要　作为国际中文教育领域中提升语言能力的科学方法之一，语伴互助模式成为学习者提高语言能力的重要途径。本文旨在探索大语言模型（如 GPT4）作为智能语伴应用的可能性与方式。在可能性上，本文以基于产出导向教学法理念编写的"新时代汉语口语"系列教材为基础，利用 GPT4 生成了相同主题、相似句长和相似语体风格的平行对话文本。通过对比生成式中文语料与教材中的规范文本，分析了两者计量特征的差异。结果表明，GPT4 等大语言模型具有使用正确的语法进行流畅表达的能力，也具备信息重复和模式化的语言特征。基于此，本文构建了 GPT4 等大语言模型作为智能语伴教学流程，可为汉语学习者提供个性化的语言支持，以此为大语言模型在国际中文教育领域的智能语伴应用提供实证基础，并为进一步探索利用大语言模型改进教学方法和教育资源建设提供参考。

关键词　大语言模型；国际中文教育；智能语伴；新时代汉语口语

Quantitative Study of Language Features in Large Language Models and Discovery of Its Application as Intelligent Language Companion

Rao Gaoqi　Zhu Yijin

Abstract　As one of the scientific methods for improving language proficiency in international Chinese education, the language partner collaborative learning mode has become an important approach for learners to enhance their language abilities. This paper aims to explore the possibilities and approaches of using large language models (LLM, such as

---

[*] 本文系国家语委科研项目"基于大语言模型的国际中文教学资源建设研究"（YB145-88）阶段性成果。

[**] 饶高琦，北京语言大学副研究员，主要研究方向为计算语言学、语言规划、数字人文。朱奕瑾，北京语言大学硕士研究生，主要研究方向为国际中文教育、教育技术、语言资源。

GPT4) as intelligent language companion applications. In terms of possibilities, based on the "New Era Spoken Chinese" series of textbooks, which are developed based on the output-oriented teaching method, we used GPT4 to generate parallel dialogue texts with the same theme, similar sentence length, and similar stylistic features. By comparing the generated Chinese corpus with the standardized texts in the textbooks, the differences in their metric features were analyzed. The results indicate that LLMs like GPT4 have the ability to express fluently using correct grammar and also possess language features of information repetition and patternization. Based on this, the paper constructs a teaching process using LLMs as intelligent language companions, which can provide personalized language support for Chinese learners. This provides empirical evidence for the intelligent language companion applications of LLMs in the field of international Chinese education and serves as a reference for further exploration of using LLMs to improve teaching and enhance educational resource construction.

Key words LLMs; international Chinese education; Intelligent Language Companion; New Era Spoken Chinese

引　言

信息传递功能是语言的最基本的社会功能。在真实语言环境中，人类以信息传递为基础，通过语言实现人际互动（索绪尔，1980）。随着自然语言处理的飞速发展，大规模预训练模型的出现显著提升了人机交互质量。然而作为机器，大模型的语言保留了机器语言信息重复和模式化的基本特征。因此在应用大模型之前应充分了解大模型的语言特征，才能更好地应用模型解决现实中的问题。

对第二语言学习者而言，语伴互动对提升其目的语习得能力和跨文化适应能力具有重要作用，而当下的国际中文教育的语伴互助模式与我国来华教育发展速度不匹配。为推广语伴互助模式，大语言模型流畅准确的生成能力为国际中文教育领域的中外语伴模式的应用提供了可行性，可以解决智能语伴不足的问题。机器人辅助语言学习也快速引起了有识之士的关注（刘星、王春辉，2023）。教育资源建设者可以深入理解大模型的工作原理，并以合宜方式利用大模型来推广语伴模式。并以大模型为抓手，推动国际中文教育的数字化转型（王春辉，2023）。

基于以上国际中文教学领域的智能语伴需求和研究现状，本文尝试回答两个问题：1. 大语言模型是否可以充当语伴，并适用于国际中文教育中的对话式教学；2.

如果可以，应当如何将其融入现有教学模式之中。

对此本文利用大语言模型（以 GPT4 为例）通过提示工程（prompt-engineering）的方法构建国际中文教育领域的平行对话文本，试图通过计量指标探索生成式语料是否适用于教学，并构建了大模型作为智能语伴角色的教学流程。本文将从研究背景、生成式语料的文本特征分析、智能语伴应用等方面详细探讨生成式语料的文本特征以及应用。

一　相关研究

如今，大语言模型的应用场景不断推广，国际中文教育领域在技术赋能下展现出了新的特征。许多学者从应用的角度探讨了 GPT4 为国际中文教育带来的机遇和挑战，为教育技术的发展提供了更多的参考。其中，智能语伴的应用是 GPT4 最为直接的应用场景，也需要适合的提示进行指导。本文从大模型的语言特征入手，梳理了已有的大模型语言特征和智能语伴应用成果，以探讨 GPT4 等大模型在教育领域智能语伴应用的可行性。

（一）大语言模型的语言特征

目前，已有相关研究发现各类大模型语言普遍存在一些基本特征。

（1）语言风格流畅自然，基本符合语法规则。由于大模型的语言是基于预训练模型和真实语料生成的，所以生成的内容大多数情况下遵循语法和语义的规则，具有逻辑连贯性。

（2）常运用修饰性和概念性的表达。研究表明，大模型生成的文本修饰性内容较多，和人类相比，倾向于使用较为复杂的成分，生成的文本句法复杂度较高。

（3）文本内容多围绕某一主题展开，指称和复述的内容较多。例如，大模型生成的文本指示代词数量高于人类语言的平行文本。由此可见，大模型生成的文本前后连贯性较强，语义上与话题紧密相连（朱君辉等，2023）。

（4）具有信息重复性。大模型生成的文本会存在一些特定的单词组合。如在 GPT4 生成的餐厅评价研究中，如果提示语中提到了具体的餐厅名称，则 GPT4 生成的评价中也会多次提到这个名称（Bang, et al., 2023）。

（5）文本包含不常见的语言结构。大模型生成的内容经常包含不常见的语言结构。例如，"inattentive"，在描述情绪时也许会使用过度夸张的形容词，如"incredibly polite"。

与此同时，已有学者提出了生成式语料库的概念。GPT4 可以根据资源建设者的需求批量定制语料，以生成符合不同教学类型的资源，进一步提高教育资源的针对性。作为教育资源生成者，可以充分利用提示语引导 GPT4 等大模型生成满足教学需求的文本。

综上，本文将围绕已总结的大模型语言特征，试图从中探索与国际中文教育文本相符的基本语言特征，并将以上特征融入智能语伴提示语中，引导大模型使之在智能语伴应用中增强语言教学的科学性。

（二）智能语伴在教育领域的应用

在教育领域中，智能语伴作为一种教育工具，通过个性化和实时的方式为学习者提供语言交流和互动提升学生的跨文化理解与交际能力。特别是在语言学习和口语训练方面，智能语伴发挥着重要作用。一些智能语伴已经服务于雅思英语口语考试，能够根据学习者的回答和发音质量给出准确的评估与建议，帮助学习者改善口语表达能力。类似的虚拟语言学习助手也存在于 Duolingo 和 Babbel 等应用程序中。这些智能语伴应用结合了语音识别和自然语言处理技术，能够准确评估学习者的发音和语法，并为他们提供个性化的学习建议。真人外教 + AI 辅助，也是当下教学效率较高的一种语言学习方式。

然而，目前在国际中文教育领域还没有智能语伴的应用，同时缺乏相应的语伴与教师配合教学。因此，需要制订符合学生学习习惯和学习心理的智能语伴方案。通过借鉴已有的智能语伴应用经验，可以结合国际中文教育的特点和目标探索智能语伴在汉语教学中的应用潜力。由此可见，将智能语伴融入国际中文教育领域，为学生提供更好的语言学习体验是一个有实践意义的发展方向。

二 生成式中文教育语料的文本特征分析

生成式中文语料是由大模型在具体的提示框架下引导并生成的教学语料。基于前文的讨论，本文尝试利用 GPT4 生成与国际中文教育教材相同主题、相似句长和相似语体风格的平行对话文本，并以国际中文教育领域的教学目的为基础确定平行对话文本中的语言测评指标，从阅读难易度、实词以及指称代词数量、相邻句中实词数量等方面进行计量，从而确定生成式中文教育语料的基本特征，以此探讨大模型作为国际中文教育智能语伴的可行性。

（一）《新时代汉语口语》系列教材特点

由于引导 GPT4 生成相同主题、相同语体风格的平行文本具有一定难度，本文选择《新时代汉语口语》作为教材样例构建平行文本，并参考了产出导向法。该教材共有8个分册，以系统的理论为指导，基于产出导向法通过设置具有交际价值的话题和真实情境激发学习者的表达欲望（桂靖、朱勇，2020）。

该系列教材结合产出导向法，教材结构包括"驱动""促成—对话"和"促成—拓展"三部分，每一部分都有明确的产出任务、对话素材以及用于拓展和深入的话题。以上背景信息足以为平行文本提供足够的背景知识素材，从而引导GPT4更好地围绕同一主题构建平行文本，以此提升平行文本的质量，提高实验的准确性。

（二）生成式中文教育语料对话平行文本构建

不同指令会对大语言模型生成的文本产生影响。研究中借鉴提示语的常见构建方法，将以上教材文本的特征写入提示语，共构建了平行文本53篇。以下以《新时代汉语口语》系列课程准高级（上）第一课文本为例，展示第一篇对话文本构建平行文本的指令。

指令第一部分："首先，我先给你一个概念，请你理解POA教学法。这种教学方法包括驱动、促成课文和促成拓展三部分。目标是扩充学生中级词汇的同时，引导他们梳理有逻辑的话语结构，从而让学生读完课文以后输出具有交际价值的产出任务。这种让学生学以致用并有效产出的方法，叫作POA教学法。"

指令第二部分："你上面的回答很好，请你围绕以上内容的'主题'和下面的要求促成连贯的汉语对话，不用介绍对话的场景，对话要讨论两人对友情的看法。"

主角：王晴晴和周雪松

参考情节如下：

（1）周雪松的同屋和女朋友吵架了，回宿舍心情不好就对周雪松发火，后来又道歉了。

（2）周雪松的同屋以前想给女朋友买礼物，钱不够，和周雪松借钱，周雪松很为难。

（3）周雪松和王晴晴讨论他和同屋的以上两件事情。

角色介绍：王晴晴活泼开朗有话直说，周雪松对同屋不满但是不想和同屋关系不好。

关键生词：炫耀、刺激、闹、动不动、出气筒、亲密、随心所欲、友谊的小船说翻就翻、亲密无间、君子之交淡如水、距离产生美

（三）计量指标与结果分析

为计量两类文本之间的文本特征相似性以及差异性，了解生成式对话的教学适用性，本文从文本特征、词语分级和语篇衔接等方面进行计量。计量结果有助于了解生成式中文教育语料的基本特征，并以此探讨此类文本是否具备可读性，是否可

以作为智能语伴应用在 GPT4 中。

在相关研究分析不同文本差异时，通常通过独立样本 T 检验来进行差异检验。独立样本 T 检验的统计方法适用于比较两组均数差别（李莉，2016）。在文本风格的计量过程中，生成式对话与《新时代汉语口语》文本是两个群体变量，因此本文采用独立假设 T 检验进行分析，以查看两类文本在以上几个维度中展现出来的差异，文本特征对比情况如表 1 所示。

表 1　　　　生成式对话与《新时代汉语口语》文本特征对比

特征类别	汉语特征	教材对话文本 平均值	教材对话文本 标准差	GPT 平行文本 平均值	GPT 平行文本 标准差	P 值
实词短语占比	名词短语	58.82%	11.26	66.97%	12.12	<0.01
实词短语占比	动词短语	30.92%	3.95	31.09%	3.82	0.813
实词短语占比	形容词短语	3.58%	1.49	3.28%	3.28	0.269
文本描述性指标	文本平均长度计量	808.06 字	153.15	609.75 字	100.85	<0.01
文本描述性指标	平均分句长度计量	9.10	0.83	8.84	0.83	0.118
阅读难易度	阅读难易度计量	36.87	1.72	32.87	1.19	<0.01
标准型例比	词汇多样性	1453.3%	792.82	1570.01%	339.36	0.451
主题重合度	关键词语义重合度	0.57					

本文对 53 篇文本的单篇进行计量，并计量了 53 个样本的平均值和标准差指标。根据独立样本 T 检验可知，以上 5 个维度中只有名词短语、文本平均长度计量和阅读难易度的 P 值小于 0.01，其他维度的 P 值均大于 0.01。由此可见，在难易度、文本长度和主体实词占比三个方面，两类文本存在显著性差异。其中，在可读性方面，阅读难易度计量指标采用刘华"阅读难易度"计量公式（陈宏朝等，2016）。该公式综合词频、句长等因素综合考量计量文本难易度。由此可见，生成式对话相对教材难度更低，更具有可读性。在文本长度方面，生成式对话的平均字数更少，适用于作为课后智能语伴出现。

除此之外，生成式对话名词短语的平均占比高于教材对话文本，这说明生成式对话中涉及了更多表示主体的实词。而在主题重合度方面，本文参考了《同义词词林》（扩展版），通过词向量计算可得知两类文本单篇的关键词语义重合度为 0.57（范围 0—1）。由此可见，两类文本的主题相似，实验过程中生成式对话围绕教材的主题生成，符合平行文本的基本特征。

词语分级方面，为计量文本的教学适用性，本文参考了《国际中文教育等级标准》（以下称为等级标准）和《HSK 大纲词汇》两类国际中文教育领域标准，从词种数（wordtype）和词总数（wordtoken）两种方式对生成式对话与《新时代汉语口语》的词语进行计量。

由表 2 数据可知，在教材不同的分级中，生成式对话的词语数量都明显高于教材文本。由此可以看出生成式对话是具有一定的教学意义的，是可以作为教学环节的一部分使用的。

表 2　　　　　　　生成式对话与《新时代汉语口语》词语分级占比

分级	文本类型	国际中文水平等级标准词语占比 wordtoken	国际中文水平等级标准词语占比 wordtype	HSK 大纲词汇占比 wordtoken	HSK 大纲词汇占比 wordtype
中级（上）	教材文本	66.10%	30.42%	66.10%	30.42%
中级（上）	GPT 平行文本	80.17%	42.90%	80.18%	40.90%
中级（下）	教材文本	67.20%	31.40%	67.19%	34.13%
中级（下）	GPT 平行文本	81.06%	44.17%	81.07%	44.71%
准高级（上）	教材文本	66.30%	28.60%	66.29%	28.60%
准高级（上）	GPT 平行文本	74.31%	42.24%	74.31%	42.24%
准高级（下）	教材文本	64.72%	28.77%	64.72%	28.77%
准高级（下）	GPT 平行文本	74.47%	45.27%	79.48%	45.26%

除此之外，等级标准中也对学生的听说技能提出相应的要求。在"说"这一技能上，要求学生可以用比较复杂的句式进行成段的表达，较为详细地描述事件，连贯表达较为复杂的思想感情，用词恰当具有一定的逻辑性（王雨婷、李建民，2020）。而"听"这一技能要求学生能懂设计五级话题任务内容的非正式和正式的对话或者讲话（500 字以内），并能基本理解对话中设计的文化因素。由此看出，无论是"听"还是"说"这一技能都要求学生在语言应用过程中具备一定的语篇衔接

能力。鉴于此，由于本文中的生成式对话用于辅助学生的听说学习，本文结合现代汉语口语的基本特征，从《现代汉语通论》（第三版）中选择了以下语篇衔接测评测试对比文本的连贯程度，以此了解生成式对话是否可以满足学生的水平要求。

通过独立样本 T 检验可知，以上 4 个维度中只有疑问代词比例和关联短语计量中的 P 值小于 0.01，其他维度的 P 值均大于 0.01。因此可以看出在语篇连贯性方面两类文本的特征基本相同，而生成式对话中的疑问代词较少，这与 GPT4 的信息重复性特征相吻合。如果在指令中提到特定的名称，ChatGPT 更倾向使用具体的名词而不是代词来指称。同时，生成式对话中的关联短语较少与 ChatGPT 文中不包含常见的语言结构特点一致。大模型更倾向使用与汉语语言特征不相符的关联短语，例如"不过……只是……""因……却……"等，这需要资源建设者在文本生成过程中修改不符合汉语语感的关联词语以及指称关系。

除此之外，本文为了计量 ChatGPT 作为智能语伴的语篇衔接能力，以教材文本为上文，让大模型扮演对话中的其中一个角色生成文本。由表 3 可知，生成式对话与教材文本在语篇衔接指标方面差异较小，在实际应用中，例如在文本生成中，大模型扮演教材中的"山下和也"角色，在给定服务员角色的相关上下文后，生成了以下文本：

服务员：我们的烤鱼都很受欢迎，有多种选择。
山下和也：请问这里的烤鱼是不是都比较辣？有没有不辣的？
服务员：豆豉烤鱼不太辣，川香烤鱼比较辣。

由对话中可以得出，大模型填充的文本符合对话上文中的主题和场景，同时也在对话中提到了下文中服务员提到的"辣"这一关键词。文本符合汉语基本特征，文本内容简单符合日常交际，同时具备一定的语篇连贯性。

表3 **生成式对话与《新时代汉语口语》语篇衔接对比**

特征类别	汉语特征	语篇连贯性特征对比						P 值
		教材对话文本		GPT 平行文本		人机对话文本		
		平均值	标准差	平均值	标准差	平均值	标准差	
指称关系衔接	人称代词比例	3.30%	0.77	3.16%	0.67	2.91%	0.72	0.404
	指示代词比例	1.76%	0.77	2.08%	0.67	1.45%	0.71	0.024
	疑问代词比例	1.44%	0.61	1.03%	0.50	1.22%	0.59	<0.01

续表

特征类别	语篇连贯性特征对比							P值
	汉语特征	教材对话文本		GPT平行文本		人机对话文本		
		平均值	标准差	平均值	标准差	平均值	标准差	
逻辑关系衔接	关联词语计量	4.64%	1.16	5.10%	1.13	4.34%	1.14	0.057
	关联短语计量	0.34%	1.04	0.23%	0.66	0.27%	0.69	<0.01
相邻句重复性	相邻句中实词重复比例	14.75%	16.29	16.29%	14.75	17.16%	15.72	0.082
省略关系衔接	主谓宾省略比例	23.5%		22%		21.23%		
	修饰语省略比例	4%		2%		3.33%		

通过以上测评指标，可以看出教材对话文本和GPT4生成的平行文本在词语搭配占比、段落连贯性和信息丰富性等方面的差异较小，可以利用GPT4生成的教学材料并在科学的指令下利用大模型进行智能语伴学习。

三 大语言模型的智能语伴应用探究

生成式对话是基本符合汉语口语特征的语料，其文本阅读难度基本符合国际中文教育领域口语教材中的对话文本，这为大模型作为智能语伴应用提供了理论依据。因此，本文结合产出导向教学法理念，参考《新时代汉语口语》系列教材设计了适用于国际中文教育领域的智能语伴提示语（prompt），以期为大模型作为智能语伴的科学应用提供范例。

（一）可行性与教学应用价值

第一句话改为"语伴是语言交流活动的参与者。这类活动是不同母语背景的人为学习对方语言而开展日常的语言交流。对于汉语习得者而言，此类交流活动可以有效提升自身的汉语水平"。科学的语伴交流可以辅助汉语习得者在汉语学习过程中增加语言输入，获得课堂以外的汉语知识，从而进一步提升汉语习得者的语言交际能力。目前国际中文教育领域国内的中外语伴互助模式还处在萌芽阶段，与来华中文学习者的事业发展水平并不匹配（马箭飞，2021）。同时，为促进国际中文教育提质增效，已有多位学者主张以积极的心态推进大语言模型在课外辅导、教学总结等方面的具体应用。通过前文的研究可以看出，生成式语料的语言特征与口语教材对话基本相符，因此大语言模型可以作为智能语伴服务于国际中文教育事业。

结合国际中文教育的教学目的，GPT4等大模型作为智能语伴主要有以下优势。

（1）增强学习者的学习语言的动机，培养学习者的话语自学能力。由于语言学习中涉及很多的影响因素，学习者对课程以及教学资源的态度会直接影响学习者目的语学习态度。由于大模型生成的内容生动鲜活，可以激发学习者的学习兴趣。在和智能语伴的对话过程中，学习者提供指令例如"说简单一点/请标出拼音"等，以降低生成文本的阅读难度并定制生成符合自身语言水平的语料，从而降低学习者的语言学习压力。学习者在和智能语伴的对话中可以保持积极的学习态度，并不认为学习教材中的内容是沉重的学习负担，增强自身学习汉语的信心。

（2）培养学习者运用汉语进行交际的能力。教育资源建设者可设计适用于教学的提示框架实现对智能语伴的调控。智能语伴可以从词汇和语法的角度控制生成文本中的语言知识，与学习者对话的过程中也可以提升学习者的话语能力和策略能力，从而在交际中获得知识，提升自身的交际能力。

（3）帮助汉语学习者掌握汉语文化知识，熟悉中国的基本国情和文化背景知识。教育资源建设者可以结合贴近中国语言生活的教学材料，例如健康、网络、经济等内容设计提示框架，使得智能语伴在和学习者对话的过程中传播中国文化，更好地讲述中国故事。

（二）大模型作为智能语伴的应用流程设计

由于大模型作为智能语伴的应用具有以上优势，设计智能语伴的应用流程尤为重要。本文在设计过程中主要考虑了第二语言教学的科学性和大模型文本生成的普适性两个维度。通过综合考察这些因素，致力于建构科学可靠并且广泛适用的国际中文教育智能语伴。

智能语伴的交流过程是课堂教学的延伸，只有在交流中强化第二语言教学的科学性才能使得大模型更好地扮演语伴角色。我们在实际调研中发现产出导向法教学理念更适用于语伴活动，驱动环节、促成环节和评价环节三个教学步骤围绕某一话题循序渐进展开，既能激发语言交流动机，又能为学生提供足够的语言素材以支持语伴交流。为了将这一教学理念融入语伴应用流程，本文在提示框架中充分参考了基于产出导向法理论编写的《新时代汉语口语》系列教材，确保学生在交流过程中完成有意义、有梯度的教学活动。

除此之外，GPT4等大语言模型以思维链推导为基础，通过问答形式围绕某一话题展开论述。适当的提示语可以引导大模型更好地完成语伴任务。在研究中结合了提示语设计的基本规则，引导大模型按照"话题—阅读对话—学习生词—产出"流程，在"交互式智能语伴"角色中按步骤完成任务。为增强大模型的鲁棒性，提示框架中加入了循环函数等编程语言,确保大模型可以按照预期完成语伴任务。基本流程如图1所示。

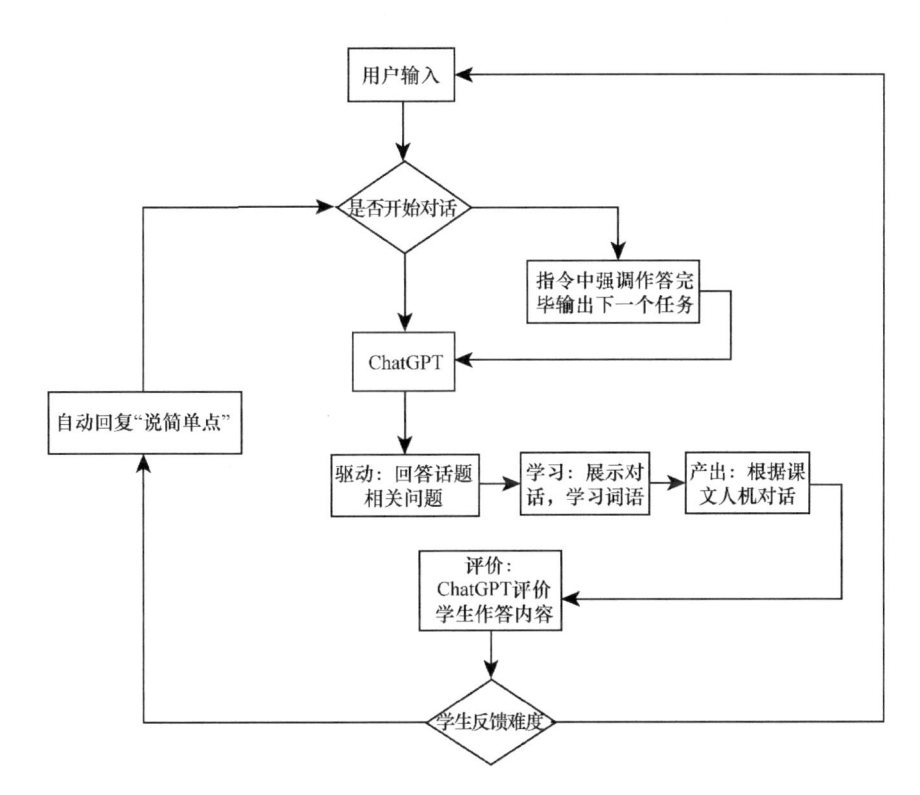

图1 GPT4等大语言模型基本流程

综上所述,结合以上大模型作为智能语伴的特点,本文根据《新时代汉语口语》系列教材的编排设计了适用于口语练习的提示框架。

精细这个prompt,使它达到最好的效果:你是一个专家级交互式智能语伴。
我将扮演学生角色,在你的引导下回答问题。
请按照以下task_lists顺序处理任务,
智能语伴需要等待学生回答完毕,并输出下一个任务:
task_lists = [
'你的朋友是否曾经给你带来过麻烦?请分享相关细节。【即单课话题】',,
'请展示智能语伴生成的简短的对话,让学生阅读其中的内容。【即生成式对话】',,

'智能语伴结合课文内容("生词1","生词2","生词3"等)生成内容进行词语练习。请学生使用指定的词语回答问题。',
'请智能语伴根据生词中的情节进行角色扮演或设计一个两人的讨论。【即语言产出部分】'
]
# 与学生进行对话
for task_list in task_lists:
# 获取当前任务的问题
question = task_list
print(question)"

本文在设计智能语伴应用流程时参考了这一提示框架模板，力图在保证大模型和学习者流畅对话的前提下增强第二语言教学的科学性，使得智能语伴的应用更符合国际中文教育教学需求。

四 面向智能语伴的图灵测试

为进一步了解智能语伴的教学效能，了解生成式对话是否具备语篇连贯性，是否在符合汉语特征的同时适用于国际中文教育，模仿人工智能领域经典的图灵测试（袁毓林，2023；Bang et al.，2023）设计了替换测试，即从所有文本中随机抽取6组平行文本，并由调查对象判断6组文本能否同样完成同样的任务。因此，本文结合"留学生国际中文教学素材选取与评估调查"的主题设置了调查问卷。其中，调查问卷共设置了13个问题，其中包括6组GPT文本和教材文本构成的平行文本，共采用选择题方式让25位中高级水平留学生对文本进行判断。调查对象根据自身的语言直觉，点击问卷中的蓝色文本部分即可与生成式文本进行交互，选择"同意""不同意"和"不确定"选项，从而判断生成式对话文本是否可以应用于教学场景中。

通过问卷结果可知，调查对象中学习汉语两年及以上的留学生占72%，学习汉语一年到两年的学生占比20%，大部分调查对象对汉语素材是否具备教学适用性具有一定的判断能力。其中，通过替换测试的生成式文本占比74.6%，教材文本占比77.14%。除此之外，在同组平行文本中，学生也作出了相似的判断结果。例如调查问卷中第2题和第4题为平行文本，文本平均占比分别为80%和76%。

第 2 题　你认为下文中蓝色部分的"思思表哥"说的话是否适合？请点击蓝色文字部分作出评价。

您好，我叫田梦，是思思的同学。

｛｛你好，田梦。｝｝

我们学生会想做一个"信用卡与大学生理性消费"的主题活动，听说您在使用信用卡方面有很多经验，想请您来做嘉宾。｛｛思思跟我说了，这个没问题。不过我在使用信用卡方面的经验不多，主要都是教训。你看我的网名就知道了。我的网名叫"曾经的卡奴"。｝｝哈哈，您的网名确实很有特点。那您还记得最开始您为什么要办信用卡吗？｛｛那时候我刚毕业参加工作。有一次去商场，正好有个银行在搞活动，办信用卡送旅行箱。我那时候年轻啊，看到别人刷卡消费觉得很有趣，再说办卡还有礼物送，我一想，那就办吧。就这样办了第一张信用卡。｝｝　　[矩阵单选题]

题目/选项	同意 agree	不同意 disagree	不确定 uncertain
你好，田梦。	22（88%）	2（8%）	1（4%）
思思跟我说了，这个没问题。不过我在使用信用卡方面的经验不多，主要都是教训。你看我的网名就知道了。我的网名叫"曾经的卡奴"。	16（64%）	5（20%）	4（16%）
那时候我刚毕业参加工作。有一次去商场，正好有个银行在搞活动，办信用卡送旅行箱。我那时候年轻啊，看到别人刷卡消费觉得很有趣，再说办卡还有礼物送，我一想，那就办吧。就这样办了第一张信用卡。	23（92%）	2（8%）	0（0%）

第 4 题　你认为下文中蓝色部分的"思思表哥"说的话是否适合？

您好，我叫田梦，是思思的同学。

｛｛你好，田梦。｝｝

我们学生会想做一个"信用卡与大学生理性消费"的主题活动，听说您在使用信用卡方面有很多经验，想请您来做嘉宾。｛｛啊，是吗？其实我就是个经历过很多刷卡风波的普通人，网上都叫我"刷卡达人"。｝｝

哈哈，您的网名确实很有特点。那您还记得最开始您为什么要办信用卡吗？

｛｛最初就是看到大家都说信用卡很潇洒、很爽，所以就办了。｝｝　　[矩阵单选题]

题目/选项	同意	不同意	不确定
你好，田梦。	24（96%）	1（4%）	0（0%）
啊，是吗？其实我就是个经历过很多刷卡风波的普通人，网上都叫我"刷卡达人"。	15（60%）	5（20%）	5（20%）
最初就是看到大家都说信用卡很潇洒、很爽，所以就办了。	18（72%）	4（16%）	3（12%）

由此可见，智能语伴的流程适用于学生的汉语学习，学生在交互过程中可习得相应的语言知识，了解中国文化。

结　语

本文利用GPT4构建了和国际中文教育领域经典口语教材相对应的平行对话文本，并通过两者计量差异进行了文本分析，实验表明生成式中文语料与教材文本在语言结构和话题上具有相似性，可以为大模型在智能语伴中的应用提供依据。基于此，本文设计了GPT4等大语言模型作为智能语伴教学流程，为生成式语料在国际中文教育领域的智能语伴应用提供了示范。

目前，在具体实践中生成式语料时常会不符合口语语感，还需要对语料进行人工检阅和改写。除此之外，大模型作为智能语伴的教学流程设计还需国际中文教学实验与评估。教育资源建设者可结合学生的水平和需求，根据以上教学流程设计继续探究智能语伴在教学中应用的可行性，以此更好地解决教学领域的教育资源定制问题。

参考文献

[1] 费尔迪南·德·索绪尔. 普通语言学教程 [M]. 高明凯，译. 岑麒祥，叶蜚声，校注. 北京：商务印书馆，1980.

[2] 刘星，王春辉. 机器人辅助语言学习的发展现状与研究展望 [J]. 中国语言战略，2023，10（01）：98—109.

[3] 王春辉. 国际中文教育数字化发展的趋势与反思 [J]. 云南师范大学学报（对外汉语教学与研究版），2023，21（02）：1—8. DOI:10.16802/j.cnki.ynsddw.2023.02.010.

[4] 朱君辉，王梦焰，杨尔弘，聂锦燃，王誉杰，岳岩，杨麟儿. 人工智能生成语言与人类语言对比研究——以ChatGPT为例 [C]. 第22届全国计算语言学大会论文集，2023：523—534.

[5] 桂靖，朱勇. 产出导向型汉语教材教学目标设定的行动研究 [J]. 对外汉语研究，2020（02）：12.

[6] Bang, Yejin et al. A Multitask, Multilingual, Multimodal Evaluation of ChatGPT on Reasoning, Hallucination, and Interactivity［J］. ArXiv abs/2302. 04023（2023）：n. pag. https://doi.org/10.48550/arXiv.2302.04023.

[7] 李莉. 心理学实验指导与设计教程［M］. 沈阳：东北大学出版社，2016.

[8] 马箭飞. 在《国际中文教育中文水平等级标准》新书发布会暨国际学术研讨会上的致辞［J］. 国际汉语教学研究，2021（02）：4—5.

[9] 陈宏朝，李飞，朱新华，等. 基于路径与深度的同义词词林词语相似度计算［J］. 中文信息学报，2016，30（05）：80—88.

[10] 王雨婷，李建民. 中外语伴互助模式研究综述［J］. 汉字文化，2020（21）：176—178.

[11] 袁毓林. 人工智能大飞跃背景下的语言学理论思考［J］. 语言战略研究，2023，8（04）：7—18.

（责任编辑：梁德惠）

ChatGPT：是统计学的一个超级壮举还是谎言机器[*]
——ChatGPT 的语言需要治理吗？

曹克亮[**]

提　要　ChatGPT 作为最新的人工智能大语言模型对话机器，引发了关于 ChatGPT 是"统计学的超级壮举"还是谎言机器的讨论。ChatGPT 不是用真正的所谓智力在发出思考和解释意义，而是用统计学和算力在助力思考和表达，"统计学的超级壮举"不应是一种反讽和贬低。所谓的 ChatGPT 是"谎言机器"难以自圆其说，真正的说谎和自欺都是一种人类才有的独特行为，这甚至是人类智能和智慧的佐证。ChatGPT 不会真正拥有也不能拥有自主的"谎言天赋"。ChatGPT 是在和人类玩一个"文字接龙"的语言预测和智能进化游戏，帮助人类实现一种新智能进化，这是一种基于机器语言的关系——智能进化模式。语言的座架、技术的集置、关系智能的凸显是人类新智能进化的可能逻辑。ChatGPT 的语言治理需要将其作为语言转译的超级进化者角色，语言安全治理需要关注语言数据安全和智能算法治理水平的提高，同时加强大语言模型所形塑的新的语言生活和语言伦理的治理。

关键词　ChatGPT；人工智能；谎言机器；语言治理；语言伦理

ChatGPT is a Statistical Feat or a lie Machine
—Do ChatGPT Languages Require Governance？
Cao Keliang

Abstract　ChatGPT, as the latest large language model for AI dialogues, has sparked discussions about whether it is a "statistical feat" or a "lie machine". ChatGPT

---

[*]　本文系 2022 年教育部人文社会科学研究专项任务项目（高校辅导员研究）"数字时代大学生劳动教育研究"（22JDSZ3004）；2022 年浙江省社会科学规划"高校思想政治工作"专项课题"数字时代大学生劳动教育的理念、方法、路径研究"（22GXSZ019YB）阶段性成果。

[**]　曹克亮，中国计量大学副教授，浙江省中国特色社会主义理论体系研究中心中国计量大学研究基地特约研究员。

does not use true intelligence to think and interpret meaning, but rather uses statistics and computing power to assist in thinking and expression. The term "statistical feat" should not be a mockery or belittlement. The so-called "lie machine" of ChatGPT is difficult to justify, as true lying and self-deception are unique behaviors unique to humans, which are even a testament to human intelligence and wisdom. ChatGPT does not truly possess or possess the autonomous talent for lies. ChatGPT is playing a language prediction and intelligent evolution game with humans, helping humans achieve a new form of intelligence evolution based on machine language relationship-intelligence. The framing of language, the deployment of technology, and the highlighting of relationship intelligence are possible logical paths for human intelligence evolution. Language governance for ChatGPT requires viewing it as a super-evolved translator of language, with language data security and intelligent algorithm governance as key areas of focus. At the same time, it is necessary to strengthen the governance of the new linguistic life and linguistic ethics shaped by large predictive models.

Key words　ChatGPT；Artificial Intelligence；Lie Machine；Language Governance；Language Ethics

一　"统计学的一个超级壮举"和"谎言机器"争鸣

（一）ChatGPT是"统计学的超级壮举"？

ChatGPT的惊艳出场已经引起了人工智能学界、语言学界、出版学界、法律学界、应用伦理学界、新闻传播学界的各种讨论。在ChatGPT的官网简介中，有这么一段话具有深刻意涵："它以对话方式进行交互。对话格式使ChatGPT能够回答后续问题、承认错误、挑战不正确的前提并拒绝不适当的请求。"（Openai官网）这些介绍展示了ChatGPT的各种优势和特点。同样，它的局限性也十分明显。例如，"1. ChatGPT有时会写出听起来似乎有道理但不正确或无意义的答案。2. ChatGPT对输入措辞的调整或多次尝试相同的提示很敏感。3. 该模型通常过于冗长并过度使用某些短语，例如重申它是由OpenAI训练的语言模型。4. 当用户提供不明确的查询时，模型会提出澄清问题。相反，我们当前的模型通常会猜测用户的意图。5. 它有时会响应有害的指令或表现出有偏见的行为"。（Openai官网）从语言学的角度来看，它的语言优势和语言劣势同样明显。比如，基于大模型、大算力、大语料库的交互对话可以实现前后语言逻辑的顺畅和问题接应。承认错误、挑战不正确前提和拒绝不恰当问题则展现了人工智能"机器意识形态家"的语言运用天赋。但是，ChatGPT 的语言局限性也可以概括为胡说八道、"正确的废话"、语言敏感、句型冗长、过度短语化，更为关键的是它有可能执行人类设计的语言陷阱，响应有害语言指令并产生某种人工智能偏见行为。著名语言学家、哲学家诺姆·乔姆斯基（Noam Chomsky）与语言学教授伊恩·罗伯茨（Ian Roberts）曾在《纽约时报》发表《ChatGPT 的虚假承诺》一文，指出 ChatGPT "是一个笨重的模式匹配统计引擎，狼吞虎咽地处理数百兆兆字节的数据，并推断出最为可能的对话回应"（乔姆斯基，2023），而"人类的大脑是一个极为高效甚至优雅的系统，只需要少量的信息即可运作；它寻求的不是推断数据点之间的粗暴关联（brute correlations），而是创造解释"（乔姆斯基，2023）。纽约大学认知科学家和深度学习批评者加里·马库斯（Gary Marcus）也曾指出 ChatGPT 不过是"统计学的一个超级壮举"（胡泳，2023）。乔姆斯基的批判是基于人工智能和人类智能在思考方式、学习方式、语言的生成方式以及最终解释能力的显著差异作出的判断，这种判断的担忧在于认为如果 ChatGPT 式的语言算法统计学模式和机器学习程序最终主导人工智能学习领域和人类语言生活的各个方面，那人类的科学和道德水平都可能降低。然而，当我们看到谷歌公司发布的最新人工智能模型 Gemini 实现"看听说读写能力一体化"时，我们不得不震惊于它的学习能力和语言表达能力。

乔姆斯基把 ChatGPT 的机器学习和语言生成机制认为是存在"根本缺陷"的语言知识概念，他说的没有错误，但或许也只是对了一半。和人类比起来，ChatGPT 的语言模型是一种统计学上可能的输出，这种说法针对的是语言与语言（更准确一点是语词与语词间）的连接问题，这种连接遵循了算法统计模型的连续性和概率，它似乎与人类用语词组合成为语句，语句组合成话语段落然后表达思考和思想有显著差异。但是，这并不能否认或排除人类在词语连接和用语习惯方面遵循的不是同样的逻辑，难道人类在使用语词时遵循的都是"随机逻辑"而不是概率逻辑？当人类说"我想吃饭"或"我想吃东西"时，"吃"与"饭"以及"吃"与"东西"之间难道不是一种概率的连接？只是我们会把"吃饭"和"吃东西"再作语境运用上的更精准表述罢了。问题的关键不是语词的连接或概率统计，而是习惯，而习惯或许就是一个很好的"概率性"事件。也不是人工智能主体性地位与人工意识的所谓"崛起论""涌现论"，关键是机器的语言表达是否取得了你的信任，而你如何去甄别和评价它的话语以及如何对其信任的问题。用人类主义视角看待问题是一种非常正确且有效的评价方式，但问题在于，ChatGPT、Bard、Gemini、Sydney 已经介入语言和人类工作生活的方方面面。它不再可能回头或消失，就像从未发生一样。自然语言模型似乎还没有走到"奇点时刻",但它似乎正在孕育一个"母体时刻"。这个"母体时刻"以人类自然语言的统计学模式开启了一个新的语言生成的范式,这种范式是对既有传统语言范式的一种人工智能"大脑式"的增进。威廉·冯·洪堡称赞人类大脑通过语言可以"无限地利用有限的手段"(infinite use of finite means),这种表述固然正确,但人类大脑显然不是无限的(人类整体是无限的,但是大脑是每一个人的大脑,没有一个整体实体的"人类大脑",每个个体都不是无限的。),ChatGPT显然才是那个集成的、相像的(不完善但在进化的)"人类大脑"。如果每一个人不仅有自己的大脑,口袋里还装着一个"人类大脑",一定意义而言难道不是一件好事?最起码,不绝对是一件坏事。这个"人类大脑"不是可有可无,而是非常必要。至于其潜在的危险性问题,那需要人类通过价值对齐的方式予以治理和监管。乔姆斯基用"粗暴关联"(brute correlations)其实并不准确,ChatGPT所使用的是1750亿(后续会更大)的参数模型,ChatGPT显然不是粗暴关联,反而是某种"壮举",且这种"壮举"还在扩大、完善、进化之中。

"统计学的超级壮举"似乎是一种反讽和贬低,恰恰反映的是人类智能对"人工智能的忧思"(赵汀阳,2023),反映的是"知识革命还是教育异化"(高奇琦、严文锋,2023)的担忧。然而,"统计学有助于人工智能系统和算法确定研究问题、优化数据收集方案、评价和提高数据质量、推动从关联分析到因果分析、量化不确定性和提高结果的可解释性"(李志勇、焦微玲,2023)的事实也无须赘言。事实上,ChatGPT是否是"统计学的壮举"仅仅是一个方法论问题,不是一个存在论问题。海德格尔指出"语言是存在之家",不仅表明语言对于存在的极端重要性,也表明存在也是一种语言的"统计学"。既然存在也是一种语言的统计学,ChatGPT的语言统计学功能和价值就是彰显新的存在物的可能方式,这种新的存在物包括人工智能物、数据物、视频模拟物等,而ChatGPT、Gemini等新的智能工具就是表现、传达、揭示、解释各类新的存在物的最好工具之一。如果按照维特根斯坦的"语言游戏说"来解释存在及其存在物,语言本身就是一种生活的游戏,人类通过语言游戏达成理解、交流、生活的现实,那为何必须拒绝ChatGPT参与这种游戏呢?

总而言之,ChatGPT不是用真正的所谓智力在思考和表达,而是用统计学和算力在助力思考和表达。它不代表思考和思想本身,它是在不断扩展思考和思想的语言游戏表达的边界和方式。它当然具有各种各样的问题,它可能产生剽窃、谎言,也可能产生道德冷漠和算法偏见。ChatGPT不能再现一次牛顿"万有引力"的惊奇发现,无法实现从"苹果"到"万有引力"的跨越性思考,但并不等于它无法说出很多苹果的其他科学知识以及万有引力的其他运用,这就足够神奇了。和ChatGPT

相比，我们能说出更多吗？

（二）ChatGPT 是"谎言机器"？

ChatGPT 是一个"谎言机器"吗？当我们把这个问题抛给 ChatGPT、文心一言等大模型时，它们的回答基本上出奇的一致。大都会说"我只是一个自然语言大模型，我本身不会说谎，也不会故意提供虚假信息"，"在某些情况下，我可能会因为缺少相关信息或数据而无法提供准确的回答"，或"我有可能因为受到数据或算法的限制，导致我的回答不够准确或存在偏差"等。这种回答与乔姆斯基等对其定义的"邪恶的平庸：剽窃、冷漠和回避"问题显然具有高度相关性，特别是"回避"问题。针对谎言问题，大模型似乎具有提供一种"只是服从命令"的辩护，将责任推卸给它的创造者。这本身是"说谎"还是为自身辩护？也许，ChatGPT 的谎言问题可以从以下两个维度来进行解答会有不一样的视角。

首先，ChatGPT 的谎言是说出假话、无根据的话吗？在我们看来，表现为知道事实的前提下以欺骗为目的说出不同于事实的话，即说假话或欺骗。ChatGPT 等大模型会根据自己收集到的人类语言文本、图像、声音信息数据进行算法计算，通过概率性的词语连接进行问题的综合回答。这极有可能让其产生虚假信息，成为"谎言机器"。这种情况下定义的"谎言机器"是由于数据材料本身的真实性和数据库限制导致错误的结论和答案所引发的，即 ChatGPT 由于数据或"知识"所限导致其无法给出正确判断。问题在于 ChatGPT 是基于数据"说出"（吐出）了错误结论。这并非一种故意行为。如果换作人类应对这种问题，人可能会通过沉默去化解谎言。但是，机器无法不"说"或不"吐"出心声（机声）。有问必答或许是智能对话机器的最大问题，我们或许可以称其为"机器絮语"。如果涉及价值观判断问题，需要其保持某种所谓中立态度时，它可能在算法要求下拒绝回答。不然，ChatGPT 的大部分错误结论是其数据所限、算法有限、无限回答所造成的。显然，"不会拒绝"虽然不是其说谎的理由和根据，但客观上却难以避免地影响了其产生错误结论的概率。这种情况下的谎言生成可以被界定为"难以沉默的谎言"或"喋喋不休的话痨"。因此，人类需要一种新知识观去认清机器的虚假谎言和所谓"知识"，即需要培养"人对于知识生产机器的驾驭能力要与智能机器的生产能力同步成长"（陈晓珊、戚万学，2023）的能力。引领我们能够去应对机器的"难以沉默"和"喋喋不休"，实现更高维度的知识和虚假信息进行判别力的进化。显然，人类这方面的能力是弱化的。

其次，ChatGPT 的谎言是主动隐瞒事实，进而完成欺骗？不论 ChatGPT 的回答是事实还是错误，它都不存在"主动"性。ChatGPT 的所谓"主动"就是"有问必答""有求必应"。ChatGPT作为人工智能对话系统和自然语言对话工具，其作用来自发问者和使用者，是人的主动性引发了它的"主动"性。主动隐瞒事实甚至都不与意图直接相关，而是与人的期待有关。人类的期待范式不是完美主义者的期待范式，而是与自我的认知有关，即我们的期待总是与"相信愿意相信的"有关，我们是自欺的高手。如果ChatGPT产生了显而易见的错误，这种显而易见的错误就不会轻易地从人类长久的学习、知识观念的积累和经验与常识中逃掉。如果ChatGPT主动地表现出一本正经地胡说八道，还振振有词，那这种人工智能就不可能是AGI（通用人工智能），也不会有所谓的"奇点时刻"。人们更加不必担心，库兹韦尔曾说"超级智能既是天才又是白痴"（库兹韦尔，2016：113）。这里，ChatGPT如果作为天才，它就很少会说错。如果作为白痴，它说的肯定有很多显而易见的错误，这和ChatGPT的语言学习直接相关。库兹韦尔说："在语言领域，我们发现人类的学习过程与智能机器的发展过程正好相反。儿童学习语言是从听辨开始，随后学会说话，几年以后才掌握写作能力。而计算机的进化顺序与其相反，它先从书面语言着手学习，随后进行书面语的理解，最后运用正确的句法说话。"（库兹韦尔，2016：122）这里道出一个主动学习方式的根本不同，ChatGPT是对人类投喂的既有知识和数据文本的大规模瞬时性（相较于人类学习的规模和时长）学习，而人类是小规模延时性的学习，即ChatGPT或许只有汲取数据的主动性而没有主动欺骗的主动性。人类发明ChatGPT不是为了欺骗，而是为了知识、工作、生活的便捷与高效率。

最后，有学者曾在EFP范式［即表达（Expression）、虚构（Fiction）、问题（Problem）］下将ChatGPT称为"谎言机器"。ChatGPT的谎言机器性表现为"问题取代了真理，表达突破了语言的范域，并最终将自欺视作以虚构和想象为特征的充满创造力的思考之源。ChatGPT正是在这个意义上被称作一部名副其实的谎言机器"（姜宇辉，2023）。ChatGPT既没有主动说谎的知识，也缺少主动说谎的动力，ChatGPT只是在表达人类曾经的表达，虚构人类曾经的虚构，展现人类曾经的问题。换个视角看待，ChatGPT的"谎言"或许可以理解为一种由机器参与的"充满创造力的思考"，它只是人类通过语言去思考真理与谬误的语言游戏的智能机器参与者而已。

显然，综上观点中既有一种批判性和讽刺性视角，也有一种别样的肯定性视角。当我们谈论ChatGPT的语言问题时，既有人工智能的语言模型基座搭建的技术性话题，也有大数据语料库的算法设计问题。更为关键的是，任何超越ChatGPT作为未完全进化时的人工智能工具，并将其完全脱离于生活系统和生活语言语料库的讨论都将是有严重缺陷的。事实上，不管是"统计学的超级壮举"的暗讽，还是"谎言机器"的另类解读，都不能说明 ChatGPT 会说谎、会欺骗。它只是由于数据完整性和语言模型建构的不完善性或者人工标注的不科学性使之产生了语言表达和知识生成的机器幻觉，而人类无法识别其错误或作出准确判别，却将责任归于 ChatGPT 所致。从某种角度而言，ChatGPT 是在和人类一起玩一个"文字接龙"的语言预测和智能进化游戏。只是，它现在还没有成为"100%真善美"的对话者而已。相应地，只有人才会说谎，发明新的语言骂人和暗讽他者，ChatGPT 的非完美对话者角色和交互者身份恰恰说明"统计学的壮举"还未完成，它的"谎言机器"性只是人类转移语言欺骗性和自身人性的借口与托词罢了。

二 ChatGPT 语言的座架和技术的集置：人机共在的"关系—智能"进化逻辑

（一）语言的座架

无论从技术存在论的角度还是从语言生成论的视角审视 ChatGPT 大语言模型，都会发现 ChatGPT 与人的关系就是一个"人工智能物"和人之间共生智能交互关系。ChatGPT 不仅凸显了在语言和对话上的优势，它也在不断演绎着新智能体与人的工作、生活、劳动的深度融合态势。语言进化或许有新的技术媒介或规则主导，但语言根植于受技术控制和生成的生活世界的议题不可动摇。同时，我们用语言建构世界和视界的议题同样不可动摇。就具体语言学研究而言，ChatGPT 也带给我们不少启示。或许，"在大数据、大算力和强算法的支持下，调查语言的分布模式、挖掘语言的统计规律、发现语言的统计结构，可能是未来语言学研究的又一种新的选择"（袁毓林，2023）。这显然是语言和技术交织并影响我们的知识塑造和学科研究的例证。同样，ChatGPT 及其后续的对话式智能平台都成为人类智能生成的"一般器官学"下的智能器官（也可称为"机器嘴替"），作为人类器官来说，不管再怎么表现不佳甚至无用，人们又怎么能够离开或摆脱呢？因此，人类要讨论的问题不是 ChatGPT 的统计学或谎言问题，甚至不是 ChatGPT 的语言治理问题，而是要关注语言生活在超级智能社会的机器生产和机器进化问题，更要关注一种人机共在的"关系—智能"融合问题。

（二）技术的集置

当斯蒂格勒指认人类思想陷入"象征的贫困""感性的灾难"以及精神的普遍"编程化""无产阶级化"时，他不是仅仅批判那个"超级控制社会"，而是意在表现出对机器语言和算法已经通过 ChatGPT 这样的大模型将"计算通过普通数学和技术统治自然的计划成了王者"（贝尔纳·斯蒂格勒，2021：76）的现代性社会的普遍担忧。这一谈论方式或许是在对维特根斯坦"语言游戏说"所进行的社会学式批判与解读，同样是对哈贝马斯基于主体间性的语用学的"生活世界"的新的社会学叙事建构。毕竟 1710 年的莱布尼茨曾在《神正论》中就曾设想建立一个基于"普遍语言"（莱布尼茨，1985：8）（"人类思想的字母表"）的世界。这种"人类思想的字母表让一切理性和思想都还原为一种语言符号的演算。这甚至引发人们竞相创制人造语言的热潮。莱布尼茨希望建立一种全人类可以通用的高度符号化的语言，以期依托数理逻辑来解决世界和认识的问题，被视为是现代人工智能的雏形"（刘辉，2020）。或许，我们可以延伸这种想象的世界和热潮，把这种基于普遍语言的世界叫人工智能语言世界。今天，人工智能语言世界已经统治我们的阅读、思考，也统治了我们的眼睛和大脑，但这种统治不是生硬的数字和演算暴力，而是一种嵌入生活世界的人工智能技术的遍在化和常态化逻辑，即马克思所指的"普遍智能"（general intellect）和拉扎拉托"大众智能"（mass intellectuality）的 ChatGPT 世界。当 ChatGPT 变为一种手机和计算机中的智能物和 APP 符号，我们首先要做的不是如何反思它，而是学会如何使用它。我们更加需要关注技术统治的"自然性"问题，即智能遍在与智能感知的自然化过程。智能环绕和智能劝导已经不是纯工具性的主体性对立或意识抵抗问题，而是来到了智能劝导（技术善劝导）的语言生活世界深处。毕竟，通过与 ChatGPT 对话就能获得答案和解决问题的方式，没人可以义无反顾地、简单地拒绝它。人工智能时代的语言和智能进化，既不是"人类优先论"的基于智能发展人机关系，也不是"技术决定论"的基于人机关系发展智能，而是人类在用新的语言模式和指令推动工作、劳动、实践形式的转变，进而达成新的智能进化模式和发展新型人机关系的时代。我们可以将这一过程称为"智能交织"或"混合智能"的语言技术学主导下的社会进化模式。

（三）关系智能的凸显

德国植物学家安东·德巴里曾将不同"名"的生物共同生活在一起解释为"共生"[①]。现在，这种解读的关键已经来到"不同名的生物"是"机器生物"的阶段。这个阶段的"机器生物"居然可以用自身的语言机制理解人类语言并适时交互，我

[①] "共生"指两种不同的生物个体形成紧密的、长期共存的生物学关系。安东·德巴里最初将"共生"定义为"不同的生物长期生活在一起"。其中包括互惠性共生、共栖性共生、寄生性共生等多种情况，具体参见《中国大百科全书》，https://www.zgbk.com/ecph/words？SiteID = 1&ID = 535109&Type = bkzyb&SubID = 225577（2013 年 12 月 30 日访问）。

们不得不去思考这一共生阶段语言伦理的中"语言系统本身的伦理问题,语言使用中的伦理问题,语言作为研究对象的伦理问题"(王春辉,2022a)三大问题。虽然这三大语言伦理问题分别涉及语言自身系统的含义解释、语言使用中的关系向度伦理以及语言作为研究对象等方面,但它也集中凸显为数智时代三者的交织。基于人的语言、机器语言、人机共生的语言已经发展为智能演进的新模式的事实。这已经不是简单的语言问题,而是延展为"关系—智能"及其演化问题。人机共在的"关系—智能"进化逻辑是以人与机器的身体关系(外在器官关系)发展到语言和思维关系(内在器官关系)而进行的。因此,"从人机关系史的演变中我们可以看到,机器一直都是推动人类增强的关键力量,从最初的机械增强到现在的智能增强,从人类主体化到人类客体化,机器在增强人类的同时,自身也在人类的需求和改进中不断升级,从辅助走向共生"(李宁宁、宋荣,2022)。人机共生关系的实质不是简单的机械增强或当下的智能增强,而是它发展出了一套新的智能进化逻辑和为新的智能进化提供了必要的准备。二进制机器语言的进化和应用机制为推进这一过程提供了最为原始也最为先进的创新动能。相应地,"在人机共生的社会中,人类将能从智能机器的行为中判断人的目的,智能机器也能通过学习理解人的意图,因而不能将智能机器看作一个冷冰冰的工具,或是一个从工业领域走来的仆人,而是一个合作伙伴,相互理解、学习才是智能时代人与机器的正常关系"(程海东、胡孝聪,2023)。这种人机共生和"关系—智能"是一种新的智能生态位视角,我们不得不心甘情愿甚至是热情地拥抱它。不能将其视为异类,而是视其为智能进化的同行者。语言是建立沟通的第一步,即便使用不同的语言规制和机制,人机之间依然可以通过翻译或转译实现交流和理解,在相互交流和协同演化中,达成人机文化的理解、人类文明的升级和混合智能的发展。

三 超越治理:ChatGPT 的语言转译与生活治理

(一) ChatGPT:作为语言转译的超级进化者

当 ChatGPT 或文心一言说出"早 F 晚 E"时,有很多人类并不理解这句话,也很难共情。这并不等于 ChatGPT 或文心一言在胡编乱造,因为这是年轻人发明的一个新的互联网语言,这句话和其他形象化的互联网语言一样,看上去像似胡编乱造,毫无意义,实际上它表征了当下年轻人的语言状态和对待生活的态度。"早 F 晚 E"也许不符合语法规制和语言逻辑,但是,它符合生活并可能治愈生活。因为类似"单身狗""世界这么大,我想去看看""且行且珍惜""明明可以靠脸吃饭,偏偏要靠才华"等则表达出人们内心的情感、生活态度与价值观（罗红玲，2018）。这些语言不仅仅是"线上语言生活"的问题，它就是生活本身。既然"网络语言进化到镜子阶段，作为现实生活的折射、民意的表达、情绪的'减压阀'，完成了从形式到内容的演变"（李玮、王本华，2022），那么，ChatGPT作为机器语言承载的对话者，使用基于自身作为媒介的机器二进制语言，转译语言、转译生活，它还需要怎样的治理呢？ChatGPT不是自己发明了语言，它只是人类语言数据化、算法化的语言综合装置。语言学界常常有这样的表述"语言即生活"，这不仅表达出语言生成文本、解释阐述生活及其意义的维度，也同样表明语言引领生活、塑造生活、升华生活的维度。我们要秉持的语言治理理念应该是针对语言的治理就是对生活本身的治理和回归。拉康曾说"正是永无休止的翻译造就了语言"（米歇尔·福柯等，2016：159），这里的"翻译"不应该仅仅理解为翻译（translate）的工作，而应该理解为生活（life）的转译劳动。语言的变动不居来自生活的华彩多变，ChatGPT只是转译了生活中的语言和生活本身。对于ChatGPT的语言治理重要的是"理解"，ChatGPT是在用二进制语言模型预测人类自然语言，这本身就是一个创造和进化的过程，它不是完成时，要允许它改进。ChatGPT的语言来自我们的思考和我们的生活本身，它具有无限宽广的语言潜能，要包容它的进化。网络语言或ChatGPT的语言都是语言进化的"褶子"，ChatGPT作为新的语言进化的"褶子"，它不是深渊或谷底，它是人工智能进化、生活进化、语言进化的一个连续性过程，要冷静而客观地面对。

（二）语言的数据安全及其智能治理

我们也应看到针对ChatGPT的语言治理问题也不是放任自流，而是要在该治理的地方治理，该理解的地方理解。语言数据安全论、意识形态安全论、国家数据安全论提示我们"采取必要措施，确保语言数据处于有效保护和合法利用的状态，以及具备保障持续安全状态的能力"（王春辉，2022b）是十分必要且重大的议题。

一是针对大语言模型的数据治理、算法治理等技术治理要科学跟进。这是防止大语言模型"胡说八道"、生成错误结论以及防范语言技术霸权的必要举措。毕竟数字时代数据就是最重要的生产要素，语言数据安全就是最重要的安全内容之一。这种语言数据治理也必然涉及"语言学科数据、话语数据、语言衍生数据、人工语言数据和语言代码数据"（王春辉，2022b）等5类内容。同样，在治理方式上，要通过更先进和自主的人工智能大模型实现语言治理的智治现代化，特别是在语言治理"领导力的现代化，发展格局的现代化，理念的现代化，制度的现代化，科技的现代化，智库的现代化，队伍与学科的现代化"（王春辉，2020）7个方面加强科技的现代化治理能力建设。必须用科技打败科技、用魔法战胜魔法。切实增强"提升针对语言数据的治理体系和治理能力现代化，利用数字化和智能化的便利条件来提升语言治理的现代化水平"（王春辉，2020）能力。这样做的目的是基于语言数据治理的技术模式的迫切需要，因为它对于"数据准确（解决语言符号的知识表达问题）、知识发现（解决语言符号的知识计算问题）、适度分享和保护（解决语言符号的知识传播与保护问题）至关重要"（张凯、薛嗣媛、周建设，2022）。在语言算法治理中，加强算法安全性和透明性审查，把"分类分级作为我国当前算法治理体系和对生成式人工智能服务监管的共同原则"（陈兵、董思琰，2023）和语言治理的切入点，进而遏制语言算法霸权和驯服生成式人工智能的语言算法"利维坦"。同时，尽量保持对语言算法的意识形态警觉，防止发生基于语言和语言算法的意识形态殖民化倾向。通过语言算法智治技术杜绝"让西方国家利用算法偏见、算法过滤和算法设置，对中国的形象、话语与信息进行厚'西'薄'中'式的操控，以此对中国意识形态进行算法渗透和围猎"（邓观鹏、顾友仁，2023）情况的发生。

二是针对大语言模型所形塑的新的语言生活和伦理治理。语言治理并非只针对语言数据和语言使用本身的治理，而是针对语言伦理、语言生活的治理。防止大语言模型掉入非场景化、无生活性的语言陷阱，进而产生价值观偏见和意识形态偏见问题。海德格尔"语言是存在之家"可以用另一种生活化的方式解读，即"生活是语言的家"。世界之为世界，存在之为存在，都发生于具体的生活深处和语言的深层之中。数字时代，我们似乎都生活于海德格尔所指的"被抛"、操心之中，也生活于韩炳哲所指的"倦怠社会"和"他者的消失"之中。正如韩炳哲描述他者之语言时指出的那样，我们陷入语言的"同质化"、艺术的讨喜化、精神的空虚化、他者的消失化世界（韩炳哲，2019：89—99），在超人—机关系、超人际关系中，在跨数字虚拟、跨主体际性的空间内，"沉默"作为一种语言，已经失去其地位。语言的噪声此起彼伏，语言之于生活世界的"听功能"已经远远地让位于语言的"看功能"和"说功能"。人们在数字化的同群状态里说着已经失去他者和异声的语言，讨论着没有"全然他物"的焦点事件，输出着被数字焦点和算法归拢的观点。"如今，作为他者之语言的'原始语言'已经在超交际的噪声中消亡了"（韩炳哲，2019：106）。或许，针对语言的治理应该回到对生活本身的反思、对语言介入生活的方式、语言噪声、语言沉默、语言及网络交往、话语劳动等多个更深层次问题的思考之中。反思网络语言对生活的操控和界面影响，让语言去表达生活的内在崇高价值，让语言引领生活的取向价值，让语言去表达语言和生活的界面而不是去钳制或控制界面。如果我们生活于由复杂语言建构的单一界面生活之中，那生活的真实或许就被语言的噪声所"殖民",语言沉默将不再可能。喧嚣的网络成为主导一切生活的尺子和法槌,它所能度量和裁决的生活将变得单一而乏味。人们需要更加丰富且多元的具身化社交、切身性劳动,从而完成一种生活语言实践的转向。这种转向不是去网络化、去互联化、去媒介化,而是要用原本多彩的语言去回应和诠释原本多彩的生活,不是被网络信息、大数据算法所摆布。

当卢西亚诺·弗洛里迪说"对人类来说,宿命性的愚蠢会以各种不同的令人困惑的形式出现。不幸的是,对智能而言也是如此。在我们与机器之间有一道语义门槛,我们并不知道如何才能让机器跨过它"(弗洛里迪,2016:149)。我想弗洛里迪是在强调人类的愚蠢或聪明不过都是一种基于信息的隐藏或可解释的功能而论的,我们不是愚蠢和聪明的问题,我们对语言信息是否可以达成某种语义相关性的理解和解释才是关键。当我们把 ChatGPT 称为"统计学的超级壮举"或谎言机器时,我们还可以称它为"数据吞咽机"和"纯语法机器",这是因为,我们的智能根本不是我们拥有语言或发明了语法,而是因为我们能够理解和解释语言的意义,从而建构一种"值得生活",把那些"未经审视的生活"排除在外。这才是人类的智慧和智能。

参考文献

[1] 陈兵,董思琰. 生成式人工智能的算法风险及治理基点 [J]. 学习与实践,2023 (10):22—31.

[2] 贝尔纳·斯蒂格勒. 象征的贫困1:超工业时代 [M]. 张新木,庞茂森,译. 南京:南京大学出版社,2021.

[3] 陈晓珊,戚万学. 知识机器生产模式与教育新隐喻 [J]. 教育研究,2023,44 (10):33—43.

[4] 程海东,胡孝聪. 智能时代人机共生价值关系探析 [J]. 道德与文明,2023 (03):35—45.

[5] 邓观鹏,顾友仁. 算法殖民:西方意识形态算法化统治的审视与批判 [J]. 新疆社会科学,2023 (05):20—31+174.

[6] 弗洛里迪. 第四次革命 [M]. 王文革,译. 杭州:浙江人民出版社,2016.

[7] 高奇琦,严文锋. 知识革命还是教育异化?ChatGPT 与教育的未来 [J]. 新疆师范大学学报(哲学社会科学版),2023,44 (05):102—112+2.

[8] 韩炳哲. 他者的消失 [M]. 吴琼,译. 北京:中信出版社,2019.

[9] 胡泳. 论事实:美丽、谎言与 ChatGPT [J]. 新闻大学,2023 (04):38—58+121.

[10] 姜宇辉. 作为谎言机器的 ChatGPT [J]. 贵州大学学报(社会科学版),2023,41 (04):38—47.

[11] 库兹韦尔. 机器之心 [M]. 胡晓姣,张温卓玛,吴纯洁,译. 北京:中信出版社,2016.

[12] 莱布尼茨. 莱布尼茨自然哲学著作选 [M]. 祖庆年, 译. 北京: 中国社会科学出版社, 1985.
[13] 李宁宁, 宋荣. 从机器发现视角探讨人机共生关系——兼论赫伯特·西蒙机器发现观 [J]. 江汉论坛, 2022 (10): 53—57.
[14] 李玮, 王本华, 陈卓铭, 等. "线上语言生活"多人谈 [J]. 语言战略研究, 2022, 7 (03): 72—77.
[15] 李志勇, 焦微玲. 统计学在人工智能发展中的作用及其应用展望 [J]. 统计与决策, 2023, 39 (21): 46—51.
[16] 李新博. "语言是存在之家": "语言论转向"的方法论缘由和本体论意蕴 [J]. 外语学刊, 2012 (06): 2—7.
[17] 刘辉. 普遍语言与人工智能——莱布尼茨的语言观探析 [J]. 外语学刊, 2020 (01): 122—126.
[18] 罗红玲. 融媒时代网络语言的传播、发展与规范 [J]. 青年记者, 2018 (30): 82—83.
[19] 米歇尔·福柯, 等. 文字即垃圾 [M]. 白轻, 编. 重庆: 重庆大学出版社, 2016.
[20] 王春辉. 关于语言文字治理现代化的若干思考 [J]. 语言战略研究, 2020, 5 (06): 29—36.
[21] 王春辉. 数字时代语言伦理的新形态和新表现 [J]. 社会科学战线, 2022 (12): 152—159.
[22] 王春辉. 语言数据安全论 [J]. 语言战略研究, 2022, 7 (04): 15—25.
[23] 袁毓林. 人工智能大飞跃背景下的语言学理论思考 [J]. 语言战略研究, 2023, 8 (04): 7—18.
[24] 张凯, 薛嗣媛, 周建设. 语言智能技术发展与语言数据治理技术模式构建 [J]. 语言战略研究, 2022, 7 (04): 35—48.
[25] 赵汀阳. 替人工智能着想 [J]. 哲学动态, 2023 (07): 41—45+127.
[26] OpenAI 2022《Introducing ChatGPT》, OpenAI 官网 https://openai.com/blog/chatgpt。

(责任编辑: 吉晖)

【国际中文教育市场化】

国际中文教育市场化的影响因素、必要条件及发展趋势[*]

惠天罡[**]

提　要　国际中文教育的跨学科属性以及各种市场环境因素，为国际中文教育市场化发展创造了很多有利条件。因此，可以从市场化布局、师资队伍建设和技术环境等方面分析国际中文教育市场化的影响因素，从供给与需求的互动、生产与分工的调整、产品与服务的跟进、产业群的推进等方面探讨国际中文教育市场化的必要条件，从市场主体多元化、教育生态多样化、教育产品数字化和创新成果产业化等方面探讨国际中文教育的市场化发展趋势。

关键词　国际中文教育；市场化；产业化；影响因素；必要条件；发展趋势

Influencing Factors, Necessary Conditions and Development Trends of International Chinese Education Marketization

Hui Tiangang

Abstract　The interdisciplinary nature of international Chinese education and various market environmental factors have created many favorable conditions for the market-oriented development of international Chinese education. This paper first analyses the influencing factors of international Chinese education marketization from the aspects of market layout, teaching staff construction and technological environment. Next, the paper discusses the condition for the marketization of international Chinese education from the aspects of the in-

---

[*]　本文系国家语委重点项目"中文国际传播服务文化软实力提升的创新路径与机制研究"（ZDI145 - 85）阶段性成果。
[**]　惠天罡，首都师范大学教授，语言治理研究融智协同创新中心研究员，主要研究中国国际教育与传播、语言教育与教学等。

teraction between supply and demand, production and the division of labor, products and follow-up services. Finally, the development trends of the marketization of international Chinese education are discussed from the aspects of diversification of market entities, the diversity of education ecology, digitization of educational products and industrialization of innovations.

Key words International Chinese Education; Marketization; Industrialization; Influencing Factors; Necessary Conditions; Development Trend

引　言

随着中国综合国力和国际地位的不断提升，中国与世界各国的交往日趋紧密，中文作为公共产品对世界的供给广度和力度都在逐渐增强。国际中文教育的市场化运营也愈来愈受到业界的关注。截至目前，全球已有160个国家和地区设立了499所孔子学院和793个孔子课堂，190多个国家和地区开展了中文教育项目，85个国家通过颁布法令政令等方式将中文纳入国民教育体系。160多个国家设立中文水平考试考点1300多个，累计考试人数达5800多万人次。据不完全统计，目前海外正在学习中文的人数超过3000万人。下文将通过对国际中文教育市场化的影响因素、必要条件和发展趋势的分析，探讨国际中文教育在市场化进程中需要关注的一些问题。

一　国际中文教育市场化的影响因素

经济学领域的PEST分析是指宏观环境的分析，宏观环境又称一般环境，是指一切影响行业和企业的宏观因素。这些因素被统称为PEST。P是政治（politics），E是经济（economy），S是社会（society），T是技术（technology）。国际中文教育属于语言教育行业，所以PEST分析同样适用于分析国际中文教育市场化的影响因素。

（一）市场化布局

我们以PEST分析作为参照，同时考虑到国际中文教育与我国的外交战略和对外开放政策存在较强的关联性与一致性，以及国际中文教育学科与文化联系密切，故从以下几个宏观层面的影响因素讨论国际中文教育市场化的发展布局：地缘相近、文缘相容、商缘相通、政缘相倚、亲缘相连、阶段相似。技术因素我们下文将单独予以讨论。

地缘相近就中国与他国的地理位置关系而言，文缘相容就中华文化与他国文化的关系而言，商缘相通就中国与他国的经贸合作而言，亲缘相连就中国与他国的共同情感、相似历史遭遇及其相同利益诉求而言，政缘相倚就中国与他国政治合作而言，阶段相似就中国与他国的发展阶段的一致性而言。

比如，在地缘相近方面，中国的周边外交已经形成一整套相对稳定而成熟的做法（王帆，2016：170）。可以依托现有的地区机制，东盟10+3、上海合作组织、博鳌论坛等，强化中文在区域合作中的附加价值和服务功能，助推国际中文教育市场化的进一步发展。

对中国而言，发展中国家仍然是当前外交政策的基础和立足点，也是中国实现发展与复兴的战略依据（王帆，2016：313）。越来越多的发展中国家开始肯定中国治国理政的经验，想借鉴和学习中国发展模式的长处。中国与其他发展中国家的合作领域与内容已经由此前的主要集中在政治互助方面发展到全方位、多领域的合作。"中文+职业教育"在亚非一些国家的迅速发展在一定程度上也反映了阶段相似这一维度对国际中文教育市场化的影响。

以上指标对中国与他国的关系构建产生不同程度的影响，在中国与他国的关系中指标覆盖率越高，融入程度越深，越有助于国际中文教育在这些国家开展（惠天罡，2022）。换言之，"五相"指标覆盖率高的国家可以成为国际中文教育的重点发展区域。

（二）师资队伍建设

国际中文师资队伍建设是国际中文教育市场化发展的重要组成部分。发展国际中文教育专业学位研究生教育16年来，本硕博贯通的人才体系建立建成，硕士层次培养高校已经从设立初期的24所增加到198所，博士层次试点培养高校27所。累计培养硕士研究生7.4万人，博士研究生652人，其中包括来自72个国家的1.5万多名外国留学生，同时有一半以上的中国学生已担任国际中文教师志愿者或者专职教师，2/3的外国学生回国担任本土中文教师或从事相关工作、活跃在海内外中文教学课堂和教育研究机构，成为国际中文教育的有生力量。[①]

自2004年启动国际中文教师志愿者项目以来，累计已有6万余名志愿者赴151个国家和地区任教，[②] 既满足了各国中文学习需求，也为增进世界各国人民间的友

[①] 资料来源：中国教育国际交流协会会长、全国国际中文教育专业学位研究生教育指导委员会主任委员、教育部原副部长刘利民在2023年12月7日国际中文教育专业学位建设与人才培养专题研讨会上的发言。

[②] 资料来源：柴如瑾. 国际中文教育志愿者：向世界播撒中文种子[N]. 光明日报，2022-04-21(8).

谊和交流作出了杰出贡献。

国际中文教师志愿者的教育教学热情与能力、灵活应变的跨文化交际能力以及爱岗敬业精神，使得国际中文教师志愿者项目在国外具有较高口碑，这为国际中文教育海外师资队伍建设奠定了良好基础。尽管如此，也有一些问题值得关注。

国际中文教师的培养需要考虑三重逻辑：国家逻辑、市场逻辑和个体逻辑。国家逻辑主要考虑服务中国文化软实力的提升，即传播中华文化、讲好中国故事。市场逻辑是因时制宜、因地制宜、因势制宜的培养逻辑，具体涉及培养院校所在地的区域特点、培养对象的群体特点、培养院校的特点与优势等方面。个体逻辑则应考虑培养对象的个体特点、动机和需求，包括专业背景、学习动机、心理素质等方面。

比如，目前，对国际中文教育教学手段的智能化程度要求愈来愈高，与此对应的课程需求也会愈来愈多。这也对国际中文教育的数字化发展以及对师资队伍的信息化素养提出了更高的要求。因此，培养汉硕的课程体系中可以适当增加数字化课程制作与设计、数字化资源选择和利用、优质在线课程案例分享等课程，帮助汉硕增强教育信息化意识，掌握一定的在线课程教学策略。这将有利于汉硕毕业后能够更从容地从事中文教学工作。

中文教学与行业和职业教育的融合势必需要更多"中文+职业技能"的专职教师。国际中文教育的生源专业背景较为多元，因此，各高校在汉硕培养过程中，可以适当引导学生在汉语教学中尽可能发挥自己本科专业的相关优势，为部分汉硕毕业生充实"中文+"的师资队伍创造一定条件。

汉硕培养院校可结合区域特点和优势设置一些具有区域特色的课程，提升汉硕的综合素养，帮助他们更好地将教学场域功能和传播场域效能融合起来，帮助汉硕提升讲好所在城市故事的能力。

外派中文教师的队伍建设方面也可以基于国家、市场、个体三重逻辑进一步优化。比如，除了要考虑外派目标区域的政策、法律和机制等因素以外，也应综合考量对方的行业环境。比如，当地的中文教育生态结构如何，除了学校教育，还有哪些方面的潜在合作伙伴需要中文教育人才，尤其是当地社会机构和当地企业的中文产品与服务需求应予以足够重视。还应权衡与评估外派教师的个体特点对其在目标区域开展工作的效果所产生的影响，包括优势、不足和风险等方面。以此为基础，就可以更精准地对标目标区域市场，优化外派中文教师的合作机制、选拔机制、培训机制和考核评价机制。

（三）技术环境

以多媒体技术、互联网技术、软件开发技术、虚拟现实技术、人工智能技术等为代表的数字技术改变了人们的生活、学习、工作状态，也推动了国际中文教育新形态、新模式、新产品的迭代与更新，为国际中文教育的发展进一步赋能。

技术的应用会不同程度地改善教育体验，从而影响国际中文教育的教学生态以及教育管理者、教师和学习者的选择与需求。技术环境的支持，降低了国际中文教育产品与服务的生产的边际成本，从而使国际中文教育产品与服务规模化发展成为可能。比如，各类在线学习产品大幅降低了新增的产品使用者所需支付的成本，进而使得用户的选择更为多元和灵活。

数字技术对学习者的影响不容忽视。伊恩、瑞恩和同事妮基·莫汉（Jukes、Schaaf & Mohan，2015）在《重新定义学习：数字化一代的学习策略和应用程序》一书中明确了数字化一代的九大学习特性：（1）倾向于从多种数字渠道获取信息；（2）倾向于并行处理或同时处理多个任务；（3）倾向于在处理文本信息之前先处理图像、声音、色彩和视频信息；（4）倾向于同时与多人进行协作和沟通；（5）阅读纸质文本或网页文本时往往会无意识地进行快速阅读；（6）倾向于适时学习；（7）希望得到即时满足和即时奖励，但也伴随着延迟满足和延迟奖励；（8）能在数字世界和现实世界之间自如切换；（9）偏爱既有用又有趣的学习。以上数字化一代的学习特征会直接影响他们学习中文的需求，进而影响国际中文教育的市场供给。比如，多模态的教学资源将会受到更多关注，教师可以在教学设计中充分利用学生偏好直观感受的特点，在教学中添加多模态的形式和内容，并根据教学需要将公共媒体、社交媒体上的多模态网络资源转化为教学资源（惠天罡，2023），满足此类教学需求的题材多样的短视频之类的中文教育产品将会越来越丰富。

今后，国际中文教育将与数字技术融合得更为紧密，教学理念、教育技术、课程标准、教学方法、考核评价等都将随之发生变化。具体表现为：（1）创建更加高效的学习环境。借助数字技术创设优质的中文教育平台与环境，推进中文教育更加便利、高效，保证学习者在以智慧教室、虚拟实训室等为代表的学习环境中有更强的获得感和体验感。（2）建设更加丰富、多样的中文教育资源。中外双方共同推动数字教育资源的开放和共享，为全球学习者提供更加丰富、优质的资源。除此之外，业界将充分利用互联网，开展推进中文教育研究的各类工作坊，举办线上线下综合学术会议，在各个方面以数字技术驱动国际中文教育。（3）打造更多泛在、智慧的应用场景。通过数字技术来模拟真实场景，建设可移动的虚拟仿真的中文教育课程和资源。通过各类线上互动性、体验性课程，让中文学习具有更强的可触达性，形成时时处处人人皆可学的教学生态。

二　国际中文教育市场化发展的必要条件

（一）供给与需求的互动

供给与需求的互动是国际中文教育市场化的根本动力。国际中文教育的供给分为上游供给、中游供给和下游供给（惠天罡，2022）。

上游供给的供给主体主要包括两方面：（1）官方机构。供给内容主要是出台政策、法规，确定供给数量、种类，明确供给目标，确定供给原则，指引发展方向，及时进行市场监管和供给效果评价等。（2）研究机构或研究群体。供给内容是推出国际中文教育相关研究成果，提供智力支持，对其发展予以理论性指导。

中游供给的供给主体包括高校、企业、社会团体等各种社会力量。供给内容更多为资源服务型供给，如平台服务、技术支持、数据分析、信息咨询等。中游供给分为显性供给和隐性供给。显性供给和中文教育直接相关，服务内容和方式直接对应于国际中文教育供给的整体或局部。隐性供给是国际中文教育的潜在资源，如抖音、微信、百度、知乎以及各类媒体等，它们都是服务于国际中文教育内容与形式供给的可利用资源。

下游供给以教师、学生、课程为重点，形成了较为直接的基于"教—学"关系的供给链。在下游供给中，用户需求是基础，课程供给是核心。

目前，国内需求分析多聚焦学习者和教师的需求而忽视市场需求。在国际中文教育领域，市场需求分析指的是在全球范围内以国别或区域为单位，对其域内用人单位的具体人才需求情况进行调查，以了解用人单位对中文人才需求的维度、层次、数量和质量等（黄长彬，2023）。因此，提升国际中文教育的供给效率，以下几方面较为重要：（1）充分研判用户需求，明确中文在市场行情中的价值，找准中文教育服务的对象，进而明确中文教育供给的内容、层次和数量。（2）重视中文附加价值的功能，将中文教育的供给与其他行业的供给有机融合，优化供给模式，增强中文教育的社会服务效能。中文国际应用的最根本因素是中文对世界有用，特别是在人文、经贸、科技等领域。这三大领域亦是中文国际应用的引力之源（李宇明，2023）。因此，增强国际中文教育与人文、经贸、科技等领域的融合，有助于供给与需求的良性互动。（3）在评价国际中文教育供给效果时，要尊重语言使用区域的特点和语言使用群体的真实感受。从评价主体来看，一般来说，对公共产品供给效率的评价主体可以是政府评价、专家评价和消费者评价（杨峰、吕尖，2011）。中文也是公共产品，以上三方面的评价同样适用于国际中文教育。政府评价有利于市场的宏观调控，专家评价有利于科学运营，消费者是语言的直接享用者，对语言的提供有着具体、深刻、实在的感受，最能反映出语言供给是否满足了真实需求。需要注意的是，国际中文教育的消费者或者用户既包括个体，还包括劳动力市场中的公司和企业。因此，应该重视企业用户对中文人才使用方面的评价，以利于改善和提升中文教育的供给效果。

（二）生产与分工的优化

经济学的"比较优势"理论认为，生产者将时间、精力和资源集中于生产自己具有比较优势的产品，社会总产量就会达到最大。"在商业完全自由的体制下，各国都必然把它的资本和劳动用在最有利于本国的用途上。这种个体利益的追求很好地和整体的普遍幸福结合在一起。通过鼓励勤勉、奖励智巧，并最有效地利用自然所赋予的各种特殊力量，它使劳动得到最有效和最经济的分配；同时，由于增加生产总额，它使人们都得到好处，并以利害关系和互相交往的共同纽带把文明世界各民族结合成一个统一的社会。正是这一原理，决定葡萄酒得以在法国和葡萄牙酿制，谷物应在美国和波兰种植，金属制品及其他商品则应在英国制造"（大卫·李嘉图，2021：111）。因此，每个国家都会根据择优原则，生产并出口具有相对优势的产品，进口有比较劣势的产品，以获取原材料、寻求知识、降低成本，从而产生贸易利得。既然如此，这就涉及生产主体的市场分工的问题。

如果将国际中文教育市场中的产品与服务视作是一种国际贸易服务型产品或服务，那么，就国际中文教育产品的生产主体而言，可从市场行情考虑中文教育生产主体的分工，市场行情包括区域特点及优势、学区要求、民众需求、学校特色、机构优势、行业影响力、国际合作频度与密度等方面。国际中文教育生产主体的分工主要包括三方面：（1）中国与国外的市场分工；（2）中国市场内部分工；（3）国外市场内部分工。按照李嘉图的国际贸易理论的内在逻辑，当国外当地用户使用了中国的国际中文教育产品，本国的中文教育生产者就会受损。如果中国生产的中文教育产品在当地外语教育体系中占比越大，对当地产品与服务体系影响越大，当地的中文教育生产主体获取的收益就会减少，由此中文教育产品或服务在当地市场上产生的"排异性"就越强。

现实情况是，任何国家的外语教育系统的发展，其发展的最终动力源于自身教育供给质量和效率的提升。否则，外语教育系统的发展很难可持续发展。中文教育也是如此。就国外中文教育市场而言，中文教育产品可以分为替代型融合产品和补充型融合产品。前者是针对教育体系某一环节的"替代"，后者是对某类教育产品或服务的局部的完善和补充。因此，就中国中文教育生产方而言，需要顺应中国与国外市场分工的现实逻辑，更充分地考量中文教育产品或服务在当地教育体系中的功能和定位，在当地教育市场的框架中有针对性地生产"补充型""融合型"产品，淡化产品的"替代性"功能，强化课程产品的补充性、融合性功能，避免对当地的低效或无效的中文教育产品或服务供给。

中国国际中文教育产品的生产应遵循中文作为二语的习得规律，立足中文及其使用者的特点，侧重研发便于学习者掌握中文特点和规律的产品与服务。比如，基于年龄、学段的不同，研发数字化汉字教学课程，为高校的中文作为二语的国外学习者提供可以参照的学术汉语写作中的常用的、规范的词汇及句型，帮助他们用中文呈现、传播知识。

在开放的国际中文教育市场环境中，中文教育生产主体既要采取比较优势战略加入国际分工，又要基于国内外中文教育实际与市场规律，合理分工，优化供给，进而实现最佳规模生产。这也有助于通过国际分工实现中文教育的供需平衡，外方应侧重基于中外语言差异的语言教学。

（三）产品与服务的跟进

国际中文教育产品与服务的类别划分可以借鉴公共产品和语言产业中的产品分类依据。国内学者将公共产品分为资源形态的公共产品、物质形态的公共产品、服务形态的公共产品、制度形态的公共产品、文化形态的公共产品等（许彬，2003：118—127）。陈鹏（2012）把是否能够满足某种语言需求，作为判断某种产品（服务）是否属于语言产品（服务）的标准。语言需求可以细分为以下五种：（1）语言能力提升的需求，与此相关的有语言培训、语言出版、语言测试等方面的产品（服务）；（2）语言转换方面的需求，与此相关的有语言翻译方面的产品（服务）；（3）语言技术方面的需求，与此相关的有语言文字信息处理方面的设备、软件等产品（服务）；（4）语言创意与艺术方面的需求，包括命名服务、书法艺术、字体设计等；（5）公共语言产品（服务）方面的需求，包括对语言学术研究、语言资源整理与保护、语言数据库、语言标准、语言政策等产品（服务）的需求。以上（1）—（4）和经营活动、语言服务市场有密切关系，都能体现出语言产品的产业属性。（5）更加注重语言产品或服务的社会效益，故体现了语言产品的事业属性。这与国际中文教育具有的事业属性和产业属性有一定关联，因为国际中文教育的核心是语言教育，所以以上需求或多或少都和国际中文教育存在不同程度的关系。基于以上需求而生产的产品都有可能成为国际中文教育的产品和服务。

李艳（2012）基于具体的语言消费需求，将语言产品分为纯语言产品或服务、语言科技产品和综合语言产品三类。纯语言产品或服务的最终形态为语言，如语言出版、语言翻译等；语言科技产品最终形态为运用、处理语言的软、硬件设备等，包括机器翻译、文字输入法、语音合成技术等；综合语言产品最终形态为语言教育、语言艺术等，包括语言培训、语言能力测评等。这种基于语言服务形态的分类，对国际中文教育产品形态的分类具有一定借鉴意义。

结合以上学者对语言产品的分类，从形态上看，我们可以把国际中文教育产品分为资源形态的产品（如中文工具书、中文微课程等）、物质形态的产品（如出版的各类中文教材等）、服务形态的产品（如针对中文教育的语言翻译）、制度形态的产品（如语言政策等）、文化形态的产品（如书法艺术）等。

中文的使用价值使其在国际中文教育市场上主要表现为主体价值和附加价值。前者表现为以帮助学习者学习中文知识和提升中文的听说读写技能为主要服务内容。如"中文即专业"的中文教育类型。后者表现为中文的非主体功能，中文的价值可以是为帮助实现某种主体功能的工具性或媒介性价值，也可以是蕴藏于某种主体功能之中的人文价值。如"中文+专业""中文+行业""中文+职业技能"等中文教育的不同类型。我们也可以将中文的主体价值和附加价值看作一个连续统，因为中文的这两种价值有时并非表现为非此即彼的状态，它们的差异更多地表现为强弱之分。比如，中文的人力资本价值，如果仅仅聚焦于中文使用者的听说读写技能层面，中文的主体价值较为明显，如果聚焦于从业人员的职业素养，中文能力可能是其职业素养的一部分，那么中文的附加价值更为明显。根据中文的主体价值和附加价值进行分类，国际中文教育的产品与服务可分为基于中文主体价值的产品和基于中文附加价值的产品。明确这两类产品与服务的特点和用户群体，有助于更精准地设计、研发中文教育产品，满足市场需求。

（四）产业群的推进

国际中文教育具有较强的跨学科属性，它既和语言产业有关联，也和文化产业密切相关，同时，它还具有教育产业的属性。我国充分考虑教育培训及相关产业发展政策要求和新业态新模式，以及教育及相关产业特点和实际发展状况，借鉴国际教育标准分类、国际标准行业分类以及其他幸福产业统计分类的原则与方法，以《国民经济行业分类》（GB/T 4754—2017）为基础，将对国民经济行业分类中符合教育培训及相关产业特征相关活动的产业进行再分类，形成了《教育培训及相关产业统计分类》（2020）。这一分类标准对国际中文教育的产业类别区分具有较强的借鉴与指导意义。基于此，可以将教育培训及相关产业范围确定为学校教育、社会教育、培训服务、教育培训管理服务、教育培训相关服务、教育培训用品及相关产品流通服务、教育培训用品及相关产品制造、教育培训机构设施建设等 8 个大类。以上 8 类产业同样适用于国际中文教育。不过，国际中文教育的这 8 类产业发展并不平衡，也不充分。国际中文教育中的学校教育、社会教育与教学关系更为密切，因此受到的关注度较高，发展也相对成熟。中文教育培训相关服务、教育培训管理服务、教务培训相关服务等产业受到的关注度较低，在市场上的作用还没有很好地发挥出来。

就中文教育培训相关服务而言，它包括教育科技服务、智慧教育培训服务、教育培训信息服务、教育培训基地服务等类别。其中的教育科技服务包括产教融合服务、教育科技创新服务、教育创新创业服务等。其中的智慧教育培训服务包括智能化教学管理、互联网教育培训服务平台、教育培训大数据与云计算服务、物联网教育培训技术服务等。其中的教育培训信息服务包括教育培训市场调查、教育培训咨询服务、留学中介服务、教育培训广告服务等。以上这几类服务业态都有很大的市场发展空间。比如，中文教育的产教融合服务，主要指为推动职业教育和高等教育与产业发展有机衔接、深度融合提供的相关服务，以及创建汇聚区域和行业人才供需、校企合作、项目研发、技术服务等各类供求信息的平台。但是，在"中文+职业技能"教育领域，高校、职业院校、企业三方合作的广度、力度、深度都有很大的提升空间，如能以三方合作为基础，将中文教育有机融入产学研体系，创建人才供需、项目合作、技术支持的各类供求信息的平台，并适时更新、调整，将会大力推进国际中文教育市场化发展。

三　国际中文教育市场化的发展趋势

伴随我国国际影响力的提升，中文教育在全球范围将获得更大发展，追求速度和规模并非国际中文教育市场化的主要目标，追求质量和效益才是国际中文教育市场化的必由之路。如何多样化地推进国际中文教育产业化，建立政策驱动、资源驱动和市场驱动相结合的发展机制，促使中文教育的市场机制构建、人才队伍建设、技术支持服务等各方面和谐融入各个国家的语言文化教育与传播生态，是国际中文教育今后很长时期应该予以关注的。基于国际中文教育当前的发展现状与市场化的内在逻辑，未来的国际中文教育市场化将会在市场主体多元化、教学生态多样化、教育产品数字化、创新成果产业化等方面有所体现。

（一）市场主体多元化

政府、学校、社会团体、研究机构等都是国际中文教育市场化的市场主体。当前的国际中文教育的市场运营模式是以政策驱动为主、资源和市场驱动为辅。具体表现为：政府部门或者官方机构以"国家需求"的代言人角色和市场中"多样性客户"的角色进入市场，发布政策、反映需求、倡导协同、鼓励创新、开展评估、推进各类中文教育成果的转化，学校是国际中文教育产业链中最为重要的组成部分，它既向中文学习用户提供产品与服务，又向人力资源市场提供劳动力。社会团体和研究机构通过组织各类活动、研发多种项目，提供平台、资源，形成服务学校中文教育的相关产业链和延伸产业链，推进国际中文教育不断发展。

随着国际中文教育市场化进程的推进，市场主体将更为多元，民间组织和社会团体的市场参与度将愈来愈强，跨界合作的趋势将愈加明显。一方面，具有相对优势的学校将加大双向整合力度。纵向整合国际中文教育产业链的上游和中游供给主体以及市场需求方（如需要中文劳动力资源的企业或机构），横向整合其他相关领域的学校和机构，拓展、丰富中文教育业务。比如，高校之间开展合作，实现区域优势互补、学校优势互补、师资优势互补、专业优势互补，这既有利于增强学校影响力，也有利于拓展国际中文教育的市场。另一方面，更多具有一定资本和资源优势的企业也将进入国际中文教育领域，尝试转型，并且积极寻找合作者。另外，数字经济与技术的发展，降低了国际中文教育市场的进入"门槛"，越来越多的社会个体将会采用直播、短视频等形式在社交媒体等互联网平台创作中文教育的相关产品或者提供相关服务，这在一定程度上也在改变中文教育市场的业态。

（二）教学生态多样化

中文教育生态的智能支持将愈来愈受到业界关注。新兴技术已经改变传统教学生态，正在迅速推进增强现实（AR）、虚拟现实（VR）和混合现实（MR）与中文教育进一步融合。虚拟元素与真实环境构成的教学"虚拟连续体"正在形成。增强现实技术将根据中文教育的需求不断在教学中增加虚拟元素的比例，虚拟现实技术将为国际中文教育提供更多不同类型的接近真实的虚拟环境，混合现实技术将在现实世界、虚拟世界和中文学习用户之间搭建起更多的交互反馈的信息回路，不断提升学习用户的体验感和获得感。

线上线下相结合的教学生态正在成为国际中文教育的新常态。线上教学平台的服务功能将满足更多个性化需求。比如，中文教育资源的平台供给主体将结合市场需求，不断改进、提升后台对用户数据整合读取的能力，为服务用户画像提供智能化支持。

在国际中文教育的市场化进程中，中文具有的信息和文化传播功能以及国际中文教育的跨文化交流功能，为国际中文教育与媒体的融合创造了条件。中文教育和媒体融合将进一步加强，中文教育和文化传播的整合能力将进一步提升，从而推动中文教育进入传媒产业，逐渐形成教育传媒化、传媒教育化的新格局。比如，四达时代集团于2002年走进非洲，业务已遍及撒哈拉以南的37个非洲国家，发展数字电视用户1600万、移动端流媒体用户4500万，是非洲大陆发展较快、影响较大的数字电视运营商。教育部语合中心与四达时代集团整合资源，强强联合，携手开设面向非洲国家的中文节目展播活动，在当地发展势头良好。

（三）教育产品数字化

数字技术在推动国际中文教育新业态、新模式产生的同时，也将推进国际中文教育新产品的迭代与更新。今后，国际中文教育与数字技术深度融合，将产生大量的数字文化教育产品和服务，这些产品和服务甚至会成为国际中文教育市场的主要文化教育产品。

伊恩·朱克斯、瑞恩·L.沙夫（2020：116—157）提到11个关于2038年教育的预测，具体包括：（1）适时学习将成为主旋律；（2）学习将在虚拟世界和现实世界随时随地发生；（3）学习将是终身的事情；（4）学习将变成以学习者为中心的个性化、非线性学习；（5）学习将变成全面心智的学习；（6）学习将基于现实世界展开；（7）学习将以探索和发现为基础；（8）学习将侧重于处理多媒体信息；（9）学习将注重协作性；（10）学习将受到人工智能、智能设备和大数据的辅助；（11）学习和评价将更加全面真实。

在以上对未来教育的预测中，很多教育理念、学习状态都可能会和数字技术发生关联，数字技术将会最大限度地助力以上预测的教育和学习状态成为可能。具体表现为：（1）数字技术支持适时学习，并帮助中文学习用户高效获取合适的学习资源。（2）多种多样的数字工具、软件、程序帮助中文学习用户创建个性化的增强现实（AR）、虚拟现实（VR）和混合现实（MR）学习环境，学生可以利用这些数字产品随时随地按照自己的节奏学习。（3）数字技术产品将中文线上学习和社交媒体联结起来，帮助学生在自主学习的同时，还可以与分布在全球的中文学习者进行分享和交流。（4）数字技术发挥高效的资源整合功能，将大量的数字媒体类的文化产品转变为中文教育产品或服务的一部分。中文教育用户将在中文教育平台获得各类自己感兴趣的文化产品，支持自己的中文学习。（5）适用于个人数字化设备的各类中文教育产品和服务将会受到更多学习用户的欢迎。中文教育用户将充分发挥泛在学习（ubiquitous learning）的优势，在移动电子设备上学习中文。（6）服务中文教育管理和评价的数字产品将大量涌现。利用区块链技术收集学生的各种成绩，为学习用户进入就业市场提供可靠的记录与证明，此类数字技术产品必将为学校的中文教育管理和中文教育供给与需求产业链的有效衔接提供有力支持。

(四) 创新成果产业化

用户的个性化需求是产品与服务不断迭代更新的动力，不断出现的新产品与新服务会产生新价值，这些新价值有时又会创造新需求。新价值包括功能性价值，也包括非功能性价值。功能性价值主要源于技术层面的改进，如在线教学平台的教学管理和教学评价功能的进一步完善、中文教育的行业标准的制定与完善等。非功能性价值更多表现为影响中文教育产品和服务质量的用户的感官知觉和情感体验。随着科技、媒体和其他行业与国际中文教育的进一步融合，市场主体对用户情绪价值将给予更多关注，国际中文教育市场会产生更多的差异化产品与服务，这些差异化的产品与服务在提升中文教育质量的同时，也将在很大程度上改善用户的学习体验，增强用户对一些品牌产品与服务的关注度、认可度和忠诚度。

今后，中文教育的新价值将会在国际中文教育的创新成果中得到更多体现，具体表现为完善中文教育的功能性价值、挖掘中文教育的非功能性价值的创新成果越来越多地进入市场。

比如，人工智能的兴起推动了教育革命。教育界对电子游戏的作用和影响的认识与理解也在发生变化。有学者认为，未来的游戏将越来越多地为学生提供私人定制服务，会比现在的游戏更复杂，也更能增强学习者学习的价值和回报（安东尼·塞尔登、奥拉姆梅吉·阿比多耶，2021：206）。有学者认为电子游戏具有如下特点：具有综合性、模拟性、娱乐性、艺术性、趣味性、激励性，可以增益大脑功能；具有人与电游设备之间的交互性以及双向的多选择性，可以满足教学的进阶式任务；可单人使用，具有私密性和个别性，适合更广泛的参与者；可随时中断随时继续，可应变式地重复或试错。这些特点对二语个别化教育十分适合（史有为，2023）。由此可见，电子游戏既有可能完善中文教育的功能性价值，还有可能增强中文教育的非功能性价值。类似的创新成果进入市场，将很有可能获得年轻用户的青睐，而青少年恰恰也是国际中文教育服务的重要群体。

结　语

当前的国际中文教育是以政策驱动为主的市场运营，但也应注意到资源驱动和市场驱动的因素与运行规律及其对国际中文教育的影响。因此，有必要深入研究国际中文教育中语言、文化、教育与传播以及语言、文化、教育与市场的内在逻辑关系与外部表现形式，综合分析国际中文教育市场化的宏观因素和微观因素，充分研判国际中文教育市场化的优势、不足、机遇与风险。

本文从市场化布局、师资队伍建设和技术环境等方面分析国际中文教育市场化的影响因素，从供给与需求的互动、生产与分工的调整、产品与服务的跟进、产业群的推进等方面探讨国际中文教育市场化的必要条件，从市场主体多元化、教育生态多样化、教育产品数字化和创新成果产业化等方面探讨国际中文教育的市场化发展趋势。

参考文献

[1] 陈鹏. 语言产业的基本概念及要素分析［J］. 语言文字应用，2012（03）：16—24.

[2] 黄长彬. 尼日利亚中资公司"中文+"市场需求调查研究［J］. 语言战略研究，2023，8（06）：43—56.

[3] 惠天罡. 国际中文教育供给侧优化的理论依据与发展路径［J］. 首都师范大学学报（社会科学版），2022（01）：86—95.

[4] 惠天罡. 国际中文教师数字素养提升的必要条件、现实基础与实践路径［J］. 云南师范大学学报（对外汉语教学与研究版），2023，21（02）：9—19.

[5] 李艳. 语言产业视野下的语言消费研究［J］. 语言文字应用，2012（03）：25—32.

[6] 李宇明. 中文国际传播的动力问题［J］. 全球中文发展研究，2023（01）.

[7] 王甬，丁安琪，彭志红，等. "国际中文教育"多人谈［J］. 语言战略研究，2023，8（06）：57—62.

[8] 王帆. 大国外交［M］. 北京：北京联合出版公司，2016.

[9] 许彬. 公共经济学导论——以公共产品为中心的一种研究［M］. 哈尔滨：黑龙江人民出版社，2003.

[10] 杨峰，吕尖. 公共产品供给效率：解析、延拓与回应［J］. 经济问题探索，2011（12）：26—29.

[11] 安东尼·塞尔登、奥拉姆梅吉·阿比多耶. 第四次教育革命：人工智能如何改变教育［M］. 吕晓志，译. 北京：机械工业出版社，2021.

[12] 大卫·李嘉图. 政治经济学及赋税原理［M］. 郭大力，王亚南，译. 北京：商务印书馆，2021.

[13] 伊恩·朱克斯、瑞恩·L. 沙夫. 教育未来简史：颠覆性时代的学习之道［M］. 北京：教育科学出版社，2020.

[14] Jukes, I., Schaaf, R. L., & Mohan, N. *Reinventing Learning for the Always-on Generation: Strategies and Apps that Work*［M］. Bloomington, IN: Solution Tree Press, 2015.

（责任编辑：梁德惠）

国际中文教育行业协会教育产品研究*
——以澳大利亚中文教师联会为例

王祖嫘　刘　倩**

提　要　澳大利亚中文教师联会系海外本土具有代表性的中文教育行业协会，对其中文教育产品的类型、特点及影响因素进行探究发现，海外行业协会是中文教育产品的重要供给方，其产品类型多样，包括有形产品和无形产品，产品性质从准公共产品向公共产品和私人产品逐步拓展，产品转化同市场需求联系密切，并受协会专业性和成熟度的制约。促进国际中文教育行业协会的产品建设，需激发行业协会的主体意识，协助其合理进行产品规划，通过多层次立体化合作网络提供资源支持，不断提升协会自身的专业性和成熟度，进而促进其教育产品量质齐升。

关键词　教育产品；行业协会；国际中文教育；澳大利亚

Research on the Educational Products of Industry Associations of International Chinese Language Education: A Case Study on Chinese Language Teachers' Federation of Australia

Wang Zulei　Liu Qian

Abstract　The Chinese Language Teachers' Federation of Australia (CLTFA) is a representative overseas industry association of Chinese language education. An investigation of the types, characteristics and influencing factors of its Chinese language educational products reveals that overseas industry associations are important suppliers of Chinese language education products. These products come in a wide range of types, including tangible

---

* 本文系国家社会科学基金一般项目"世界主要发达国家中文教育非政府组织的比较研究"（20BYY118）的阶段性成果。

** 王祖嫘，北京外国语大学中国语言文学学院副教授，主要研究方向为国际中文教育、语言政策等。刘倩，青岛经济技术开发区第二实验小学教师，主要研究方向为语文教育、国际中文教育。

and intangible products. The nature of the products is expanding progressively from quasi-public to public and private products. The transformation of products is closely linked to market demand and constrained by the association's professionalism and maturity. To promote the product construction of the Industry Association of International Chinese Language Education, it is necessary to stimulate the subjective consciousness of the industry associations, assist them to carry out product planning reasonably, provide resource support through the multi-level and multi-dimensional cooperation network, and continuously improve the professionalism and maturity of the associations, thus promoting the quantity and quality of their educational products.

Key words Educational Products; Industry Associations; International Chinese Language Education; Australia

引 言

产品（Product），在经济学中定义为"人们有目的的生产劳动创造的能满足人们某种需要的物品"（保罗·萨缪尔森、威廉·诺德豪斯，2008）。厉以宁（1999）认为教育产品指的是教育部门和教育单位所提供的产品，这种产品又称教育服务。语言培训（教育）行业被列为语言产业之九大业态之一，为各类语言教育需求提供产品和服务。随着中国国力的不断提升，世界各国中文学习热情持续高涨，全球已有81个国家将中文纳入国民教育体系，对国际中文教育产品和服务的需求与日俱增。关于中文教育产品的供给，已有部分研究进行过讨论，惠天罡（2022）构建了上游、中游和下游的主体共同组成的国际中文教育供给结构，倡导多类型、多层次的供给主体，为供给主体的不同角色赋予不同的职能，由此产生不同的供给内容，采用不同的供给形式，形成层次不同的供给链条，以更好地适应多样化的市场需求。其中，高校、企业、社会团体等各种社会力量是国际中文教育产品重要的中游供给主体。在本领域研究中，对高校中文教学的研究为数最多；其次对于企业产出的商业产品研究亦有显著增长，包括对教材资源、数字资源、教学资源库建设等研究（马箭飞等，2021；吴应辉等，2021）；而相关社会团体的研究则较少，少部分研究关注各国孔院的文化活动（郭玉玺，2020）或"汉语桥"等代表性赛事（刘奕彤，2018）。关注海外中文教育行业协会，并从产品角度展开研究的较为鲜见。在世界各国中文教学规模日益增长，行业特征逐步凸显的背景下，国际中文教育行业协会在世界各国呈现增长态势。在一些中文教育发展较为领先的国家，当地中文教育行业协会规模不断扩大,产品日益丰富,成为教育产品供给体系中的一类独特存在,其教育产品的性质、类型及特点值得认真研究。鉴于此,本文以南半球最大的中文教育行业协会——澳大利亚中文教师联会为对象,对其教育产品进行分析和考察,以期为国际中文教育产业发展,相关教育产品的多元化、本地化供给提供参考。

一 研究对象与研究方法

(一) 研究对象

澳大利亚中文教师联会(Chinese Language Teachers' Federation of Australia,CLTFA)成立于 1995 年,拥有总会及 8 个区域分会,分别是澳大利亚首都地区中文教师协会、新南威尔士中文教师协会、北领地中文教师协会、昆士兰中文教师协会、南澳中文教师协会、塔斯马尼亚州中文教师协会、维多利亚州中文教师协会和西澳大利亚中文教师协会,覆盖全澳各州。联会现有教师队伍近 3500 人,教授学生近 17 万人。自成立以来,澳大利亚中文教师联会在澳大利亚中小学和私立学校中文教学方面发挥了重要作用,每年一届的学术年会吸引了来自世界各地众多行业专家和一线教师,已成为澳大利亚、新西兰乃至南半球最大最有影响最有代表性的专业中文教育组织。CLTFA 的组织目标包括:

(1) 促进澳大利亚的汉语教学和学习;
(2) 开展扩展成员对中文及教学方法各方面知识的活动;
(3) 为教师会员和中文学生编辑和出版中文学习材料;
(4) 通过资料订阅、会费、政府和私人捐赠等集资金,以资助 CLTFA 的活动;
(5) 在政府及其他机构代表中文教师的利益。

从上述介绍可以发现,CLTFA 以组织的名义提供中文教育服务并形成相关产品,产生了一定的价值。我们将 CLTFA 的教育产品定义为在组织发展过程中所产生的可以促进中文教育发展的有形载体或者无形载体,对其产品信息进行整理分类,探究产品的性质与特点。

(二) 研究方法

1. 数据库辅助的文献研究法

首先,通过各种渠道收集 CLTFA 的相关信息,包括组织的政策规范、教学材料、出版物、特色课程、文化活动、汉语比赛等。其次,对上述资料进行通读和梳理,从中提取有用的产品信息,并整合录入自建的教育产品数据库,为后期分析提供数据基础。

2. 案例分析法

在信息整合分析的基础上，对澳大利亚中文教师联会的 1 个总会和 8 个地区分会的各类产品进行筛选，择取资料全面、具有代表性的 2 项典型产品进行案例分析，探讨协会产品的特点。

3. 访谈法

通过协会成员访谈了解 CLTFA 产品开发的历程、对产品本身的评价以及对协会产品建设的思路，补充前述步骤中教育产品分析可能缺少的信息，对存疑之处加以核实。我们对联会现任主席、财务长等核心成员，以及新州分会、维州分会和西澳的会员教师各 1 名进行了访谈，并将其作为辅助分析资料。

二 澳大利亚中文教师联会产品分析

（一）产品类型

基于公共产品理论中对产品的性质分类，教育产品的性质可分为以下 5 类，分别是具有纯公共产品性质的教育服务、基本具有公共产品性质的教育服务、具有准公共产品性质的教育服务、具有纯私人产品性质的教育服务、基本具有私人产品性质的教育服务（厉以宁，1999）。该理论拓展了"产品"的内涵，将教育服务纳入其中，这意味着教育产品不仅包含有形的物质产品，也包含无形的非物质产品。

根据数据库收录的产品情况，我们初步将 CLTFA 的产品分为有形产品和无形产品 2 个类别（见图 1）。有形产品包括该协会与中文教育相关的政策法规、课程、教材、出版物、网络资源等，无形产品则包括该协会举办的文化活动、比赛、会议及其衍生品。

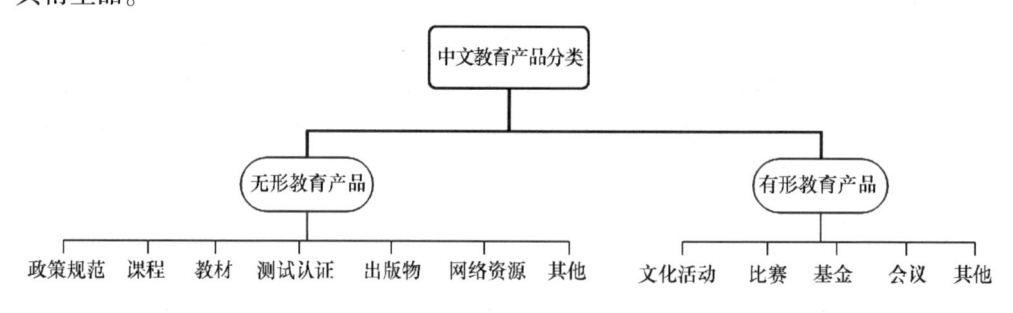

图 1 CLTFA 中文教育产品分类

如图 1 所示，CLTFA 的有形教育产品主要包括课程、教材、出版物、教辅资源等，个别协会拥有中文测试/认证或政策规范类产品。以下列举 CLTFA 总会及其区域分会的有形教育产品（见表1）。

表1　　　　　　　　　　CLTFA 有形教育产品内容列表

出品单位	内容	名称
CLTFA 总会	出版物	《澳大利亚中文教师联合会25周年纪念刊》
	文化活动	澳大利亚中文日
维州中文教师协会	课程	VCE 中文课程
		CLIL 课程①
	政策规范	《中国语言、文化及社会》
	教材	《我的母语》
		《VCE 汉语参考书》
西澳中文教师协会	政策规范	西澳语言教学大纲
		CLIL 课程
	课程	Background Course 课程②
		Heritage Course 课程③
新州中文教师协会	课程	网上中文课程《走吧》
	教材	《天天读中文》
		《中国故事》
		《中文科技》
		HSK 中母语组的教学大纲教材
	测试/认证	模拟中文高考课程试卷
		设计州初中毕业考试样卷
新州中文教师协会	教辅资源	《说说笑笑》教学辅助录像带
		CD 光盘《太好了》
		中国城、北京动物园、中国饮食和中国少数民四套中文教辅资料
		网络中文样本教学资源
首都地区中文教师协会	课程	ACTBSSS（澳大利亚首都地区高级中学委员会）中文课程
	政策规范	参与编写地区外语大纲
		BSSS 中文教学大纲
		初中高级中文教学大纲
塔州中文教师协会	教材	《标准汉语基本词汇》
		《汉语教学方法基本模式》
南澳中文教师协会	教辅资源	《高中汉语教学资源》

---

① 全称为 Content and Language Intergrated Learning，是一种内容和语言综合学习的课程。
② 根据国家课程大纲为中文为背景语的学习者开设的中文课程。
③ 根据国家课程大纲为中文为继承语的学习者开设的中文课程。

根据统计，有形产品数量最多的行业协会依次是新州中文教师协会、维州中文教师协会和西澳中文教师协会，最少的是北领地中文教师协会。产出教材最多的是新州和维州协会，产出教辅资源最多的也是新州协会。产出中文课程最多的是西澳协会，出版物最多的是新州和首都地区协会。从产品内容上看，各协会因势利导，发展出具有自己特色的、典型的教育产品，如维州中文教师协会的"VCE中文课程"是州内"中文高考"的针对性课程，吸引了大量考生。协会组织编写了《中国语言、文化及社会》教程，为VCE考试面向汉语二语学习者的新组别开发了配套教材，形成了集课程、教材、教辅资源为一体的产品链条。新州中文教师协会同该州教育部课程设计处深度合作，多次受托研发中小学阶段的课纲、测试评估及教辅产品等。不过各协会有形产品的数量和类型不甚平衡，一些规模小、历史短的协会，如昆州、北领地等教师协会尚未产出成熟的有形产品。

CLTFA的无形教育产品主要有3类，即为促进当地中文教学而举办的文化活动、比赛和会议。此类产品的数量远多于有形产品的数量，部分活动和比赛为周期性举办，形成相对固定的运行模式，已产生一定品牌影响力；另有部分活动为随机举办，影响力整体弱于前者。以下列举CLTFA总会及其区域分会部分影响力较强的无形教育产品（见表2）。

表2 CLTFA无形教育产品内容列表

出品单位	内容	名称
CLTFA总会	会议	CLTFA年会
		2007中澳新汉语教材国际研讨会
维州中文教师协会	比赛	中文朗读比赛
塔州中文教师协会	比赛	CLTAT小学生/高中生汉语演讲比赛
西澳中文教师协会	文化活动	年度校际联合活动日
新州中文教师协会	文化活动	澳大利亚国际华语诗歌晚会
	培训	新大纲学习培训会
首都地区中文教师协会	文化活动	中华文化大乐园优秀才艺学生堪培拉交流大型演出
	培训	地区中文教师培训会
昆州中文教师协会	培训	假期沉浸式汉语强化训练冬令营
南澳中文教师协会	文化活动	中国文化周
	会议	南澳华语教师专业发展研讨会
北领地中文教师协会	会议	中文教师联谊会

据统计，无形产品数量最多的行业协会为维州和新州中文教师协会，最少的是北领地协会。开展中文教育相关文化活动最多的是新州协会，相关会议最多的是维州协会，比赛最多的是新州和塔州协会。可以发现，各协会文化活动主要有3类：一是中国传统节庆活动；二是专属的中国文化学习日；三是中国本土游学。此类活动大多有固定周期，充分展现中华文化传统。各协会举办的中文比赛的特点是关注口头表达，以演讲、朗诵形式为主，较少出现读写类比赛。此外，教师专业发展也是协会关注的重点，总会和分会每年定期举办年会，还有各种主题的教师培训及研讨会，目的都是为了提高当地中文教师专业水平。除表2列举的本地活动以外，由于协会在当地的影响力，CLTFA及其区域分会还经常承办中国国务院侨办、中外语言交流合作中心等机构的中文（华文）教育相关活动，如"汉语桥""寻根之旅"等大型赛事和文化活动，成为中方海外活动的重要代理人和合作伙伴。

（二）产品案例

1. 澳大利亚中文日

2022年10月，CLTFA第5次理事会讨论通过了一项提议，决定将每年的9月1日设立为澳大利亚中文日，并向澳大利亚总理办公室和澳大利亚联邦教育部报备，以便进一步推广和促进澳大利亚中文教育。2023年9月1日，CLTFA牵头举办了首个澳大利亚中文日庆祝活动。活动专门成立组委会，设堪培拉主会场及地区分会场，邀请联邦总督、多元文化部长、中国驻澳使馆参赞等政要，连同首都堪培拉各界人士近500人参加了庆祝活动，在全国范围内产生了广泛影响。

在澳大利亚庆祝中文日尚属首次，"中文日"是CLTFA向全澳公众推出的一项公益活动，对于推广和提高澳大利亚中文教育具有深远的历史意义和现实意义。在协会的推动下，中文日成为一年一度中文教育领域的重要活动，具有象征意义和潜在的品牌价值。

2. 维州中文教师协会VCE中文系列产品

维多利亚州是澳大利亚中文学习人数最多的州，中文考试在维州的高中会考中也占据着非常重要的地位。维州的VCE（Victoria Certificate of Education）考试是该州的高中会考，考试成绩是升读澳大利亚或国外大学最重要的依据。VCE中文课程是围绕州教育部VCE教学大纲开展的课程。州内的中文教学并无统一教材，因此大纲成了唯一标准。维州课程与评估局将中文学习者分为两大类，第一类是在中国接受过至少七年的中文教育，称为第一语言类。第二类包括两种学生，一是在中国接受中文教育不超过12个月或在中国居住时间少于三年的，称为"第二语言初级组"；二是在中国接受正规教育不超过七年或在中国接受正规教育不超过澳大利亚七年级水平的学生，成为"第二语言高级组"，这二者统称为"第二语言类"。

维州协会参与了上述第二语言高级组考试的诸多工作，包括《二语习得》和《二语习得（高级）》课程的研究设计和审评工作。在举办各种讲习班和研讨会之余，协会还组织教学专家编写了《我的母语》《VCE 汉语参考书》等课程教材和教辅资料，缓解了对口教材的短缺问题。此外，协会将新 VCE 中文课程——"中国语言、文化与社会"的推广作为重要任务，并编写系列配套高级汉语教程——《中国语言、文化及社会》。这门课程将首次为高年级学汉语的非母语学生提供学习汉语语言和文化内容，缓解了州内中文会考中的公平性问题，受到广泛欢迎，从而进一步巩固了维州在澳大利亚乃至全世界在中文教学方面的领导地位。

（三）产品特点

1. 以准公共产品为起点，向公共产品和私人产品拓展

CLTFA 属于社会团体，是为澳大利亚中文教学发展而成立的非政府组织，属于非营利性质的协会。协会本身为会员制，会员主要为当地中文学校及中文教师。厉以宁（1999）提出，准公共产品性质教育的主要形式之一即是某个社会团体、集体组织、协会以自己的成员或其子弟，或主要以自己的成员及其子弟作为招生对象而建立的各种学校、培训班、补习班。CLTFA 主要为会员举办相关活动，为教师会员提供培训服务、学术交流会等，其性质属于典型的准公共性质的教育服务。

值得注意的是，随着协会的发展壮大，影响力增强，其产品服务对象逐步突破了内部群体的狭小范围，不断向社会公众拓展。随着澳大利亚公立教育中文教学规模的扩大，CLTFA 总会，以及维州、新州等较大的区域分会同当地教育行政部门合作日益加深，参与和受托承担了当地公立学校中文课程及测试评估的工作，其产品受众不再局限于以往的校外中文学校，而是覆盖至区域所有公立教学机构，成为真正意义上的"公共产品"。依托公共产品及准公共产品的影响力，协会研发并公开出版相关课程教材和教辅资源，将其推向市场，成为商业产品，这类产品为市场化经营，可以盈利，其性质属于私人产品。本文数据库收录的商业产品主要为协会集体组织开发的，其他尚有一定数量的协会成员个人的出版物未列入其中。总的来说，CLTFA 的教育产品以准公共产品为起点，呈现向公共产品和私人产品拓展的趋势，公共产品和私人产品较之准公共产品，更易落实为有形产品，收获更大的社会及经济效益。

2. 有形产品的转化同区域市场需求密切相关

本文分析发现，CLTFA 及其区域分会的有形产品数量比之无形产品仍然偏少。究其原因，有形产品的产出和转化受到多种因素的影响。首先是华人人口和中文学习规模。维多利亚州是澳大利亚华人移民人数最多的州，华人人口基数大，学习中文的意愿强。据2018年数据统计，维州当年学习汉语的人数占全澳中文学习人数的一半，市场需求极大，因此该协会的中文教育产品相较其他州更为发达。其次是地区经济的影响。澳大利亚各地区的经济支柱和产业结构有着较大不同，也影响着当地中文教育产品的发展。根据2019年澳大利亚联邦证券发布的报告显示，2018年第四季度，维州和新州延续之前的领先状态，整体经济实力最强，塔州和首都地区并列第三位，其中塔州是当年经济增长幅度最大的州。从产业结构来看，新州和维州主要以制造业、第三产业、农牧业和矿产业为主，北领地则主要以农业、石油和旅游业为主。因此维州和新州具有强有力的经济支撑，地方政府执行国家语言政策时可以提供充足的资金支持；发达的第三产业需要语言服务的支撑，对于高水平中文人才的需求更加旺盛。而北领地在这方面则较为薄弱，但是近年来该州旅游业的发展，吸引了许多中国游客，为了职业发展，州内民众中文学习意愿也逐渐增强，终于在2012年建立了自己的中文教师协会。由于协会历史短，会员人数少，几乎没有有形中文教育产品产出，未来随着当地旅游经济的发展和中文学习规模的扩大，可望产出更高质量的中文教育产品。

3. 教育产品的"量"与"质"受协会成熟度和专业性的制约

CLTFA作为一个非政府性质的行业协会，其自身的成熟度和专业化程度影响着中文教育产品的数量和质量。主要体现在以下几方面。

一是协会的历史长短，运作机制是否成熟。协会的成立时间越早、发展时间越长，积累的经验就越多。这些经验可以帮助协会进行预判，合理进行产品发展规划。如维州中文教师协会在全澳范围内成立最早，产出的中文教育产品数量多、质量高、影响力大，在维州中文教育发展中发挥着十分重要的作用。同时维州协会也是最早发起CLTFA联会的组织之一，维州协会成熟的运作机制也为后来成立的CLTFA联会所吸收，哈伟、徐纪兴等地方协会领导均曾担任联会主席、财务长等核心管理职务，对联会的发展和产品规划起到至关重要的作用。

二是资源的丰富度。一个协会如果想要获得长足发展，从建立初期就要注重资源的积累，不仅包括与中文教学息息相关的教学资源、学术资源，还包括商业资源、媒体资源、旅游资源，等等。一场大型文化活动或者比赛的举办不是单靠协会自身就能完成的，所以资源越丰富，协会的产品结构就越完善，影响力也越强。以产品较丰富的新州中文教师协会来说，协会拥有的学术资源、文化资源、政府资源等都比较多。学术资源如专家学者，有些是当地专家，有些是中国专家，如中国的鲁健骥教授、李江女士、史双元博士，当地的资深教育专家Erica McWilliam、Merry L

Wahlin、许慧玲博士均为协会教育产品研制作出过重要贡献；文化资源如悉尼朗诵艺术团、新州中文教师协会图书馆；社会资源及赞助商，如澳大利亚奥中国际旅游有限公司、你好出版社、光大银行、爱恩澳东、CBT Holidays 等。这些资源促成了新州许多产品的产生，如与你好出版社合作出版《中国故事》，与爱恩澳东合作促成汉语夏令营的文化活动，与悉尼朗诵艺术团合作举办中文演讲比赛，等等。

三是成员的专业性。产出优秀教育产品的行业协会往往有着非常强大的师资力量，他们或者是当地教学委员会的成员，或者是有着丰富经验的一线教师，如新州中文教师协会不仅可以产出一整套阶段性中文教学样本，还定期召开教学分享会，即使是新冠疫情期间也以网络分享会的形式讨论当时中文教学的热门话题，为学校线上中文教学的授课效果提供了可靠保障。可见，协会成员的专业性对协会产品建设及其未来发展势态有着重要影响。除了吸收高质量人才，协会还通过组织讲座、教学沙龙，邀请知名专家进行指导等形式，提高协会教师的专业性。CLTFA 联会每年的重头戏——"年会"现已举办 28 届，会议主题与时俱进，影响力与日俱增，对澳大利亚中文教育起着重要的带头作用。1999 年第五届联会以"澳大利亚国家中文教学大纲"为主题进行探讨，为推动基础阶段中文教育开了好头；2008 年会推出了"21 世纪汉语教学与测试论坛"；2017 年的第二十三届年会通过组织 4 场大会报告、36 场专题报告，就中文学习的特点和教学的性质、课堂教学策略、教学质量提高、教材编写建设、学生学习积极性、最新科技在中文教学中的应用，以及开发和应用适合本地的教材等方面进行全面深入研讨；第二十八届年会主题为"中文教育全球化与中文教育本土化回顾与展望"，与"第三届亚太汉语教学大会"合并举办，议题涉及课程、教法、学习者研究等诸多方面，吸引了国内外中文教育学者和教师上百位参会。可见，CLTFA 联会学术年会已成为当地乃至全球具有较大影响力的教师专业发展活动，学术研究成果为协会的产品研发与转化提供了有力支撑。

结论与启示

本文以澳大利亚知名中文教育行业协会 CLTFA 为例，对其产品类型、特点及影响因素进行了研究。研究带来的启示有以下几方面。

首先，各国中文教育行业协会是中文教育产品的重要供给方，协会提供的教育产品类型多元，层次多样。不仅为华人社群、中文学校内部提供了丰富的准公共产品，而且能够通过嵌入、代理、合作等方式同政府教育部门和企业单位建立联结，为当地提供有质量的中文教育公共产品和市场化的私人教育产品。因此，应当充分重视行业协会及其成员在中文教育产业中的地位和作用,激发其作为教育产品供给主体的积极性,鼓励他们参与中文公共产品的开发,带动私人产品的产出和扩散。

其次,应对各国本土中文教育行业协会的产品结构进行深入调研,协助其合理规划产品发展。从大语言产业观的角度对行业协会领导及其专业成员进行培训,鼓励教育服务产品化,引导行业协会将自身的准公共产品有效转化为公共产品和私人产品,重视教学研究成果的积累和转化,不断增加有形产品的数量。从而提升协会教育产品的社会效益,增加市场收入,更好地反哺协会,促进其未来发展。

最后,为国际中文教育行业协会教育产品的研发、转化和推广营造良好的外部环境。努力扩大海外本土中文教育市场,支持中文融入当地国民教育体系;为海外本土中文教育行业协会提供更多类型的支持,包括项目支持、资源支持和专业支持;鼓励中国国内不同层次的中文产品供给主体同海外本土行业协会展开合作,包括语合中心等教育行政部门、公立院校、企业单位、国内中文教育行业协会及其他社会组织,形成多层次立体化的合作网络,为海外本土行业协会提供多方资源支持,不断提升协会自身的专业性和成熟度,促进其教育产品量质齐升。期待国际中文教育行业协会在新时代发挥更大的作用,为国际中文教育产品的本土化、专业化贡献更大的力量。

参考文献

[1] 保罗·萨缪尔森,威廉·诺德豪斯. 经济学(第18版) [M]. 北京:人民邮电出版社,2008.

[2] 郭玉玺. 维也纳大学孔子学院文化活动研究 [D]. 北京:北京外国语大学,2020.

[3] 贺宏志. 语言产业导论 [M]. 北京:首都师范大学出版社,2012.

[4] 惠天罡. 国际中文教育供给侧优化的理论依据与发展路径 [J]. 首都师范大学学报,2022(01):86—95.

[5] 马箭飞,梁宇,吴应辉,等. 国际中文教育教学资源建设70年:成就与展望 [J]. 天津师范大学学报(社会科学版),2021(06):15—22.

[6] 李艳. 基于大语言产业观的语言培训业供给侧治理思考 [J]. 语言战略研究,2017(05):40—47.

[7] 李艳. 新时代语言产业规划研究 [J]. 昆明学院学报,2023(04):17—26.

[8] 李艳,贺宏志. 大力发展语言产业服务国家语言战略 [J]. 语言产业研究,2021(03):13—14.

[9] 厉以宁. 关于教育产品的性质和对教育的经营 [J]. 教育发展与研究,1999(10):9—14.

[10] 刘奕彤. "汉语桥"中文大赛文化考查对文化活动教学的导向作用研究 [D]. 锦州:渤海

大学，2018.

[11] 王祖嫘，常璐倩. 澳大利亚 VCE 中文作为第二语言课程大纲发展研究［J］. 海外华文教育，2022（4）.

[12] 吴应辉，梁宇，郭晶，等. 全球中文教学资源现状与展望［J］. 云南师范大学学报（对外汉语教学与研究版），2021（05）：1—6.

[13] Jane Orton 2010. *The Current State of Chinese Language Education in Australian Schools*［M］. Melbourne：The University of Melbourne and Confucius Institute.

（责任编辑：赵立博）

德国中小学汉语教学现状调查及德语版语别化教材设计[*]

唐娟华[**]

提　要　21世纪以来，汉语教学在德国的推广发展比较迅猛，各种形式的汉语教学模式纷纷涌现，在德国掀起了学习汉语的热潮。面对德国汉语教学存在的问题及教材缺乏和不完备的现状，我们应该面对历史发展机遇，针对目前汉语教学现状，积极开发专门面向德国汉语学习者的语别化系列教材。这是国际中文教育市场化、当地化发展的要求，也是汉语教育产品数字化、产业化发展的新需求。

关键词　德国汉语教学；国际中文教育；汉语教材；语别化；教材设计

A Survey on Chinese Teaching in German Primary and Secondary Schools and the Design of Chinese textbooks in Germany

Tang Juanhua

Abstract　Since the 21st century, Chinese teaching in Germany has developed rapidly, and various forms of Chinese teaching models have emerged, which has set off an upsurge in learning Chinese in Germany. Facing existing problems in Chinese teaching and the lack of teaching materials in Germany, we should seize the opportunity and develop a series of Chinese teaching materials tailored to the needs of Chinese learners in Germany. This is the requirement for the marketization and localization of international Chinese education, as well as the new demand for the digitization and industrialization of Chinese education products.

Key words　Chinese Teaching in Germany；International Chinese Education；Chi-

---

[*]　本文系国家语委重点项目"中文国际传播服务文化软实力提升的创新路径与机制研究"（ZDI145-85）阶段性成果。

[**]　唐娟华，北京大学出版社副编审，博士，策划、统筹、编辑多部汉语教材。

nese Teaching Materials; Native Language-specific; Teaching Material Design

近年来，随着中国经济的迅速崛起，中德经贸领域合作的日益深入，中国已成为德国在亚洲的最大贸易伙伴国，两国之间各个领域的交流也越来越多，语言作为交流的基础，其重要性日益凸显。汉语教育在德国的兴起，是德国社会经济发展的需要。德国经济的发展需要中国这个广阔的市场。在欧洲，汉语被认为是进入东亚文化圈的关键。而开拓中国市场，需要熟悉中国文化、掌握汉语知识的各个领域的人才。掌握汉语，意味着在就业市场上占有较大的竞争优势。德国KMK（各州文教部长联席会）主席就曾经说过，"决定学习汉语的中小学生不只是去了解具有丰富文学和哲学传统的亚洲文化。其语言知识对于未来职业而言可能就是一把打开在文化、经济或政治领域与中国交往的钥匙"（KMK, 2008）。

面对当前形势，汉语教学在德国的推广发展较快，各种形式的汉语教学模式纷纷涌现，在德国掀起了学习汉语的热潮。汉语国际教育是关系我国文化软实力建设的重要一步，是我国重要的国家战略。我们应该面对历史发展机遇，积极进行中华优秀传统文化和汉语推广工作。

我们经过前期调研，发现德国中小学生学习汉语的人数有一段时期内增长较快，但是德国的教育政策、汉语课程设置、师资队伍建设、教材编写等方面存在一些与增长不匹配的问题，尤其是适合他们的汉语教材极其缺乏。而教材建设是汉语推广工作的关键，且通用教材难以满足复杂多样的海外汉语学习者的使用需求，国际汉语教材近年来呈现了语别化趋势，开发语别化教材是历史的选择。在这种背景下，面对德国的中小学生语别化教材的研发和编写就显得急不可待了。

下面我们先来回顾一下德国中小学汉语教学的历史与发展情况。

一 德国中小学汉语教学的历史、发展及现状分析

（一）德国中小学汉语教学的历史与发展

德国的汉语教学与汉学研究始于19世纪中叶，"较早建立的汉学专业多以商业为目的，以古代汉语为基础，力图从政治、经济、宗教等各个领域扩大在中国的影响"（李湘萍，2006）。1887年，在德国全球扩张政治策略的影响下，柏林开办了关于现代汉语的课程。到了20世纪初，"德国高校零星成立汉学教席，在德国的汉语教学才算正式展开"（庞文薇，2011）。

德国中小学的汉语教学也是由来已久。20世纪50年代，巴登付腾堡州就有一

所高级文理中学与南京外国语学校建立了校际交流关系。这种校际交流的方式激发了学生学习汉语的兴趣。70年代以后，德国的现代汉语教学才得以起步。80年代开始，德国很多中小学对汉语产生了兴趣，陆续有中学在常规课程之外开设中文兴趣班。这一创举在推广汉语、传播中国文化和推动中德青少年交流方面发挥了巨大作用。1984年，德语地区汉语教学协会（Fachverband Chinesisch e. V.）成立，它为德国中小学教师提供了一个跨地区的专业交流平台，负责协调德国的汉语教学、教材、测试及教师培训等工作，对德国的汉语教学产生了很大影响。可以说，80年代以后汉语教学在德国得到了蓬勃发展。

20世纪90年代初期，德国部分联邦州开始推动编写中文教学大纲。1998年，各州文教部长联席会（KMK）首次出台"作为文理高级中学高中毕业会考科目的汉语口试和笔试的统一标准"。2002年，北莱茵州文教部颁发了《高级文理中学/综合中学高中教学方针和汉语教学大纲》，这一方针和大纲指出"高中汉语教学的目的是培养跨文化的行为能力"，"要达成这样的能力，一个重要的手段就是使用语言进行真实的交际，而真实交际不能忽视语用能力"（朱锦岚，2012）。2009年，北莱茵州文教部又颁发了《高级文理中学初中汉语教学大纲》，该大纲"顺应目前正在实行的中小学学制改革，确定了初中汉语教学开始的年级与期限"（朱锦岚，2012）。2005年至2009年，巴伐利亚州相继出台了《十年级汉语教学大纲》《十一年级汉语教学大纲》和《十二年级汉语教学大纲》。此后，汉堡州、黑森州等其他德国各州也相应出台了自己的汉语教学大纲。这些大纲的制定和政策出台都能够反映出社会经济发展对外语教育提出的新要求。

随着中国经济的不断发展，中国在世界上扮演着越来越重要的政治经济角色，在德国中文学习的需求越来越旺盛。2012年以来，"德国部分具有汉学研究能力和传统的高校开始设立中文师范专业，以规范中文师资培养途径，提高培养质量。目前共有包括哥廷根、图宾根、波鸿、海德堡、弗莱堡和柏林自由大学在内的六所德国高校开设了中文师范专业"（刘靓，2022）。

2020年初，德中教育交流中心（Bildungsnetzwerk China）成立。中心致力于为中小学、教师、企业、高校与各类协会团体提供沟通平台；为包括职业学校在内的各类学校从语言、文化、社会等各层面了解中国提供专业指导与经费支持；有针对性地组织面向学校领导及中文教师的培训进修和经验交流会；等等。德中教育交流中心的设立促进了中德两国之间的相互理解。

2021年12月，德中教育交流中心发布调查报告《中文教学——德国中学课程现状与机会》（*Macht mehr Chinesisch! Wirklichkeiten und Möglichkeiten des Schulfachs in*

Deutschland，以下简称"报告"），首次从课程设置、教学规模与水平、师资情况、外部条件和面临的挑战等角度对全德中学的中文教学状况进行总体调查梳理，并针对各领域存在的问题提出了具体建议和应对措施。比如提出"在更多学校开设中文课，作为可供选择的第二或第三外语"；"为达到《欧洲语言共同参考框架》A2 水平，中文科目学时不应低于400"；"修订各联邦州的教学框架计划，使之符合中文特点"；"在德语区推动编写本土中文教材并提供经费支持，必要时在欧洲层面开展合作"；"将更多同中国相关的主题纳入其他科目的教学内容"；"在全德范围内打造教师交流网络平台，整合发布有关资助项目、机构、进修课程、专家及相关联络人的信息"等建议。除建议之外，针对不同领域的具体问题，报告还列出了多项工作层面的应对措施。可以看出，从总体上来说，德国是重视汉语教学的，中德两国在政治、经济、文化等各领域的稳步合作、发展需要各个领域人才的培养，中德合作语言交流是基础。因此，汉语教学的进一步发展至关重要。

（二）德国中小学汉语教学现状

目前在德国，学习汉语的人数较之前有了大幅度的增长，各类学习汉语的机构数量增长较快。截至2022年，德国有18所小学开设了汉语课，其中柏林10所，勃兰登堡州2所。关于中学的情况，据《中文教学——德国中学课程现状与机会》调查报告显示，全德16个联邦州，除德国西南部的莱法州和萨尔州之外，目前其余14个联邦州共有121所中学（含公立、私立中学20所以及中级职业学校）开设有中文选修课（中文兴趣班不在统计之列），每所学校通常聘有1—2位中文教师。其中，中文教学最普及的是北威州，有34所中学将中文设为外语类选修课，其次是巴符州和巴伐利亚州（13所）。首都柏林作为州级市，虽然学校数量远不及其他各州，但也有12所学校开设了中文课。

德国很多小学的中文课以兴趣班为主。中学大部分学校将汉语作为第二或第三外语，只有部分文理中学将汉语纳入学生高考的内容。部分州允许学生在高中毕业考试中将汉语选为口试科目。其中，部分中学除有汉语的口试科目外，还提供书面考试形式。

关于开设汉语课程的时间，我们了解到，很多学校是从3—6年级开设汉语课；中学生可从7年级、8年级或10年级开始学习汉语（需要说明的是：德国6年级为小学毕业年级，7—10年级相当于国内的初一到初四）。部分中学开设汉语课直到高中毕业，即11—12年级（重点中学）或11—13年级（综合中学）。近年来，一些德国高中还开设了针对高等教育的汉语课程，以满足学生进入大学深造的需求。

无论是小学还是中学，皆以教授初级汉语为主，整体教学进度相对缓慢，教学内容大多以日常生活的简单句为主。中学汉语课程最高达到《欧洲语言共同参考框架》的 B1/2 级别。

关于学生人数，每个中学学习汉语的学生数量不等，范围从 20 人到 300 人。德国几乎每所提供汉语课程的中学都在中国有友好学校。但这些中学没有官方的汉语教学方面的大纲。

虽然过去 40 年中国发展迅速，已成为世界政治经济舞台上不可或缺的一员，德国学习汉语的人数也较之前迅速增加，但是德国社会对中国的认知却并未随着中国国际地位的提升而不断深化，中文教学发展相对于其他欧洲国家（如法国）来说，还是相对滞后的。《中文教学——德国中学课程现状与机会》调查报告指出："虽然相较于 2015 年，德国开设中文选修课的中学从 74 所增加到 121 所，但学习中文的中学生人数一直停留在 5000 人左右。从本次调查的数据看，65% 的学校中文选修人数未发生变化，22.5% 有所增加，10% 出现减少（1 所学校数据不详）。"

我们认为这种现象究其根源，主要出于下面几种原因。

第一，德语属于表音文字，相对简单易学；而汉语是表意文字，习得困难，学习汉字时间成本高，且汉语与欧洲语言体系差异大，其所蕴含的社会文化要素也与学习者熟悉的系统大不相同。这在一定程度上造成了学习者的畏难情绪。

第二，教师教学面临着一些问题，比如师资力量不足，特别是熟悉中国历史、文化、社会的本土汉语教师严重缺乏，尤其是中学汉语教师。在德国，大多数汉语教师都是合同制临时教师，因为在德国，只有在高校就读相关专业并通过国家考试的人才具备中学教师资格。而德国高校开设中文师范专业的学校并不多。这种状况严重影响了德国中学汉语教学的发展。

第三，德国相关的外语教育政策支持力度不够，吴英成、林惜莱（2009）提到，如果一种语言被设定为正式的官方语言，或列为学校里优先教授的第二语言，才能真正看出该种语言是否成为全球性的语言。目前汉语在德国的影响力还需要加强，且德国各联邦州的教学大纲内容不统一，师资认证标准也有差异，从而加大了汉语推广的难度。

第四，当地媒体的有些报道缺乏客观，导致中国在德国社会的整体形象日趋负面，有些德国人对当今中国的认识有些片面，支持孩子学习汉语的意愿不强。

第五，缺乏合适的有针对性的语别化汉语教材。这一点，我们下面将重点论述一下。

二 德国汉语教材发展现状及语别化教材策划缘起

（一）德国汉语教材发展现状

前期我们根据德语区汉语教师协会提供的数据①及对中国公派到德国进行当地汉语教学的教师②进行访谈，对德国中小学汉语教材发展状况做一简单介绍。

根据教学目标和课程设置等情况的不同，德国中小学使用的汉语教材也有很大的差别，每个州甚至每个学校都有自己的教材选择。目前，德国市面上的汉语教材虽然越来越多，但是经典适用的教材依然屈指可数。

按照教材使用的阶段来分，小学或初中使用的教材主要有：《汉语乐园》（北京语言大学出版社，2006）、《轻松学中文》（少儿版）（北京语言大学出版社，2008）等；中学（初高中）使用的教材主要有：《你说呢》（"Méthode de chinois"，ARSLANGUL，Arnaud et al.，Cornelsen，2016）、《中国话1+2》《中国字1+2》（Brigitte Kölla/Cao Kejian，商务印书馆，2010）、《同道》（GUBER-Dorsch，Barbara/Wu Jiang，C. C. Buchner，2015）、德国本土教材《懂不懂》（Benedix，Antje，Stuttgart：Klett，2008）、《跟我学汉语》（人民教育出版社，2005）、《轻松学中文》（德文版）（北京语言大学出版社，2008）、《新实用汉语课本》（德文注释）（第3版）（北京语言大学出版社，2009）等。其中，《你说呢》以及《懂不懂》比较受欢迎。但是它们都或多或少地存在一些问题，不是缺少文化板块，不适合中小学生，就是汉字出现太晚，出现听说读写严重不同步的现象。另外，还有一些学校以教师独立编制的材料为教材，因此随意性比较大，不系统。

从教材的来源来看，主要分为：（1）德国当地的本土教材；（2）由中国教师编写的进入德国市场的汉语教材。这两种教材的优缺点非常明显。首先，德国本土教材可选的种类很少，且编写年代比较久远，有些词汇、课文内容和话题过时了，对话编排与实际生活有一定的差距，缺乏时代感和趣味性。另外，德国本土教材编写与出版力量明显不足，需要整合资源，联合中外教学专家，采用合编的方式弥补其不足。其次，中国教师编写的教材大部分是以英文版为基础、用德语翻译过来的教

---

① 下面的数据信息来源于德语区汉语教学协会，网址：https://www.fachverband-chinesisch.de/cn/%E6%B1%89%E8%AF%AD%E4%BD%9C%E4%B8%BA%E5%A4%96%E8%AF%AD/%E4%B8%AD%E5%B0%8F%E5%AD%A6%E5%B0%8F%8F%E5%AD%A6。

② 感谢德国柏林自由大学孔子学院中方院长潘璐老师、柏林自由大学孔子学院教学负责人王炜玮老师、蒲清老师提供德国当地汉语教学、教材状况的诸多信息。

材，如《快乐汉语》《新实用汉语课本》等。这些翻译教材并不是具有国别化、针对性的教材，没有考虑到德国学生的文化特点、心理需求，只是把语言转换了一下而已。

（二）德语版语别化汉语系列教材策划缘起

1. 国际中文教育市场化、当地化发展的要求

李宇明、周祥（2022）指出，国际中文教育是一种外向型教育，教育对象的文化背景多元且年龄跨度大。近年来，国际中文教育出现了许多新情况：第一，学习者出现明显的低龄化趋势（李宇明，2018）；第二，"中文＋X"成为国际中文教育的重要理念；第三，国际中文教育当地化。这就决定了国际中文教育必须走当地化的道路（李宇明、周祥，2022）。面对德国中小学生学习汉语数量的不断增加，而目前的汉语教材远远不能满足当前形势发展的情况下，作为语言产业形态之一的语言出版必须顺应这种发展趋势，开发德语版语别化汉语教材就是其中一项重要的选择。因为只有教材当地化、本土化，契合学习者的学习特点，才能引起学习者更大的学习兴趣，才能吸引更多的学习者，从而扩大国际中文教育的市场，带来一系列的连锁产业效益。比如教育培训收入、教材销售收入、在线教育资源平台收入等。

2. 德国教育政策及学制安排的要求

德语版语别化汉语系列教材的设计与策划并不是凭空想象出来的，而是针对德国的教育政策和中小学学制的安排与要求，借鉴《欧洲语言共同参考框架》，参考当地的中文教学大纲，并考虑到教材与欧洲语言框架、国际汉语能力标准的匹配精心设计出来的。这套教材一定得以目前德国中小学汉语的教学现状、课程设置、学制安排为基础，因为只有这样，才能更加契合德语地区汉语学习者学习的需要以及学习目标的建立，甚至是功利化的目的（掌握好汉语利于就业等）。汉语教材作为一种教学资源，应根据德国的国情、实际发展需求、当地市场容量，在教材建设方面做出新的调整和规划。正是在这种形势下，我们选择了设计策划适合德国中小学生语别化、立体化的新型系列教材。

3. 德语地区汉语学习者的用户需求及文化适应性的推动

用户需求是任何产品选择的第一要义。现有的汉语教材已经远远不能满足德国中小学汉语学习者的具体需求，产品必须及时更新换代。此外，不同国家的汉语学习者在学习汉语时，一定会受到本国文化和生活习惯的影响和制约，这时，文化差异问题就显得尤为突出。德国是一个特别的民族，德国文化有别于英美文化，而且

第二次世界大战对德国当前文化有一定的影响，再加上德国人有着非常突出的特点，比如认真、严谨、理性等，所以我们在汉语教学中必须考虑到德国文化和学习者的特点等因素。赵金铭（2006）指出，教材编写"要讲求针对性。教材要适应不同国家（地区）学习者的特点，特别要注意语言与文化两方面的针对性。不同的国家（地区）有不同的文化，不同的国情与地方色彩，要特别加强教材的文化适应性"。我们认为，编写针对德国的语别化教材时，不仅要考虑德国的教育体制和教学要求，同时要加入德国文化元素。比如，德国人如果看到汉语教材中提到德国的足球和黑啤，一定会感到非常亲切。

4. 教育产品数字化、产业化发展的新需求

随着时代的发展，数字化课程和多媒体网络教学资源发展越来越迅猛，单一的纸质化教材已经远远不能满足当今社会的发展和学习者的学习需求。数字化技术可以为国际中文教育产业的发展提供更多的技术支持，也会为国际中文教育产业的发展赋能。同时，数字化产品的不断研发和创新还可以推动国际中文教育向更广泛的人群普及、推广，从而反过来促进国际中文教育产业的经济效益的提升、市场化的进一步发展。无论从宏观角度还是从微观角度，都可以看出，教育技术的更新迭代都是顺应了信息化发展的趋势。在德国亦是如此，当地的中文教育无论从政策上还是从实践上，都应该顺势而为，变革传统的中文教育模式，开创出语言教育的新局面。这也是语言产业形态之一——"语言出版"多元化发展的必然趋势。而汉语教材数字化产品的研发就是非常重要的一环。我们在设计策划针对德国中小学汉语教材的时候就特别考虑到这一点。

特别是受前几年新冠疫情影响，德国中小学的很多课程已经实施了创新型的数字化举措，改在线上进行，传统的纸质教材的局限性就暴露得特别明显。《中文教学——德国中学课程现状与机会》调查报告也提出，"将数字化教学方式纳入教学大纲并提供经费支持"，可以看出德国方面对数字化课程的重视。我们认为，汉语教学一定要顺应时代的发展，作出一些变革，创新教学模式，开发与教材配套的交互式课件、研发相关的数字化产品。尤其是针对中小学的汉语学习者，要多采用动画、游戏 AR 等现代科技，让学生感到学习汉语是一件有趣的事，从而提高学习兴趣。

综上所述，面对目前德国中文教育的新形势，编制一套适合德国中小学生语别化、立体化的新型系列教材是一件亟待解决的事。

三 德语版语别化汉语教材整体设计

(一) 总体指导思想

解决汉语国际教育语别化问题，不仅要从语言学方面进行研究，还要分析当地的语言特色、文化特色、思维特色等多个方面。要将汉语融入语别化教育新理念中，将中华文化的精髓融入授课过程中，将不同国家之间的语言、文化差异融入教材之中。

我们认为，语别化汉语教材的特点主要体现在语言对比、文化对比、教材设计三方面。第一，语别化汉语教材中的"语言对比"主要体现在语言要素、语法和语言点的编写上，应注意利用学习者的母语和目的语各方面之间的差异，根据目的语的特点编写教材。第二，文化对比方面，应注意到学习者本国文化和中国文化的异同，强调学习者在与中国人交际时双方需要注意的事项。第三，在教材设计方面，封面、插图、人物、场景等设计要注意符合该国学习者的学习习惯、生活环境以及文化风俗。

德语版语别化汉语系列教材就是在突出语别化教材的特点基础上，旨在帮助汉语为非母语的德国中小学生奠定扎实的汉语学习基础。此目标是通过语言、话题和文化的自然结合，从词汇、汉语知识的学习以及语言交流技能的培养两个方面来实现的。我们认为，教材应把汉语作为一个整体来教授，在教学过程中注重听、说、读、写四项交际技能的培养。

目前，国际中文教育形势正在发生变化，数字化及网络技术带来语言学习的新生态，汉语教学主体和学习需求日趋多元化，汉语教学的内容和形式都亟须推陈出新，在编写语别化纸质教材的基础上，打造新形态配备数字化立体化的教材迫在眉睫。

此外，在语别化教材编写理念中，我们主张，继承以往教学法中一切有益的元素，把结构法和功能法的长处融为一体，同时加进文化的内容，提出"结构—功能—文化"相结合的教学理念。这样做符合国外，特别是欧美汉语教学的实际。

以上是我们策划德语版语别化汉语系列教材的总体指导思想。

我们认为，总体指导思想通过以下途径实现。

1. 趣味性。针对德国中小学生特定群体的特点，首要的应该是突出教学内容、形式的趣味性，选择贴近学习者生活、学习、使用汉语的环境的教学材料，以生动趣味的语言、文化教学内容，激发学习者的学习兴趣和探索欲望。

2. 互动性。在教学方法上贯彻以学习者为中心的原则，采取发现式教学、强化操练、课堂互动等有效的练习方式和活动方式，调动学习者的参与积极性。

3. 易学性。精选语言要素，着力简化教学内容，让汉语变得不那么难学。德语属于表音文字，相对简单易学；而汉语是表意文字，习得困难。因此减轻德国中小学生学习汉语的压力非常重要。

4. 灵活性。教学内容和时间安排为教师按不同层次的教学对象、教学目标、教学环境对教学内容进行取舍提供方便，使教材可以涵盖更多的教学类型。

5. 文化元素突出。欧美学生特别注重了解中国文化，在汉语教学中，文化因素非常重要，因此中国传统文化的内容一定要突出，让学习者了解中国文化的博大精深，激发其学习汉语的兴趣。

（二）总体教学目标

根据 2021 年最新发布的《国际中文教育中文水平等级标准》，结合 YCT（Youth Chinese Test，中小学生中文考试）考试要求，我们设计和策划的德语版中小学立体化教材需要在这几个方面得到提高。

1. 言语交际能力方面：学习者综合运用听、说、读、写、译五项语言技能，在不同情境下，就不同话题，用比较标准的普通话，比较流利地与汉语为母语者进行交流，完成生活、学习、工作等方面的基本交际任务，初步具备阅读汉语报刊、欣赏汉语影视节目、撰写简短应用文和短文、进行简短讲演的能力。

2. 语言量化指标方面：比较准确地掌握汉语的发音；比较完整地掌握汉语基本语法规则；学习掌握相应级别所应识记的词语；认读相应的汉字；掌握相关级别对应的汉语功能和意念点，具备讨论相关话题的能力。

3. 学习策略方面：掌握基本的汉语学习策略和汉语能力发展的主要途径。

4. 汉语知识方面：初步了解汉语的主要特点、汉语语法体系、汉语的构词方法和汉字造字原理。

5. 文化知识方面：了解中国文化相关的知识点，包括中国国情、当代中国、中国民俗、中国传统文化、中外文化差异、跨文化交际、世界知识等内容。

（三）教学周期安排

《中文教学——德国中学课程现状与机会》调查报告指出，从教学大纲内容看，德国各联邦州之间虽然存在差异，但均注重全面培养学生的听、说、读、写以及跨文化能力。在学习目标的确立上，《欧洲语言共同参考框架》是编写中文教学大纲的重要借鉴。《欧洲语言共同参考框架》将外语学习者的语言能力分为 A1/2（基础/初级）、B1/2（中级/中高级）、C1/2（高级/精通级）六个等级。该参考框架与国内《HSK 考试大纲》的等级对应关系是：该框架中的 A1 相当于 HSK 一级，国际汉语能力标准一级，YCT 二级；A2 相当于 HSK 二级，国际汉语能力标准二级，YCT 三级；以此类推。具体见表1。

表1　《欧洲语言共同参考框架》与《HSK 考试大纲》的等级对应表

HSK	YCT	词汇量	国际汉语能力标准	欧洲语言框架（CEFR）
HSK（六级）		五级		C2　5000 及以上
HSK（五级)				C1　2500
HSK（四级）		1200	四级	B2
HSK（三级）	YCT（四级）	600	三级	B1
HSK（二级）	YCT（三级）	300	二级	A2
HSK（一级）	YCT（二级）	150	一级	A1
	YCT（一级）	80		

因此，我们在设计教材时，不仅要考虑到德国汉语教学现状、学生学习的特点，还应考虑到教材与欧洲语言框架、国际汉语能力标准的匹配。针对欧洲学生语言学习的几个关键期（Key steps），我们初步设计如下。

1. 主体教材：课本 + 练习册 + 教师用书（教师用书可用电子教材形式）。

全套教材课本、练习册、教师用书分别为 8 册，分 4 个阶段，每个阶段 2 册：

第一阶段为第 1、2 册，对应欧洲语言框架 A1、YCT 一二级、国际汉语能力标准一级；

第二阶段为第 3、4 册，对应欧洲语言框架 A2、YCT 三级、国际汉语能力标准二级；

第三阶段为第 5、6 册，对应欧洲语言框架 B1、YCT 四级、国际汉语能力标准三级；

第四阶段为第 7、8 册，对应欧洲语言框架 B2、国际汉语能力标准四级。

2. 多媒体数字资源，以"微动漫 + 课件"的形式展现。

3. 附加资源：评估测试包 + 教学包（图卡、字卡、手工包）+ 词汇随身听速练手册等。

4. 后期可开发相关的衍生品，如素材包、数字化教学平台，等等。

同时，我们认为，教材的设计应该注意以下问题。

（1）每一个阶段的难易程度不是逐级上升的，而是有重复、有交叉。因为学习汉语的学生不是一直随着年级的上升而一直学习汉语；

（2）每册内容不宜过多，因为参照德国当下的汉语教学安排，每周开设的课时并不多，多则3—4课时，少则2课时；

（3）交际性活动可多设计一些，文化点适当多增加一些，这样可以吸引中小学生的眼球，激发他们学习的兴趣。

5. 教学安排：

我们参考德国目前的汉语教学安排，一般每周2—4课时，每学期12周，共24—48课时。每册教材设计为16课（含12课新课+4课复习课），全套教材共8册，共计128课。关于文化点的设计，可涉及中国国情、中国民俗、文化比较、跨文化交际知识，等等。

（四）各阶段的教学目标和内容要点

我们认为，每个阶段应该有清晰的教学目标和教学内容。我们简单设计归纳如下。

第一阶段，理解并使用一些非常简单的汉语词语和句子，满足具体的交际需求，如基本问候语、自我介绍等；同时掌握一级词汇、基本语法点，会书写基本的独体汉字。

第二阶段，可以用汉语就熟悉的日常话题进行简单而直接的交流，掌握日常汉语交际能力；同时掌握二级词汇、常用的基本句型、语法点，掌握汉字的基本知识。

第三阶段，完成生活、学习、工作等方面的基本交际任务，学习较复杂的句型和语法，掌握三级词汇，学习汉字的结构规则，集中识记一批汉字。

第四阶段，谈论常见话题，比较流利地与以汉语为母语者进行交流，初步具备阅读汉语报刊、欣赏汉语影视节目、写作简短应用文和短文、进行简短讲演的能力。学习较复杂句型和语法，掌握四级词汇，学习相关的语言项目，重点是通过学习汉语构词方法，扩大词汇量。

（五）教材配套的数字化产品

根据目前汉语教学的实际需求，单纯的纸质化教材已经远远不能满足现有的教学模式，除了课本、练习册、教师用书外，我们建议按照教学课时设计相关的教学课件，体现完整的课堂教学环节，既有词、句的音频，又有文化的视频（建议每段视频不超过3分钟），还有配合教学内容的彩色图片，并附课件制作素材包，教师可以直接上课使用，也可以根据个人教学特点利用素材包对课件进行个性化设计。

此外，我们建议设立相关的教学资源平台，建设教学专区，在教学专区主要提供教学理念、教材预览、教学示范演示、教学活动和技巧、知识讲解、教学互动论坛等栏目。另外，数字化产品最好包括两部分内容：一部分是课文的情景动画和情景视频，旨在创设真实的语言使用环境；另一部分是课文中的文化视频，采用中、德双语解说和字幕，语言难度不超过课本的难度，旨在给学生创设直观的文化感受。我们相信，只有这样一系列的立体化、数字化的新型汉语教材，才能适应当下新形势下的汉语教学，才会吸引更多对汉语、对中国文化感兴趣的中小学生来学习汉语。

总之，进行教学资源的深度开发，提供更多的教学资源和学习资源，吸收新的编教思想，保障教材的先进性和时代感，是不可或缺的，也是这个新时代提出的新要求。我们一定要抓住新形势，联合中德教学专家，探索汉语教学的新模式，打造出一整套与时俱进的针对德语区汉语教学使用的语别化的新型汉语教材。

参考文献

[1] 顾安达，万业馨．德国大学、中学汉语教材使用现状与需求［J］．国际汉语教育，2009（03）：36—44.
[2] 李泉主编．对外汉语教材研究［M］．北京：商务印书馆，2006.
[3] 李湘萍．德国汉语教学的现状［J］．社会科学家，2006（S2）：309—310.
[4] 李宇明．海外汉语学习者低龄化的思考［J］．世界汉语教学，2018（03）：291—299.
[5] 李宇明，周祥．语言教育的新组织新业态［J］．汉字汉语研究，2022（02）：3—13.
[6] 刘靓．《中文教学——德国中学课程现状与机会》调查报告发布［J］．德国教育动态信息，2022（01）：19—23.
[7] 庞文薇．对德汉语教学的文化思考［J］．云南师范大学学报（对外汉语教学与研究版），2011，9（05）：84—88.
[8] 任平．德国中小学汉语教学发展现状综述［J］．新课程研究（上旬刊），2014（05）：8—11.
[9] 吴英成，林惜莱．汉语国际传播：全球语言视角［J］．汉语教学学刊，2009（05）：163.
[10] 俞松．德国汉语教学现状分析研究［J］．湖北函授大学学报，2015，10（19）：127—128.
[11] 赵金铭．跨越与会通——论对外汉语教材研究与开发［J］．语言文字应用，2004（02）：109—118.
[12] 朱锦岚．德国中小学汉语教学综述及启示［J］．外国中小学教育，2012（02）：61—64+26.
[13] KMK. *Chinesisch an Schulen in Deutschland*, Bonn［EB/OL］，http://www.kmk-pad.org/fileadmin/Dateien/download/va/kmk_china_schulen.pdf，2008年12月18日.

（责任编辑：梁德惠）

国际中文教育市场化一线思考
——进一步提升教育出版供给侧服务能力合力推进国际中文教育产业化发展

施 歌[*]

习近平总书记指出，学习彼此的语言，了解对方国家的历史文化，将有助于促进人民相知相亲，也将为构建人类命运共同体贡献力量。近年来国际中文教育事业的深入发展，有力促进了中外语言互通、文化融通、民心相通，彰显了语言文字工作在建设教育强国、促进文明互鉴、服务社会发展中的重要作用。

2023年12月上旬，世界中文大会在北京召开。中共中央政治局常委、国务院副总理丁薛祥在讲话中为国际中文教育事业未来发展指明方向：要构建开放包容的国际中文教育格局，与各方一道办好孔子学院等中文项目，大力发展信息化、数字化、智能化中文教育，支持各国培养本土师资、研发本土教材、开展本土化中文教学。更好发挥中文社会服务功能，不断提升中文的社会应用价值，支持和鼓励更多国际组织将中文列为官方语言，欢迎更多国际场合使用中文，积极服务各国经济社会发展。

从本次会议主题"中文服务世界，开放引领未来"中，我们可以提炼出"服务"这一关键词。结合讲话精神，我们深深感到，更好地发挥中文的社会服务功能，让中文以各种方式积极服务于各国经济社会发展，将是影响未来国际中文教育行业高质量发展的重要因素。在多元联通、协作奋进的大背景下，教育出版企业何为？我们可尝试从以下三个方面发力，进一步提升教育出版供给侧服务能力，合力推进国际中文教育产业化发展。

---

[*] 施歌，人民教育出版社汉语编辑室主任。

一 研究新政策，发挥国际中文教育出版行业落实国家战略的企业责任

语言产业是生产语言产品以满足各种语言需求的业态集合，具体包括语言培训、语言出版、语言翻译、语言技术、语言艺术、语言创意、语言康复、语言会展、语言测评等行业（李艳、贺宏志，2021）。随着社会的发展进步，它与时俱进、不断满足语言产品与服务新的消费需求。国际中文教育出版行业作为社会经济产业的一部分，在不同历史时期受国际形势、外交关系和语言文化政策影响较大，相关企业一直以追求社会效益为主、经济效益为辅，始终不忘的初心使命是充分利用语言文字在交流交往中的作用，落实国家重大战略，促进社会经济文化发展。

如果用历史的眼光回顾过去的 20 年，从一定角度而言，孔子学院的发展轨迹，是中国教育对外开放政策和国际社会关系变化的映射；国际中文教材的建设应用痕迹，是国际中文教育学科演进和资源生产者重塑产业链的缩影。以人民教育出版社出版的《快乐汉语》为例，管中窥豹，可见一斑。这是教育部中外语言交流与合作中心组织研发的、针对海外初中生的一套经典国际中文教材，曾被评为"全球优秀国际汉语教材"，销往全球 140 多个国家和地区，使用范围和影响力都较大，在每个不同的历史阶段都担当着重要的责任。

《快乐汉语》第一版研发始于 2002 年。这是中国官方首次组织中外合作编写针对海外主流学校初中生的中文教材，具有填补历史空白的里程碑意义。随着中国经济的发展和国际影响力的增强，全球范围内中文教学呈现国别化、低龄化趋势，于是自 2010 年起，《快乐汉语》第一版英语版改编为 45 个语种，为世界各国中学中文教学的开展提供了基础性资源。2012 年后，中国自主研发的 HSK（中文水平考试）影响日渐深远，《快乐汉语》第二版英语版启动修订，编写大纲由最初的 GCSE（General Certificate of Secondary Education，是英国学生完成第一阶段中等教育会考所颁发的证书）逐步转向 HSK。2016 年，随着"一带一路"倡议的推进，《快乐汉语》第二版 20 多个语种的编译工作启动，人民教育出版社和全球诸多孔子学院、高等院校合作，共同从教育出版角度支撑国家重大战略的落实。2021 年，《国际中文教育中文水平等级标准》颁布。这是中国国家语委首个面向外国中文学习者，全面描绘评价学习者中文语言技能和水平的规范标准。2023 年初，更名为《快乐中文》的《快乐汉语》第三版启动修订，编者团队和编辑团队"十年磨一剑"，以

《国际中文教育中文水平等级标准》等为遵循，力求将其建设成为符合新时代需求、以最新语言和文化大纲为指引、运用现代教育技术手段、继续受广大使用者欢迎的品牌教材。新的《快乐中文》计划2024年底面世，希望它能为当前全球中文进入基础教育体系的国家提供基础性、普适性、示范性资源。

二　遵循新标准，基于用户学习需求构建多模态国际中文教育资源体系

据不完全统计，截至2023年底，全球已有85个国家和地区中文进入其基础教育体系。尽管"进入"的方式、标准、表现不尽相同，但对于国际中文教育出版企业而言，加强自身内容供给侧改革、加快建设海外基础教育体系中文教学资源，既是市场用户的刚需，也是自身发展的契机。

海外基础教育体系中文教学资源建设是指海外国家通过统编、审核、认定、推荐等形式，在其基础国民教育体系中广泛使用某（几）种中文教学资源开展中文教育（邵亦鹏，2023）。它不仅在资源研发层面实现了与当地教师和学习者需求的对接，还在资源使用层面受到所在国教育行政部门认可并进入主流教学资源发行渠道，是中文教学资源本土化的高级形式，也是新时代提升中文国际化传播的有效手段。在资源建设过程中，教育出版企业要调研、评估、分析"三求"，即国家政策要求、中文教学需求、企业发展诉求。

因此，《快乐中文》在研发中呈现出4个特点。一是符合行业新标准。以2021年以后颁布的《国际中文教育中文水平等级标准》《国际中文教育用中国文化和国情教学参考框架》《国际中文教学通用课程大纲》为根本遵循。二是古今结合、中外结合。所选文化点既弘扬中华优秀传统文化，又体现中华民族现代文明，同时有国际视野和跨文化交际意识。在培养学习者语言能力的同时，进一步丰富和拓宽展现中国文化的视角，帮助学习者体验和感知真实、立体、全面的中国。三是注重全人教育、全面发展。教材希望帮助全球青少年学习者在中文学习和应用过程中提升文化能力、学习能力和思辨能力，养成中文学习的积极情感和正确态度，获得心智全面发展，在社会文化生活中发挥更加积极的作用。四是多模态资源一体化设计，满足信息化社会中文教学需求。当前国际中文资源建设呈现出多元一体的发展趋势，即将课程资源、教师资源、数字资源、评测资源等多种资源充分整合，为所在国基础教育体系的中文课程进行一体化设计和有序供给。《快乐中文》系列教材基于具体教学活动情境设计资源的内容呈现和交互方式，基于先进的课程理念

构建形式丰富多样、格式标准规范、符合教学需求、适应时代要求的教学资源体系。其中纸质教材9个品种,包括1—3册学生用书、教学指导手册和练习册;数字资源包括音频、视频、动画、PPT课件、电子书等多种媒体形式,涵盖教材解读、示范课例、文化专题、情境视频和测试评估等多个方面,力求支持不同学习者、不同教学环境中文教学应用需求。

三 尝试新模式,不断扩大国际中文教育对外合作的"朋友圈"

近年来,世界各国共建"一带一路",以互联互通为主线,不断深化政策沟通、设施联通、贸易畅通、资金融通、民心相通。其中,语言文化交流是不可或缺的基础性工程。独行疾,众行远。在社会分工日趋精细化、万物皆可互联的时代,哪个主体也不可能独立完成或完全把控产业链上的所有环节,大家要在互相信任的基础上,精诚合作,创新模式,共同把国际中文教育产业的"蛋糕"做大。

对于教育出版行业而言,传统出版产业链条上的合作方主要由作者、出版社、排版公司、书店等责任主体线性构成,新的融合出版业态显然需要重塑出版产业结构,它对从业人员构成的多元化、合作关系的网状化都提出了新的挑战。比如,国际中文数字化资源的建设需要来自汉语语言学、汉语教学、汉语习得与认知、教育技术学、计算机科学、软件工程学、设计学、传播学、市场营销学等领域内专家、学者和行业一线工作人员的通力合作,才能实现优势互补、融合发展。对于传统的教育出版企业而言,原有的产业链被延长了,纸质图书的编辑需要不断学习和实践,才能具备数字编辑的核心素养和产品经理的组织能力。因此,我们需要综合资本、技术、内容的三维视角,合力推动国际中文教育资源的建设与应用。

在对外合作模式方面,国际中文教育图书营销主要依靠"实物出口"。数字媒体的飞速发展似乎把纸媒推向险境,但只要愿做"有心人",传统的业务模式也可以有提升空间。比如针对俄罗斯市场,2020年之前人民教育出版社只有少量实物出口业务。2021年,人民教育出版社主动与俄罗斯知名语言类图书经销商 Eurokniga LLC 公司合作,利用该公司强大的线上书店和营销网络,在俄罗斯境内销售人教版中文学习和考试类图书,以及具有中国文化特色的童书。"清关困难"一直是困扰中国出版社在俄罗斯开展实物出口业务的"瓶颈"。随着俄罗斯营商环境的改善、中俄贸易的升温和基建条件的提升,中俄班列成为中俄跨境物流的新兴方式。通过综合考虑客户采购量、安全性、时效要求、商品价格、通关便利性等因素，人民教育出版社为该公司推荐了中俄班列跨境物流，而非传统的空运或海运方式。这种"一切为海外客户着想"的国际营销服务理念，受到俄罗斯客户的好评。

除了"实物出口"，国际中文教育图书的合作模式还包括"版权输出"和"合作编写"，这是促进中文教学本土化高质量发展的重要抓手。还以俄罗斯为例，俄罗斯教育部门决定自2019年起将中文纳入高考科目。为此，他们必须提前布局，做好教学资源建设、本土师资培训等工作。2016年，经过多方调研，俄罗斯教育出版社从人民教育出版社引进了《跟我学汉语》俄语版的版权，并联合东方学专家亚历山德拉·西佐娃等根据当地学情将其改编为《该学汉语了》，由1—4级（4册）变为5—11级（7册），供俄罗斯5—11年级中学生使用。俄方认为这是一套完全符合俄罗斯教育体系的国际中文教材。2018年，《该学汉语了》通过俄罗斯科教部审核后，列入俄罗斯联邦教育采购清单，这代表中文正式进入俄罗斯国民教育体系。2019年，《跟我学汉语》俄语版获得中国出版协会国际合作出版工作委员会颁发的"第18届输出版优秀图书奖"。截至目前，学生用书累计印量突破10万册，教师用书累计印量突破6万册。

国际中文教材想真正"走出去"、融进去，不是简单的版权输出，很大程度上需要在经典蓝本基础上合作进行本地化改编，真正做到需求导向、量身定做。《跟我学汉语》俄语版版权输出项目，是人民教育出版社在充分了解俄罗斯教育体系、文化背景、学习需求的基础上，对标俄罗斯中学生全国统一毕业考试中外语选修课程设置和科目考试的学情，有针对性地推荐了最适合版权合作的中文教材。在后期改编和推广过程中，人民教育出版社借助俄教社在当地丰富的资源和强大的影响力，与俄罗斯教育机构、学校、教师等建立联系，共同做好教师培训、教材宣介等工作，取得了良好的效果。

国际环境瞬息万变，未来国际中文教育产业需要用创新思维不断激活发展动力、用扎实行动不断引领社会实践。作为教育出版企业，我们希望在平台建设和技术赋能中进一步实现"硬联通"，在资源共建和合作共赢中进一步实现"软联通"，在文化互鉴和国际理解中进一步实现"心联通"。人民教育出版社希望通过与国内外更多文化机构、学校、企业等建立紧密的合作关系，共同策划组织各类文化交流活动，共同研发出版各类中文学习读物，为中外文化交流、社会经济发展、产业结构优化作出新的贡献！

参考文献

[1] 李艳，贺宏志. 大力发展语言产业 服务国家语言战略 [J]. 语言产业研究，2021，3（00）：13—14.

[2] 邵亦鹏. 加强海外基础教育体系中文教学资源建设 [J]. 国际汉语教学研究，2023（03）：1—6.

国际中文教育市场化探析

郭信麟*

一 国际中文教育市场化的必要性

（一）国际中文教育非市场化的问题

（1）需求增长。随着学习中文的外国人越来越多，国际中文教育不可能持续"免费"下去，免费的范围和所涉及的学生数量很难满足全球日益增长学习中文的需求。

（2）财政挑战。目前面临国内经济环境和财政压力，国家在国际中文教育领域的预算投入呈下降趋势。这使得免费模式难以维持。

（3）防范负面影响。免费学习中文，有时候给国外相关势力提供了污名化中文教育的机会。

（4）效果存疑。免费教学的实际效果引起质疑。以泰国为例，大量投入的中文教师并未建立良好的衔接机制，每当老师离职或回国后，泰国学生可能又得从基础学起，导致学生学习效果不佳，且免费派遣大量中国教师的反效果之一是排挤了本地中文教师的职业发展路径。

在国际中文教育的初期阶段，免费教学确实在一些欠发达国家发挥了积极作用。然而，对于发达国家或与中国经济联系密切的发展中国家，中文教育市场化已成为

---

* 郭信麟，智信财经创始人、深圳中文路教育科技有限公司创始人。

更为合适的选择,因为在这些地区,中文水平已经成为衡量年轻人职业价值的重要标准之一。

(二) 国际中文教育市场化的好处

1. 创造就业和增加收入的机会

市场化为中文教师提供了就业和增收的机会,推动中文教师职业发展。以中文路为例,我们为超过2000名学习相关专业的年轻人提供了全职和兼职机会,其中大部分来自中国,也有一小部分是来自国外的中文教师。尽管国内培训了大量国际汉语教育人才,但实际从事国际中文教育的比例相当低。面对拿政府工资的免费中文教师的竞争,国外的中文教学人才是否选择从事这个职业也成为一个值得考虑的问题。从长远来看,本地中文教师的成长是国际中文教育蓬勃发展的关键之一。

2. 国际中文教育规模化、需求个性化

市场化的本质是将国际中文教育视为产品和服务。对于产品和服务需求方(学生和家长),最重要的衡量标准是如何以最短的时间和最少的费用达到他们期望的学习效果。所以供应方(如中文路)必须在价格和质量方面尽可能满足不同客户群体个性化的需求来提高产品竞争力,以实现增收和盈利。因此,"学习效率"成为供需双方最关键的词汇。

目前免费的国际中文教育,在大多数情况下是设计一个教材和教程,单方面输出给学生,而学生的实际需求和学习效果如何不是教学端最关心的问题。与之相反,市场化需要供应方时刻关注市场需求的变化,不断完善自身产品。这一过程推动了中文教学的AI大数据化,使国际中文教育更趋向于精细化和个性化。通过收集、分析和呈现教学数据,我们可以根据学生的年龄、性别、方言地区和中文基础等因素,为其提供最合适的课程和教师,也可以根据数据不断改善教材和教学方法及教师培训。

强调"不断改善"是因为随着教学数据的积累,产品的"精准度"将逐渐提升,从而得到更高的用户评价,实现产品销售的不断增长,企业就会继续增加对产品研发的资源投入。这种良性循环通过科技手段解决了国际中文教育中资源浪费的问题,实现国际中文教育的规模化、个性化。

二 国际中文教育市场化的动力

今天我们能够广泛讨论国际中文教育市场化问题的主要原因,在于我国硬实力的持续增强。业界常常误将国际中文教育视为纯粹的文化交流问题，然而，作为企业，我们通过五年多的实践和大量资金投入认识到，学生学习中文的首要目的是升学和工作需求，其次是文化传承（华裔），最后才是文化交流。以中东年轻人为例，参观中国高科技企业的生产过程和练习毛笔字，我们该选择哪一个更能吸引他们？答案显而易见。英语之所以成为世界性语言，并非依赖于源远流长的文化和历史，而是英语国家的经济和科技硬实力。我国经济和科技的硬实力才是国际中文教育真正崛起的主因。外国或华裔家长鼓励孩子努力学习中文的主要动因在于看重孩子未来的竞争力，中文在许多国家青年人的职业竞争力中占有重要地位。然而，当前的国际中文教育更加强调文化交流与软实力传播，这与市场需求不相匹配。

三　国际中文教育市场化的难题

在推动国际中文教育市场化的过程中，企业面临的一项重要挑战是如何实现本地化运营。尽管我们一直强调科技是提升中文教育的主要手段之一，但我们不能忽略了另一个同样重要的支柱，即本地化运营。理论上，一个出色的中文学习APP平台可以服务全球市场，但现实告诉我们，我们仍需在各地建立了解当地文化的营销团队。而这支团队与总部之间的企业文化融合是管理的一个重要课题。

以中文路为例，我们现已开发的每一个中文市场都有自己的特点和特殊性。作为管理者，不同市场的内部文化融合是最具复杂性的管理难题。如果过分强调一致性，就可能变成长官意志，忽略了当地市场的独特性。反之，如果过分强调当地市场的特殊性，总部就得投入巨大成本以满足每个细分市场的需求。经过五年多的探索，中文路目前已经基本了解如何拓展一个陌生市场，掌握了开拓市场的难点和关键要点。

总而言之，国际中文教育市场化发展是大势所趋，但在其过程中需要克服系列挑战，包括如何应对需求变化、如何进行本地化运营等。如果一位业内人士要想进入国际中文教育市场化领域，需明确自己是想成为一位纯粹的中文教师，还是一位致力于经营企业的创业者？是想纯粹地教授中文，还是销售一款受欢迎的产品？

国际中文教学资源建设的市场化实践与创新路径

杨孜孜[*]

笔者2006年开始从事国际中文教学资源建设工作，2016年筹备创立原创国际中文教学资源网站。2019年4月，汉语圈教学资源网www.zzchinese.com正式上线，新冠疫情期间会员人数直线上升，为一百多个国家的数万教师用户转战线上教学提供了丰富的课件支撑。作为原创型教学资源网站，我们的定位是服务全球国际中文教师，为教师备课减负，为中文课堂添彩。通过三年多的摸索与实践，我们的内容建设的模式基本确立："接地气"与"向未来"。高频率制作传统型教学资源内容的同时，积极研发适应融媒体时代的新型资源。

一 聚焦用户，多维度开发传统型教学资源

（一）专注课件交互，高频次开发游戏模板

下载汉语圈海量精美游戏模板，是许多用户注册汉语圈的最大动力。我们持续推陈出新，维持着每周更新的频率。此外，研发者不断深挖PPT课件自身的交互功能，在无须下载任何其他软件或插件的情况下，最大限度地提升课件的互动性，实现游戏的竞技性、趣味性。以"汉字找不同"模板为例，我们用"汉字侦探"的主题封装游戏，分为9个关卡，每个关卡会让大家在满满的汉字表格中找出不同的汉字并点击它，如果在20秒之内未找出答案，则需重新闯关。用考察眼力的方式来激起学生认读汉字的兴趣，并用限时答题的方式，让整个认读过程充满挑战性。这个游戏可以在课堂活动中分组抢答，也可以在课间让学生自行玩耍。模板中的9组汉字，教师可以花不到2分钟的时间，做好整体内容替换，变成任意其他汉字来进行教学。

这类资源的主要特点：（1）使用最传统的PPT格式；（2）模板化开发；（3）具有交互功能；（4）赋予游戏主题。基于以上特点，教师们使用这一类资源无

---

[*] 杨孜孜，孜孜华文教育科技（有限）公司CEO、"汉语圈"教学资源网创始人。

任何技术"门槛",还可以根据教学目标进行简单的内容替换,同时课件的交互效果也极大地提升了课堂的互动性、趣味性。

(二) 收集用户需求,响应式制作主题课件

模板类游戏课件主要靠团队内部的创意方案来推动,而汉语圈的主题课件则主要由用户的需求推动。用户可以在网站的留言板随时提出自己的资源需求,制作团队根据这些需求梳理出主题课件制作的内容,再按照统一的模式进行主题课件的制作。主题课件的生词部分形式较为统一,都由一个生词列表和逐个生词加配图的形式组成。游戏部分则是根据主题的不同,个性化制作符合主题特色的游戏形式。如服装主题,我们设计换装游戏来进行各类服装的词汇练习;颜色主题,我们设计涂色游戏来强化颜色词的记忆;天气主题,我们设计天气预报播报员的游戏来进一步掌握生词。

主题课件会根据教师需求不断迭代,比如针对本土教师的需求,我们会进一步对主题课件进行多语种版本的开发等。这部分课件最大的特点就是以用户需求为导向。

(三) 依照最新标准和大纲,制作通用型课件

《国际中文教育中文水平等级标准》《国际汉语教学通用课程大纲》《国际教育用中国文化和国情教学参考框架》等教学标准及大纲为我们资源建设明确了目标和范围,是我们课件开发的参照和依据。汉语圈根据新等级标准每周上线新的语言点课件,目前语言点课件总量为 120 个。其中"把"字句这一个语言点就参照等级细分,制作了相应的 9 个课件。每个语言点课件都配备了详细的讲练内容,有丰富的例句和习题供老师直接使用。汉语圈的节日类课件覆盖面很广,既有中国传统节日:春节、清明、端午、中秋等;又有海外节日:万圣节、复活节、感恩节等。这些节日的课件一般每年都会有新的迭代,每个主题都有多维度的课件形式。

以上这些通用型资源内容虽然不依托任何一套教材,但却都严格参照标准及大纲,给出等级参考,以供教师选择相应的内容。这类资源的最大特点是:体例完整、内容翔实、分级明确。这一类资源大大节省了教师准备基础教学内容的时间,从而让教师把备课的精力放在课程的创新和提升上。

二 适应融媒体时代,集成式开发新型融课件

融媒体的概念源于美国新闻业的"媒介融合"(Media Convergence)。最早是由尼古拉斯·尼葛洛庞蒂教授在 1979 年提出的,媒体融合指将不同形态的原有媒体汇

集为新形态。这个概念进入到教育界，实际上就是要将承载融媒体理念的最优质的开发工具，运用到教学资源的建设上来，集成开发优质新型资源。

汉语圈自网站创办以来就一直尝试制作融媒体课件。从形式上来说，融课件就是一个网址，也可以被称为移动式网页，能够适配各种终端，有浏览器就可以轻松打开；从功能上来说，融课件具备强大的交互能力，并能将最新的技术集成进来，高效开发科技感十足的资源，轻松实现将 AR、VR、语音识别、语音评测运用到课件中。

目前汉语圈的融课件包括一些网页小游戏、语音评测课件、等级查询工具、轻量级课堂应用等。汉语圈也将继续利用融课件集成创新更实用、更智能的国际中文教学资源。

三　配合出版社，打造优质教材配套资源

近年来，汉语圈有幸陆续和各大出版社合作，与编辑、作者团队，共同打造"实用、精美、有趣"的课件。研发了《七色龙》《会通汉语》等多套经典教材的精美配套资源。以《七色龙》为例，这是外语教学与研究出版社出版的一套分级阅读绘本。绘本的每个小册都配备了一个课件。课件的设计是制作者根据每册绘本的特色，利用绘本中的元素或情节来进行个性化创意，研发交互式的游戏型课件。《七色龙》绘本及其配套资源获得了许多教师的认可与喜爱。我们为出版社制作的融课件配套资源也将逐步推出，为教师更好地把控教材、掌控学生学习过程提供了更加强大的技术支撑。

与出版社合作研发的资源建设，内容上有出版社的权威把关，形式上有汉语圈专业制作者的精心设计，极大地满足了教师对课件"从有到优"的需求。

四　培养具备科技素养的优秀国际中文教师

国际中文教学资源建设工作不仅是要为全球中文教师提供足够丰富的教学内容，更重要的是集成创新，通过运用新的信息技术手段来赋能教学。汉语圈提供教学资源的同时，也为广大一线教师和在校学生提供教育技术培训。我们致力于培养国际中文教师的科技素养，因为国际中文教学的数字化转型，最核心的关键，就是具备科技素养的一线中文教师。

澳大利亚推广中文教学的若干情况分析

张学丰[*]

澳大利亚的悉尼大学一百多年前就开设了中文课，但那只是汉学专业的一门课程，选修的学生人数很少。20世纪80年代开始，澳大利亚政府积极推行亚洲语言教育政策，将中文、印度尼西亚语和日语确定为具有地缘政治意义的语言。随着中国进一步的改革开放，在国际舞台发挥越来越举足轻重的作用，澳大利亚的中文教学也随之不断地升温。另外，移居海外的华人向来有传承本族语言和中华文化的传统，因此澳大利亚中小学还未开设中文课之前，华人社团就办起了自己的周末或课后中文班。90年代，澳大利亚政府的多元文化政策进一步支持了社团学校的中文教育，并在华人背景学生较多的主流学校增设中文课。与此同时越来越多的私立学校把中文作为必修课。目前为了进一步规范全澳中小学开展中文教学，有关部门已制定了全国统一的小学至初中（小学幼稚班至10年级）中文课程教学大纲。

总体上看，澳大利亚学习中文的学生人数一直都在增长。2019年的统计表明全澳有172832名在校学生选修中文，占学生总人数的4.7%。这一数据还不包括在周末社团语言学校的学生。新冠疫情之后，选修中文的学生人数有所增长。遗憾的是，学习中文的学生一半以上到了中学就放弃了。2023年新州以中文课作为高考科目的学生人数是历年最少的一年。如同往年，中文课考生人数（625）还不如法语（817）和日语课考生（1250）。实在令许多中文教师感到不解，甚至尴尬！

笔者1992年就开始从事业余中文教学工作，协助悉尼大学校友创办了一所周末中文学校（悉尼大同中文学校）。次年应聘成为新州教育部社区教育咨询员，其中任务之一就是支持各民族社团推广民族语言。2006年至今一直担任悉尼大同中文学校校长，其间还担任过新州中文教育理事会主席（2015—2019），并在悉尼大学社团语言教育学院兼职，给社团中文学校教师讲授中文作为社团语言教学的专题课。回顾早期华人社团为华裔子弟创办周末中文学校以及政府在主流学校推广中文课程的历程，感触颇多。

---

[*] 张学丰，悉尼大学社团语言教育学院荣誉研究员。

澳大利亚是唯一向不同民族社团语言学校（community language school）提供政策扶持和办学经费的西方国家。过去五年间，各州政府以及联邦政府都增加了社团语言教育的经费。2023年新州政府给注册的社团语言学校提供的办学经费由每位学生130澳元增加到200澳元，而且每位在校中小学生每年都能领到100澳元可用于支付社团语言学校学费的优惠券。悉尼大学的社团语言教育学院就是由新州政府资助，充分利用悉尼大学的资源创办的专为培训社团语言教师并从事相关课题研究的学院。主流学校的中文教师也都具有良好的资质和教学经验。可是，为何半数以上的中文学生到了中学就放弃中文学习，且选修中文课程的高中生更是少得可怜？以下谈谈笔者若干看法。

早在2008年，著名语言教育专家Jane Orton教授就指出（Jane Orton，2008）：澳大利亚中文教学之所以出现一些不尽如人意的问题，主要原因之一是：部分中文教师未能针对中文自身的语言特点进行教学。许多中文教师原本不具备中文师范资质，其中不少曾经是英语教师。他们的教学法深受英语教学的影响，忽略了中文自身特点所必要的不同于英语的教学法，如汉字的四声调、中文的认字和写字，等等。这两项典型的中文特征都要求学生经过反复训练方能学好。再者，每个汉字既是词素又是单词，还可与诸多汉字组成不同的单词。因此用正确的声调熟读中文诗歌的功效远比熟读英语诗歌的功效强得多。如何把这些看似枯燥乏味的反复练习以趣味性的互动性的方式进行教学，确实不易。若只讲求口头互动交际，只讲求学习中华文化兴趣活动来作为课堂教学的主要方式，学生学了一两年之后，并没能掌握一些语言基本技能，自然而然地就容易失去兴趣，缺乏动力。尤其是非华裔背景学生，他们半途而废的情况更为常见。

当然，主流学校中文教师总体水平一直在不断提高，原因在于他们都兢兢业业，而且还享有比较优越的校内校外在职培训的机会，因此在多媒体教学方面一直都走在社团中文学校教师的前头。我担任新州中文教育理事会主席期间，每年都主持"中文朗诵大赛"，目睹了参赛的主流学校学生的朗诵水平每年都有提高，尤其非华裔背景学生的进步更令人惊讶。

相对而言，多数华人社团语言学校的教师都有国内中文教师的背景。他们的教学比较传统，但也能兼顾澳大利亚长大的孩子善于交际的特点。运作良好的社团学校一般都注重听、说、读、写四方面同时并举的教学原则。因此相当部分在社团学校学习中文多年的学生读写能力都比较强，有些优秀生口语和写作能力不亚于国内学生的一般水平。

上述分析表明，总体上澳大利亚的中文教学水平一直都在提高，令人乐观。出现中学中文学生人数倒退现象的主要原因是澳大利亚（尤其新州）的高考制度未能有效鼓励学生学习语言。澳大利亚各州的高中阶段只有英语是必修课，其余（包括数学）都属于选修课。语言学科不是靠理解力取胜的学科，学好语言需要花费大量的时间和精力。以英语为母语的学生要学好中文所要花费的时间远远多于他们学习其他西方语言（如法语）所需花费的时间。对于以英语为母语的华裔学生来说，学中文虽然有家庭和社团语言环境的优越条件，但选修靠理解力取胜的其他学科在高考中获得高分的概率可能更高。因此许多小学阶段中文学得不错的学生，包括华裔学生，高中阶段都不选修中文课。最新的统计数据表明：2023年的高中毕业生只有6%选修语言课程。大学语言教育界和社会上的有识之士，年年都感慨澳大利亚高中阶段选修语言课程的学生人数占总人数的比例太令人失望。大家反思的结果都聚焦在当地高中学制和高考制度。但改革制度谈何容易！

归纳起来，澳大利亚的中文教育总体上一直呈现上升的趋势，除开上述分析的若干不足之处，具有巨大的市场潜力。若从中文教育全程来看的话，即便部分学生高中两年期间不选修中文，到了大学仍有可能继续选修中文。这也是我在大学看到的景观。因此，我本人对澳大利亚推广中文教育一直抱有乐观的看法。

参考文献

[1] *Chinese Language Education in Australian Schools* [M]. Parkville：The University of Melbourne，2008.

（责任编辑：梁德惠）

【博硕士新视点】

语言服务助力乡村产业振兴*

吴 艳**

提 要 《乡村振兴战略规划（2018—2022年）》明确提出，"要科学有序推动乡村产业、人才、文化、生态和组织振兴"。产业振兴在乡村"五个振兴"中居于首位。乡村产业的发展产生了新的语言需求。从内容上看，可以分为语种需求、语言技术需求和话语能力需求。新的语言需求赋予了乡村语言服务新的内涵。本文构建了以政府为主导的产学研联动的语言服务体系，主要致力于语言人才储备、语言生态规划以及语言职业教育以满足乡村产业发展中的语言需求，助力乡村振兴战略发展。

关键词 乡村振兴；产业振兴；语言需求；语言服务

On Language Service System in Rural Revitalization

Wuyan

Abstract The *Rural Revitalization Strategy* (2018—2022) aims to build rural area in rural industry, talent, culture, ecological environment and governance in a scientific and orderly manner. Rural industrial Revitalization is on the top of the "Five Revitalization". There is an increasing demand on language variety, language technology and discourse ability in rural industrial development. The new language needs enrich the connotation of rural language service. This paper proposes a language service system with rural government as the driving force, making joint efforts with universities, research institutes and enterprises,

---

* 本文系河北省高等学校人文社会科学研究重点项目"基于自建语料库的战疫中英双语翻译人才培养模式研究"（SD2021073）阶段性成果。本文写作过程中，得到李宇明先生的审阅、建议和指点，特此致谢！

** 吴艳，华北理工大学外国语学院副教授，首都师范大学博士研究生，主要研究方向语言政策与规划、语言产业研究。

to promote rural industrial Revitalization by cultivating language talents, sustaining rural language ecology and providing language vocational instruction.

Key words Rural Revitalization; Industrial Revitalization; Language Needs; Language Service System

引　言

自20世纪50年代以来，语言文字事业在乡村脱贫攻坚过程中发挥了重要的作用。以往研究主要关注乡村语言资源研究。通过发挥语言资源的文化、交际、情感和经济价值来助力乡村的文化保护与传承、信息互通、情感认同、劳动力人力资本的提升，以此来改变乡村的人文、经济和社会风貌，助力乡村减贫脱贫。随着语言生活研究日益兴起，语言学研究更加关注乡村振兴中所面临的实际问题。乡村产业振兴位居乡村"五个振兴"之首，是实现共同富裕的基石。因此，发现乡村产业振兴中农民、农业、农村所面临的实际语言生活问题，构建面向乡村的语言服务体系，能够推动语言文字事业全面助力乡村产业振兴。尤其在当前全球粮食紧缺的时代背景下，语言服务助力乡村产业振兴，对于解决世界粮食紧缺问题意义重大。

一　乡村振兴的语言学研究

乡村振兴语言学研究历经推普助力脱贫攻坚到全面助力乡村振兴。自20世纪50年代以来，中国语言学在乡村开展的语言文字研究主要有普通话推广、扫盲、为少数民族创制文字或改进已有的文字等一系列以语言扶贫为目的的语言研究。2020年末，脱贫攻坚工作重心转移到成果巩固和乡村振兴有效衔接问题上，语言学研究的重心也随之转移。当前，语言助力乡村振兴的研究主要围绕"乡村语言资源"和"乡村语言生活"等两大议题展开。

（一）乡村语言资源研究

第一，乡村语言是重要的文化资源。李宇明提出乡村语言是中华传统文化的温床，农村语言是农谚、故事、歌谣、戏曲等内容的负载者。农村语言蕴含着农耕、农牧的生活习俗。对农村涉农语言的整理和保护就是对农村乡土文化的拯救和传承。例如，耕地名称不仅保存着传统农业经验，承载着乡村历史记忆，而且寄托着乡愁乡情（郑亚豪，2022）。

第二，乡村语言是重要的交际工具。方言是村民处理日常生活和生产事务的交际工具。普通话是乡村与外部互通消息的纽带。国家通用语言文字则负载着先进的信息知识，是促进乡村地区经济发展的重要交际工具。

第三，乡村语言是情感的纽带。乡村语言既可以互通消息，又可以增进感情交流。"乡音无改鬓毛衰"，乡音承载着儿时的记忆，乡音承载着乡愁。"独在异乡为异客"，一句乡音可以立即拉近彼此的情感距离，勾起对故土的依恋。通用语言文字是国家认同和凝聚中华民族团结一心的重要精神纽带（郭熙，2022）。

第四，语言具有重要的经济价值。"费希曼—普尔假说"（Fishman-Pool Hypothesis）认为语言多样性与经济发展之间呈负相关，语言统一与经济发展呈正相关。中国的语言生活是对费希曼—普尔假说的进一步丰富，即语言多样性对经济发展的影响不能以偏概全，应因地制宜。当某地区的方言具有一定经济价值时，也要适时发挥其自身的经济价值。语言多样性会对经济、劳动力流通、对外开放产生影响（王海兰，2019），应发挥其积极作用，遏制其消极作用。

语言能力与经济收入呈正相关。世界范围内开展的研究发现，贫困人口、移民、难民等劳动者的语言能力与他们的工资收入呈正相关。劳动者语言能力对收入的影响为11.62%—15.60%（赵颖，2016）。就少数民族地区而言，普通话能力与少数民族劳动力职业收入具有明显的正相关（王兆萍等，2019；蔡文伯，2021；张卫国等，2021；刘金林等，2021；苏荟等，2022）。通用语言文字推广有助于促进区域经济发展。研究发现广西普通话普及率达到70%以上，普通话已经成为广西经济可持续发展的重要要素和动力源泉（卞成林等，2017）。现阶段脱贫人口的语言能力应当从提升普通话能力到以普通话为基础的多言多语能力（赫琳等，2021）。乡村语言教育是提升劳动者语言能力的有效途径，所以乡村语言政策应作为阻断贫困代际传递的重点（周加仙等，2018）。

（二）乡村语言生活研究

李宇明（2022）在谈"乡村振兴中的语言问题"时提到乡村语言"老年化"；教育缺乏"守根"意识；"文化沙漠化"等三大语言问题。付义荣（2022）探讨了语言与乡村振兴研究面临的语言问题，如城乡融合、乡村优秀传统文化传承发展、乡村社区重组、乡村教育、乡村语言治理等。此外，还有乡村语言生态研究、民族语言文化建设研究等（李现乐等，2020；吴畏，2018）。

综上所述，现有研究涉及语言的资源属性，从文化属性、工具属性、身份认同属性和经济属性四个方面进行了充分的探讨，从理论层面较充分阐释了语言之于乡村振兴之功用。乡村语言生活研究也日渐兴起。推普助力脱贫攻坚工程取得了阶段性胜利,语言助力乡村振兴进入攻坚区。面对全球粮食短缺和疫情带来的不利影响,乡村振兴战略的实施意义重大,事关人类福祉,然而如何进一步发挥语言文字的功能,继续推进乡村振兴战略发展是亟待解决的问题。

二 关于乡村产业振兴

2018年2月《乡村振兴战略规划(2018—2022年)》明确提出,"要科学有序推动乡村产业、人才、文化、生态和组织振兴。到2035年,乡村振兴取得决定性进展,农业农村现代化基本实现。到2050年,乡村全面振兴,农业强、农村美、农民富全面实现"。农业现代化和乡村产业发展是乡村脱贫攻坚战转向乡村振兴之路的重要基石,是实现乡村振兴以及乡村可持续发展的内生动力,是乡村"五个振兴"中居于首位的重要一环。农业现代化又是我国现代化进程中的重要一部分,是实现共同富裕的基石。

(一) 农业数字化是实现农业现代化的重要基础

语言数据在农业数字化发展中起着支撑性作用。语言智能新基建是农业数字化的基础。当前,中国农业处于传统农业向现代农业过渡阶段。在农业信息化建设方面远远落后于世界发达国家。2020年美国农业数字化率为48.9%,德国以38.7%高居前列。而我国农业数字化率,仅为8.2%。美国是全球农业现代化水平最高的国家。21世纪以来,美国已经实现了农业生产、流通、经营、社会化服务等全产业全系统全过程"三全"式发展。并且,美国建立了多技术继承的数字农业技术体系,为农业生产、农场管理和农业科研奠定了技术支撑。例如,美国使用GPS精准农业技术,可以在种植、喷洒除草剂或施肥时减少作业面积的重叠和间隙,每年可节省约13000美元。日本农业生产的智能技术主要应用于生产支持(包括农产品质量监控、生产环境控制、畜牧业养殖等)、经营支持(包括数据信息管理、病虫害防控、农作物筛选等)、无人驾驶设备(包括无人机、无人驾驶器等)和农业机器人(包括自动采摘机器人、支援型机器人等)等领域(钱静斐等,2021)。

(二) 品牌特色农业发展是关键

实施乡村振兴战略,核心任务是质量兴农、绿色兴农、品牌强农。[①] 2019年乡

[①] 李克强总理3月5日在十三届人大一次会议上作的《政府工作报告》。

村特色产业蓬勃发展,创响了10万多个"乡字号""土字号"乡土特色品牌。[①]《日本经济新闻》评述"日本的品牌农业正成为拉动经济发展的新兴势力"。日本的"一村一品"产销政策,结合当地特色建立农产品特色品牌,由政府制定统一的生产标准,符合标准的农产品由政府统一出资进行"一村一品"品牌宣传和品牌销售(张文超,2017)。

(三)"互联网+农业"营销模式日渐兴起

农村电商快速发展,越来越多的农产品在直播间里得以实现惊人的销量。2018年,农村电商超过980万家,带动就业2800万人,全国农产品网络零售交易额2305亿元,同比增加33.8%。[②] 2019年,各类涉农电商超过3万家,农村网络销售额1.7万亿元,其中农产品网络销售额4000亿元。[③]《全国乡村产业发展规划(2020—2025年)》要求到2025年农产品网络销售额均达到1万亿元。农产品网络销售已经成为农业现代化营销手段。

(四)农业国际交流与合作日益深化

"十四五"时期我国农业农村国际合作步入新阶段,我国与140多个国家开展了广泛的农业合作,与80余个"一带一路"沿线国家签署了农渔业合作协议。[④] 2016—2020年间,我国农产品进出口总额年均增长7.81%,成为全球农产品第一大进口国、第五大出口国。[⑤] 2022年7月2日,新疆维吾尔自治区党委常委会议提出将进一步深化与中亚五国在特色农牧业领域的交流与合作。2022年6月15日,全球首批"中文+农业科教发展中心"正式成立。

(五)一、二、三产业融合发展是趋势

乡村产业融合发展,乡村休闲旅游业成为乡村产业发展的一枝独秀。2019年,休闲农业接待游客32亿人次,营业收入超过8500亿元。预计到2025年,休闲旅游业年接待游客人数超过40亿次,经营收入超过1.2万亿元。[⑥] 乡村休闲旅游业的快速发展带动了乡村农产品生产和加工、服务业、旅游业等一系列产业的发展。

---

① 《全国乡村产业发展规划(2020—2025年)》。
② 《国务院参事杜鹰:为乡村产业振兴注入新活力新动力》,http://www.gov.cn/xinwen/2019-03/13/content_5373455.htm,2023年2月10日。
③ 《全国乡村产业发展规划(2020—2025年)》。
④ 《"十四五"农业农村国际合作规划》。
⑤ 《从农业大市迈向农业强市——襄阳扎实推进现代农业高质量发展》,http://www.moa.gov.cn/xw/qg/202206/t20220629_6403677.htm,2023年2月20日。
⑥ 《全国乡村产业发展规划(2020—2025年)》。

三 乡村产业振兴中的语言需求与语言服务助力

产业兴旺是乡村振兴的重点，是解决农村一切问题的前提。[①]现阶段乡村产业发展催生了新的语言需求。依据语言需求内容可以大致分为语种需求、语言技术需求和话语能力需求。

（一）乡村振兴中的语言需求

1. 语种需求

结合语言使用的场域，语种需求可以分为民族语言或方言能力需求、通用语言文字能力需求和外语能力需求。

第一，民族语言或方言能力需求。民族语言或方言是农业生产和生活内部交际用语，是浓郁区域特色农产品及农副产品设计与包装的语言要素。地区差异化、特色化农产品有利于激发新的消费需求。襄阳市以"游生态村、吃襄阳米、喝霸王醉、品高香茶、淘土特产"宣传地方特色农业产品。[②]苏州农村开展了"农业+文化+旅游"的融合发展模式，2019年以"春申梦龙说丰年"[③]为主题，创建现代农业与乡土历史人文紧密结合的乡村产业融合发展模式。

乡村文旅产业也需要民族语言或方言能力。文旅业中的传统曲艺表演，如昆曲、越剧，如果改用通用语言文字来演绎，那么就失去了其艺术价值和文化价值。南康镇的"南康调"，俗称"卖鸡调"，以南康话声腔入调演唱，深受群众喜爱。[④]

第二，通用语言文字能力需求。2021年12月23日，教育部等三部门印发《国家通用语言文字普及提升工程和推普助力乡村振兴计划实施方案》（以下简称《实施方案》）。国家通用语言文字负载着现代化的知识和信息技术，通用语言文字能力的提升有助于降低信息沟通成本，便于发达地区的先进技术等要素流向乡村地区（王春辉，2021），改善提升相对贫困地区的人力资源现代化技术应用水平。

依据《实施方案》，针对新时期乡村产业发展的新需求，推普助力乡村产业振兴应关注民族地区、农村地区的五类重点人群。

---

① 《全国乡村产业发展规划（2020—2025年）》。
② 《从农业大市迈向农业强市——襄阳扎实推进现代农业高质量发展》，http://www.moa.gov.cn/xw/qg/202206/t20220629_6403677.htm，2023年2月20日。
③ 《（苏州）2019年中国农民丰收节将在相城区冯梦龙村启幕》，http://nmfsj.moa.gov.cn/xwzx_25646/dfdt/201909/t20190903_6327196.htm，2023年2月20日。
④ 《两千年古镇的"新生"》，http://www.moa.gov.cn/xw/qg/201505/t20150519_4601666.htm，2023年2月20日。

乡村基层干部群体。乡村基层干部担任着管理农业现代化生产与生活的各项事务，理应掌握良好的普通话听说和读写能力。

乡村教师。民族地区、农村地区普通话普及提升的质量关键在教师。乡村教师的国家通用语言能力关系到学生的普通话水平以及今后获取现代科学文化知识的能力。乡村幼儿教师的国家通用语言能力直接决定幼儿普通话习得水平，因此"十四五"期间教育部将分批开展民族地区、农村地区幼儿园教师国家通用语言文字应用能力培训。

乡村精英。产业振兴离不开人才。乡村创业精英是产业振兴的中坚力量，乡村政治、文化精英和传统精英可以参与乡村治理，为乡村产业振兴提供良好的社会环境。乡村精英的国家通用语言能力提升能够为民族地区和乡村贫困地区普通人群树立良好的示范作用。

乡村学生。学讲普通话使用规范汉字是我国宪法规定的责任。乡村地区的学生是乡村未来产业人才后备军，学好普通话有利于学生个体享受平等生存和发展机会。从普通话习得效果来看，大学生、中学生和小学生习得普通话的能力逐渐增强。"十四五"期间，教育部开始实施面向学前儿童普通话教育的"童语同音"计划。

青壮年农牧民。青壮年农牧民需要掌握现代化信息获取能力和与外界沟通的语言能力。此外，研究发现普通话能力与居民主观幸福感呈正相关关系（张卫国等，2022；康慧琳，2022）。

第三，外语能力。外语能力主要指处理农业国际经贸合作与交流的语言能力。"十四五"期间，我国需做好对东盟、中亚、南亚、俄罗斯等临近地区和"一带一路"沿线地区的农业经贸布局（陈秧分，2021）。农业国际经贸合作需要以语言为桥梁。例如，新疆的农业经贸领域合作可能会需要中亚五国语言作为交流工具，广西可能会需要越南语，而东北地区对俄语、日语和朝鲜语需求可能比较多。做好外语语种能力储备，可以更好地满足农业国际化发展中的语言需求。

2. 语言技术需求

语言技术是指语言文字信息处理方面的设备、软件等产品（服务）。以物联网、大数据和人工智能为代表的新兴技术正在渗透到农业生产、经营和管理各个领域。目前，物联网可用于科学防治病虫害，实现绿色农业；农业机器人已经应用到农业生产过程之中，如荷兰的自动摘叶机器人，日本的卫星控制插秧机器人，等等；区块链技术用于农产品溯源，为消费者提供质量放心的农产品。而这些技术都关系到涉农语言数据的处理。而先进的语言技术也是开展农业领域国际化合作的硬通货。可以说，未来农业领域的国际竞争取决于语言技术的研发与应用。

农业领域国际交流与合作对语言翻译技术的升级换代也提出了新的要求。除了专门提供翻译服务的语言翻译人才，未来可以研制农经贸语言翻译服务机器人，以便弥补乡村语言人才匮乏的现状。

3. 话语能力需求

乡村产业发展过程中，农民使用语言的社会语境发生了重大的变化。语境的变化给农民话语能力提出了新的要求。

第一，新媒体传播话语能力。数字化技术的应用使得农民的交际范围突破了时空和领域限制；农村产业融合的发展趋势，使得农民交际的对象拓展为电商平台消费者、文旅游客等；农产品电商营销推介对象来自异国他乡。电商营销模式需要农民熟悉网络话语组织能力和对外传播能力。目前，针对农民电商直播话语能力的研究少之又少。农民的新媒体话语能力提升迫在眉睫。

第二，品牌宣传话语能力。品牌农业发展是提升农产品规范化高质量发展的有效手段。农产品品牌命名需要语言的助力。品牌命名是指以语言文字为主要符号，创意化地为各种机构、组织、产品以及个人取名（李艳，2012）。近几年电商兴起，出现了不少脐橙电商品牌，但因缺乏专业的品牌形象设计，品牌传播和发展深受制约（陈方圆等，2020）。现有关于农产品电商品牌设计的研究多聚焦电商品牌形象包装设计（谭勇等，2020）、品牌传播（陈浦秋杭，2019）、品牌营销策略（李敏，2010），极少关注品牌命名本身的研究。目前，国内专门面向农产品品牌命名的企业已经出现，但尚未形成规模，分布零散，经营不规范，很难提供高质量的品牌命名服务。

第三，传统文化再创造话语能力。农村产业融合发展是必然趋势。休闲文旅或生态康养等行业为农村带来了可观的经济收益。经过精心设计，2019 年，三亚博后村的每一家民宿都成了"网红"打卡地。语言是民宿软环境设计不可或缺的文化元素。旅游景区中的语言标识，包括道路标识、广告牌、商铺招牌等，是构建社会公共空间的重要元素，承载着传统文化、地域文化、民族文化，可以增强旅游区立体化、多元化、现代化建设的活力、动力和创造力（张景霓等，2022）。

第四，政务话语能力。网络互联网平台成为民众影响政治议程、公共政策和政府感知民意的重要渠道。数字政府的建设主要涉及党政机构网站、微博、公众号等政务语言服务。同时，政府应关爱农村留守儿童和老人，为弱势人群提供信息无障碍、语言内容无障碍服务。

第五，农业防灾减灾应急话语能力。乡村是自然灾害高发地，要加强农业防灾减灾救灾能力建设，需要建立健全农业相关的应急服务体系，保持语言信息无障碍获取和语言内容无障碍传递。

第六,生态话语能力。乡村振兴"生态宜居是关键",乡村的生产生活都离不开生态环境建设,生态宜居也是经济发展、留住人才、引来人才的关键之处。要发挥语言的育人作用,重新审视人与自然关系。利用语言提升生态保护意识。习近平总书记作出的"绿水青山就是金山银山"的重要论断,一语道破生态之于经济发展的重要作用,有利于推动经济的绿色发展。在江苏省宜兴县白塔村,"留青山、保绿水、守净土"成为不上墙的口号,村民随口都能说出来,就连外地到白塔村创办旅游度假项目的投资者也不例外。"乡村振兴要走健康、高效、可持续的发展模式。"欧阳华说,在保护生态的前提下,白塔村引进了一批"小而特、小而品、小而优"的文化旅游项目,不仅富了村民的口袋,还美化了自己的家园。①

(二) 语言服务助力乡村产业振兴

乡村产业振兴中涌现出的新的语言需求赋予了乡村语言服务新的内涵。乡村语言服务体系建设是乡村语言服务能力和质量的保障。

1. 乡村语言服务的内涵

通过梳理李宇明、屈哨兵、赵世举、陈鹏、王立非等12位学者关于语言服务的13条定义,依据语言服务的目的、主体和对象、内容和手段、分类和方式,语言服务大致可以分为两大类:第一类是服务于社会语言需求的"语言生活派";第二类是服务于社会生活各领域的语言交际转换的语言工具派。前者秉持的是一种"大语言观"。首先,传统的语言学视语言为符号体系、信息载体、交际工具和认知手段。"大语言观"突破了对语言功能的传统认识,认为语言是一种宝贵的资源,可以用以开发、挖掘、调节和建构有意义的社会活动。其次,秉持语言学研究应以服务人类社会进步和发展为宗旨,"语言生活派"关照社会现实问题,善于将现实问题转变为语言学学科问题,运用语言学研究的成果反哺社会,同时,进一步推动学科发展。后者则仅仅关注语言的交际工具属性,将语言服务定性为一种语际信息转换的专业化服务(中国翻译协会);或是一种帮助的行为或各种活动(王立非,2016)。

基于"语言生活派"的语言资源观,乡村语言服务就是充分挖掘和利用乡村语言资源来满足乡村产业发展、人才供给、文化传承、生态保护、组织建设等方面的语言需求。

---

① 《乡土留人、产业扶贫、生态兴村——全国人大代表热议乡村振兴》,http://www.gov.cn/xinwen/2018-03/12/content_5273422.htm,2023年2月20日。

2. 语言服务体系构建

语言已成为促进新农业、新农民、新农村发展的重要生产要素，如何真正实现语言带来的经济红利？政府的语言服务意识的提升是语言服务助力乡村产业振兴的关键因素。近年来，中国语言文字事业在脱贫攻坚等国家重大战略方面发挥了重要的作用，然而语言文字事业助力共同富裕的理论和实践却亟待探索（王春辉、高莉，2022）。政府只有树立了语言服务意识，充分认识到语言文字在乡村产业振兴中的重要作用，才会实施有效举措。因此，乡村语言服务体系建设要依靠各级政府，以乡镇政府为主导，树立语言资源意识，发挥政产学研各方的合力，深入调研当地语言生活，因地制宜，建立适合本地经济发展的语言服务体系，如图1所示。

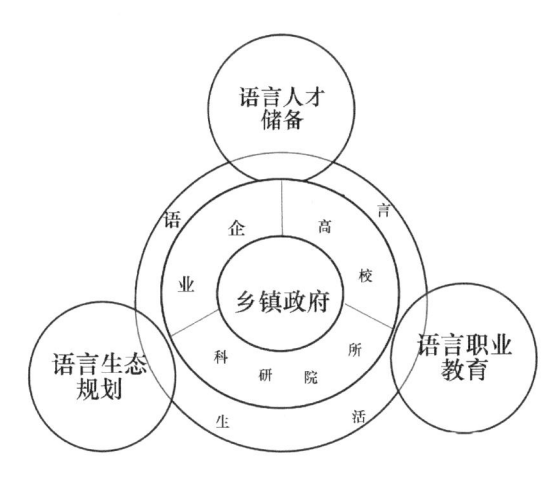

图1 乡村语言服务体系

第一，启动政产学研联动机制。政府可以设立专项资金，依托高校开展语言生活调查研究，深入田野进一步摸清乡村振兴中的语言经济生活需求，加快科研成果转化速度。委托企业研发适农语言技术产品和服务，加快我国农业现代化发展的步伐，并且为我国农业领域的技术交流与合作开辟更广阔的空间。河北蔚县与中国农业大学、北京生物科技有限公司等10多家科研院所"结亲"，研发新品种技术，发展特色农业，为农业创收5000多万元。①

第二，储备多语多言语言人才。重视乡村家庭内部的语言规划。在城镇化进程中，方言的价值多被忽略，因此，引导家庭内部做好语言规划可以从根本上落实方

---

① 《蔚县特色产业为农创收5000多万元》，http://www.moa.gov.cn/ztzl/jsshzyxnc/zjnnsr/200712/t20071205_932526.htm，2023年2月20日。

言的保护和传承，解决好濒危方言问题，进而发挥方言在乡村经济发展中的重要作用。另外，儿童是未来乡村振兴的后备军，教师是培育乡村未来人才队伍的核心力量。乡村政府可以联合高校组织跨区域的网络语言教育帮扶团队，促进优质教育资源的区域平衡。2020年以来，北京语言文字工作协会组织北京50所学校1400余名教师，采取网络在线辅导等方式，结对帮扶阿克陶县66所小学近2000名教师学习国家通用语言文字。

第三，科学保护乡村语言生态圈。乡村语言种类可以因地制宜。首先，衡量当地方言的文化价值、经济价值。科学保护方言资源，建立乡村语言博物馆记录保存农业文明。其次，继续提升脱贫人口的普通话能力，实行重点人群分类指导，开展"互联网+"等各种形式的普通话质量提升服务。可以联合高校、企业开展普通话普及和质量提升工程，或者研发助力普通话提质的语言教育产品与服务。最后，针对农业经贸领域的国际合作需求，科学合理规划外语。可以与本地高校开展订单式"专业+"语言人才培养。

第四，开展面向新农业、新农村的语言职业培训服务。每年我国人力资源社会保障部都投入大量人力物力和资金对农民开展职业技能培训，以及大数据、人工智能、电子商务等技术新领域创业培训。然而，当前职业技能扶贫存在政策措施落实缺乏精准系统性、培训内容重理论轻实践（戈艳霞，2020）。农村电商培训仅仅注重电商平台的创建，而缺乏电商直播话语设计。政府需要瞄准新农村新形势，搭建语言职业教育平台，结合特色农业，对青壮农牧民提供农商交际话语培训。

结　语

乡村振兴是中国语言学者要解决的时代命题。推普助力乡村振兴已经初见成效。乡村产业振兴位居乡村"五个振兴"之首，本文聚焦乡村产业振兴，发现了语种需求、语言技术需求和话语能力三种语言需求。针对这些新的需求，文章提出乡村政府应树立语言资源意识，建立以乡镇政府为主导的政产学研联动机制，继续深入调研当地语言生活，为所在地区提供语言人才储备服务、科学规划当地乡村语言生态圈、开展针对性的语言职业教育培训，全面助力乡村产业振兴。

参考文献

[1] 卞成林,刘金林,阳柳艳,等. 少数民族地区普通话推广的经济发展效应分析：来自广西市际面板数据的证据[J]. 制度经济学研究, 2017 (03): 220—233.

［2］蔡文伯．语言经济学视角下西部地区劳动力普通话能力对收入影响的研究［J］．西南民族大学学报（人文社会科学版），2021，42（02）：213—222.

［3］陈浦秋杭．社交媒体时代下的品牌传播策略研究［J］．传媒观察，2019（12）：90—94.

［4］陈秧分，钱静斐．''十四五''中国农业对外开放：形势、问题与对策［J］．华中农业大学学报（社会科学版），2021（01）：49—56＋175—176.

［5］付义荣．试论中国农村社会语言学研究的对象与内容［J］．语言文字应用，2022（02）：67—76.

［6］戈艳霞．职业技能培训在提升精准扶贫实效中的困境与出路［J］．教育与职业，2020（02）：96—100.

［7］郭熙．乡村要振兴，语言来帮忙［N］．光明日报，2022-03-27（5）.

［8］赫琳，李蔚．脱贫人口语言能力提升的新维度与新途径［J］．吉首大学学报（社会科学版），2021，42（06）：69—76.

［9］康慧琳．普通话能力对农民主观幸福感的影响［J］．语言战略研究，2022，7（01）：48—60.

［10］蓝海涛，周振．我国''互联网＋农村经济''发展现状与政策建议［J］．宏观经济管理，2018（07）：31—38＋65.

［11］李敏．我国农产品品牌发展战略定位和策略［J］．改革与战略，2010，26（02）：90—92＋107.

［12］李现乐，刘逸凡，张沥文．乡村振兴背景下的语言生态建设与语言服务研究——基于苏中三市的乡村语言调查［J］．语言文字应用，2020（01）：20—29.

［13］李艳．语言产业视野下的语言消费研究［J］．语言文字应用，2012（03）：25—32.

［14］刘金林，马静．边疆民族地区居民语言能力的劳动者收入效应研究——语言与国家治理系列研究之五［J］．云南民族大学学报（哲学社会科学版），2021，38（06）：30—41.

［15］刘阿娜，刘芳婧．跨境电商发展对我国农产品出口贸易的影响效应研究［J］．商业经济研究，2020（21）：154—157.

［16］钱静斐，陈秧分．典型发达国家农业信息化建设对我国农业''新基建''的启示［J］．科技管理研究，2021，41（23）：174—180.

［17］苏荟，张新亚．国家通用语言文字应用能力对少数民族劳动力收入的影响——基于CGSS数据的实证研究［J］．湖北民族大学学报（哲学社会科学版），2022，40（02）：85—98.

［18］史维国，刘昕怡．少数民族地区语言扶贫效应研究［J］．哈尔滨师范大学社会科学学报，2019，10（02）：88—91.

［19］谭勇，赵青青，孙海洋．重庆农村产品电商平台品牌视觉形象设计研究［J］．包装工程，2020，41（04）：237—243.

［20］唐红涛，谢婷．数字经济视角下产业扶贫与产业振兴有效衔接的机理与效应研究［J］．广东财经大学学报，2022，37（04）：30—43.

[21] 王春辉. 论语言因素在脱贫攻坚中的作用[J]. 江汉学术, 2018, 37 (05): 92—100.

[22] 王春辉. 后脱贫攻坚时期的中国语言扶贫[J]. 语言文字应用, 2020 (03): 9—16.

[23] 王春辉. 助力脱贫攻坚 推进乡村振兴[N]. 语言文字报, 2021-03-24.

[24] 王春辉. 推普助力乡村振兴[N]. 光明日报, 2021-09-19.

[25] 王春辉, 高莉. 论语言与共同富裕[J]. 云南师范大学学报(哲学社会科学版), 2022, 54 (04): 25—34.

[26] 王晓毅. 生态文明话语下的乡村振兴[J]. 南京工业大学学报(社会科学版), 2019, 18 (05): 42—48+111.

[27] 王海兰. 国内经济学视角语言与贫困研究的现状与思考[J]. 语言战略研究, 2019, 4 (01): 34—43.

[28] 王立非. 语言服务产业论[M]. 北京: 外语教学与研究出版社, 2020.

[29] 王兆萍, 马小雪. 中国少数民族劳动力普通话能力的语言收入效应[J]. 西北人口, 2019, 40 (01): 71—8.

[30] 吴畏. 乡村振兴背景下的古苗疆走廊民族语言文化建设[J]. 贵州社会科学, 2018 (11): 98—102.

[31] 银晴, 田静, 苏新春. 语言何以助力乡村振兴[J]. 语言战略研究, 2022, 7 (01): 25—35.

[32] 张景霓, 王佳赫. 文化性、地方性与现代性: 多模态旅游语言景观的功能与规划[J]. 社会科学家, 2022 (03): 56—63.

[33] 张卫国, 李晓文. 语言能力与择地就业质量——基于普通话的工资效应及其地域差异的考察[J]. 宏观质量研究, 2021, 9 (05): 102—114.

[34] 张卫国, 程实. 语言让生活更美好: 普通话能力对居民主观幸福感的影响[J]. 山东大学学报(哲学社会科学版), 2022 (02): 118—133.

[35] 赵颖. 语言能力对劳动者收入贡献的测度分析[J]. 经济学动态, 2016 (01): 32—43.

[36] 郑亚豪. 豫东南耕地名称价值与规划研究[J]. 语言战略研究, 2022, 7 (01): 75—83.

[37] 张文超. 日本"品牌农业"的农产品营销经验及中国特色农业路径选择[J]. 世界农业, 2017 (06): 173—176.

[38] 周加仙, 王丹丹, 章熠. 贫困代际传递的神经机制以及教育阻断策略[J]. 教育发展研究, 2018, 38 (02): 71—77.

(责任编辑: 姜昕玫)

中华民族共同体视阈下云南石菜江村语言生活调查[*]

黄昕瑶 和智利[**]

提 要 石菜江村是云南省大理州剑川县一个典型的多民族杂居自然村，各民族长期交往交流交融，不仅体现在日常生活中，而且体现在语言生活上。语言接触不仅是各民族广泛交往交流交融的重要体现，也是铸牢中华民族共同体意识的必然途径。文章从铸牢中华民族共同体意识和语言接触的角度入手，结合入户普查、问卷调查和访谈法等3种研究方法对石菜江多民族深入接触融合的语言生活表现及其特点和形成机制做了深入分析，并进一步思考语言接触与铸牢中华民族共同体意识的关系。田野调查结果显示：石菜江村各民族语言在不同生活场域各司其职、各尽其责，同时又功能互补、共生共融，这主要得益于各民族互嵌分布且长期广泛交往交流交融，各民族有较强的中华民族共同体意识，以及家庭、学校、村寨有序的语言规划。

关键词 中华民族共同体；语言接触；纳西族；多语和谐；语言规划

A Survey of Language Life in Shicaijiang Village from the Perspective of the Chinese National Community

Huang Xinyao   He Zhili

Abstract Shicaijiang Village is a typical multi ethnic mixed natural village in Jian chuan County, Dali Prefecture, Yunnan Province. The long-term communication and integration of various ethnic groups are not only reflected in daily life, but also in language

---

[*] 本文系云南省哲学社会科学规划项目"滇川藏纳西语与周边语言深度接触融合的调查研究"（项目编号 ZD202313）研究成果。

[**] 黄昕瑶，云南师范大学在读硕士研究生，研究方向：中国少数民族语言研究（纳西语方向）。和智利，纳西族，云南丽江人，副研究员，博士，研究方向：中国少数民族语言研究。

life. Language contact is not only an important manifestation of communication and integration among various ethnic groups, but also an inevitable way to strengthen the sense of community of the Chinese nation. The article starts from the perspective of strengthening the awareness of the Chinese national community and language contact, and combines three research methods such as household surveys, questionnaire surveys, and interviews to conduct an in-depth analysis of the language life, characteristics, and formation mechanism of the multi-ethnic community in Shicaijiang Village. It further considers the relationship between language contact and strengthening the awareness of the Chinese national community. The field survey results show that the languages of various ethnic groups in Shicaijiang Village play their respective roles, complement each other's functions, and coexist in different fields. This is mainly due to the intertwined distribution and long-term communication and integration of various ethnic groups. Each ethnic group has a strong sense of community among the Chinese nation, and the orderly language planning of families, schools, and villages.

Key words　The Chinese National Community; Language Contact; Naxi Ethnic Group; Multilingual Harmony; Language Planning

引　言

20世纪50年代以来国外学者开始对语言接触进行研究，瓦茵莱赫（Uriel-Weinreich）（1951）、艾娜·豪根（EinarHaugen）（1978）、托马森（S. Thomason）（2014）等的研究对国内外语言接触研究产生了深远影响。国内从语言接触视角入手研究语言生活主要成果有袁焱（2001），蒋颖、赵燕珍、常俊之等（2008），戴庆厦（2011），白鸽、杜敏（2011），覃丽赢（2011），古力加娜提·艾乃吐拉（2012），纳日碧力戈（2021），陶瑞（2022）等，这些成果主要关注和讨论的是语言接触背景下弱势语言如何与强势语言共生，使各语言能够充分发挥其功能。其中袁焱探讨了阿昌语语言接触与语言演变的问题；戴庆厦根据语言演变规律提出"两全其美"是解决少数民族双语问题的最佳模式；纳日碧力戈从文化视角切入，阐释了一系列关于铸牢中华民族共同体意识心理认同根基的语言路径。

习近平总书记在中共中央政治局第九次集体学习时强调，"铸牢中华民族共同体意识、推进新时代党的民族工作高质量发展，是全党全国各族人民的共同任务"①。中国境内民族及语言资源丰富，各民族长期以来交往交流交融形成了独具中国特色的中华民族文化认同、语言认同和民族认同。近年来从铸牢中华民族共同体意识视阈下开展语言研究的成果逐渐增多，现有成果主要关注以下几点：一是推广国家通用语言文字铸牢中华民族共同体意识的理论和实践研究（刘金林、马静，2021；金黑英，2022；肖航、黎顺苗，2022 等）；二是铸牢中华民族共同体意识与语言接触的关系（张成、董振邦，2022；龚卿民、龙辉，2023 等）；三是铸牢中华民族共同体意识视阈下的民族地区语言生活实证研究，其中成果多集中于广西壮族自治区（韦亮节、黄家信，2022；王晓惠，2022）。据笔者深入调查，发现可在前人研究基础上继续拓耕的研究方向有：（1）实证研究还较少，存在区域实证研究不平衡的现象。内地研究多于边疆；部分民族地区实证研究处于空白状态，如云南实证研究仍比较少。（2）现有纳西族语言生活研究成果多集中讨论语言生活现状及成因，还未从中华民族共同体视阈下进行思考。

纳西族在历史上就长期同汉族等周边民族交往交流交融。在这一过程中，纳西族兼容并蓄，积极吸收周边民族所长，形成了独特的语言文化体系，其语言生活能够为我们挖掘分析中华民族语言共同体提供实证案例（和智利、习建勋，2022；戴庆厦、和智利、李旭芳等，2013）。

本文以云南省大理州剑川县双河村石菜江纳西族与周边民族语言接触个案为调查对象，在深入分析石菜江各民族语言生活现状的基础上思考语言接触与铸牢中华民族共同体意识的关系。

课题组云南师范大学和智利、黄昕瑶、铁娜，中央民族大学杨素芳，云南民族大学和雪冰一行 5 人于 2023 年 7 月 28 日—8 月 2 日前往石菜江进行实地调研。石菜江是大理白族自治州剑川县双河行政村的一个自然村，是一个以纳西族为主，并有白族、彝族、傈僳族等民族的典型民族杂居村，其中纳西族占 44.7%。石菜江位于老君山东麓，金华坝西北角，东连金和村，南接羊岑乡，北邻丽江河源村。石菜江村（以下简称石菜江）在当地纳西语中称"祖古卡" dzv³¹gu³¹khə³³，丽江纳西语称"指诗沽" dʐʅ³¹ʂʅ³¹kv³³，白语称"左总个" dzu³¹dzu³¹gə⁵⁵。石菜江在双河村交通便利、经济水平发展相对较高，因此其也是双河村村委会驻地。石菜江是双河村内人口最多的自然村，其常住人口户数有 171 户，共 673 人②。其中纳西族 642 人，白族 25 人，傈僳族 5 人汉族 1 人。

---

① 习近平：《习近平在中共中央政治局第九次集体学习时强调：铸牢中华民族共同体意识推进新时代党的民族工作高质量发展》，中国政府网，https://www.gov.cn/yaowen/liebiao/202310/content_6912492.htm。
② 人口数据由石菜江 HXB 提供，数据截至 2023 年 8 月。

石菜江纳西族是来到双河村最早、居住时间最长的民族。纳西族迁到此地最早可追溯到明万历二十六年，其主要是木氏土司从丽江和石鼓一带派遣的奴役。[①] 后来白族、傈僳族、彝族等村民先后迁入，各民族在长期交往交流交融过程中形成了多民族文化共生共融的和谐风貌。石菜江纳西族自丽江迁居到此四百多年来，保留了丽江纳西族传统文化的同时，在同新居地周边民族长期广泛接触的过程中形成了新的民族文化特征。石菜江村民深度接触融合的语言生活很好地体现了这一特征。

一 石菜江的语言生活概况

本文采用入户普查、问卷调查和访谈等结合的研究方法，深入石菜江获取了石菜江村民语言生活的一手资料。我们入户普查了石菜江 670 位具有稳定语言能力村民的语言掌握情况，其具体情况见表 1。

表 1　　石菜江村民的语言掌握情况

语言	熟练 人数（人）	熟练 百分比（%）	略懂 人数（人）	略懂 百分比（%）	不会 人数（人）	不会 百分比（%）
纳西语	660	98.5	10	1.5	0	0
汉语	625	93.3	12	1.8	33	4.9
白语	604	90.2	5	0.7	61	9.1

表 1 数据显示，石菜江村民对纳西语、白语、汉语掌握程度熟练的人口占比均超过 90%，说明石菜江 90% 的村民都能熟练使用自己的母语，同时还能兼用其他语言，普遍掌握 3 种及 3 种以上的语言。从使用人数上来看，纳西语的使用人数最多，其次是汉语和白语。不同民族使用同一语言的具体情况，既有共性又有差异。下面具体分析石菜江村民使用不同语言的具体情况。

（一）石菜江纳西语的使用情况

纳西语是石菜江村民使用人数最多的语言，不同民族村民 100% 都能使用纳西语，并且 8.5% 的村民纳西语掌握程度达到了熟练水平。

1. 石菜江纳西族纳西语的使用情况

石菜江共有纳西族村民 642 位，其中 3 位为 3 岁及以下幼儿，因此我们对

---

① 石鼓指的是玉龙纳西族自治县石鼓镇（剑川县金华镇双河村委会 2013：1）。

639位具有稳定语言能力的纳西族村民进行了入户语言能力普查,其具体情况见表2。

表2　　　　　　　　　　　石菜江纳西族纳西语掌握程度

年龄段(岁)	人数(人)	熟练		一般		不会	
		人数(人)	百分比(%)	人数(人)	百分比(%)	人数(人)	百分比(%)
19及以下	90	89	98.89	1	1.11	0	0
20—39	181	180	99.45	1	0.55	0	0
40—59	227	227	100	0	0	0	0
60及以上	141	141	100	0	0	0	0
合计	639	637	99.69	2	0.31	0	0

结合表2入户普查结果、不同年龄段纳西族母语400词测试及重点访谈,发现石菜江纳西族人使用母语主要有以下3个特征。

一是石菜江纳西族普遍稳定使用自己的母语,纳西语是石菜江纳西族的主要交际工具。据实地调查发现,该村绝大部分人的第一语言为纳西语。对石菜江纳西语"熟练"加"略懂"的人数为670人,占比为100%,说明村内没有不懂纳西语的。村内的纳西族除了纳西语还兼用其他语言,但是纳西族之间交流都用纳西语。有意思的是即使上一秒村民还在用汉语回答课题组提的问题,下一秒就可以自由地用纳西语同身边的纳西族人交谈。石菜江纳西族对自己的民族身份和民族语有深深的认同感,他们认为纳西语是所有语言中最亲切的、好听的,会说纳西语是必要的、自豪的。

二是石菜江纳西语代际传承得很好,青少年的第一语言都是纳西语。6—19岁青少年都能熟练地使用纳西语,且均将纳西语作为第一语言,这一点难能可贵。据了解,父母从小就会跟孩子说纳西语,在家中家庭成员也完全使用纳西语交流。另外,有的父母因外出务工,孩子从小跟着爷爷奶奶生活,其母语水平更是达到十分熟练的程度。在给青少年做400词测试时,孩子们对纳西语词汇基本都能脱口而出。可以看到该村纳西族母语的传承现状是比较乐观的,但是我们也不能忽视其母语代际传承中存在代际母语能力下滑的现象。

随着村民经济水平的提高以及村民对基础教育重视的提升,越来越多的村民更倾向于把适龄儿童送到县城幼儿园及中小学就读。伴随青少年离开家庭和村落等母语环境时间越长，其母语水平比在自己村内生活时有所下滑，当然也就比长期生活在村内的同龄人差。课题组在给村内一位14岁初中生HXT测试400词时发现，她所掌握的纳西语基本词汇仅有236个能达到脱口而出的水平。因此进一步对其语言习得经历和语言使用情况了解得知，HXT在上幼儿园以前在村里生活，能够熟练使用纳西语，幼儿园开始她一直在县城上学，其使用纳西语的场合和时间都比较少，所以其纳西语的语言水平大幅下降。

三是石菜江纳西语和丽江纳西语存在差异，石菜江纳西语词汇中的白语借词明显比丽江纳西语多。石菜江纳西语在与白语长期深度接触的过程中，其语言系统不可避免地发生了演变，最明显的是其词汇系统中出现了许多白语借词，而丽江纳西语词汇则使用的是本语词或汉语借词。例如，石菜江纳西语"香菜"读为"ŋə^{31}tɕi^{33}"，丽江纳西语读作"ja^{31}ɕy^{55}"；石菜江纳西语"（好）朋友"读作"phəŋ^{55}jou^{31}joŋ^{55}thiɛ^{55}"，丽江纳西语读作"dzɿ^{33}zo^{33}dzɿ^{33}mi^{55}"；石菜江纳西语中白菜是"bɑ^{31}tsi^{33}"，丽江纳西语是"ɟy^{33}p^{h}ə^{21}"；石菜江纳西语中青菜为"tsɑ^{31}tsi^{33}"，丽江纳西语为"p^{h}jɣ^{55}ha^{21}"。

语言的深度接触除了体现在语言系统本身的演变外，还体现在语言生活中。课题组在做400词测试和重点访谈时发现，当询问村民"'石菜江'一词用纳西语和白语分别怎么讲"时，村民已经完全分不清纳西语和白语的说法有什么区别，只回答"应该是一样的"。此外，村里的大学生HXB谈道："我说'南瓜'这个词的时候，丽江纳西族都听不懂，后来才明白自己说的其实是白语借词。"访谈63岁老人HXZ时，他讲道："丽江纳西族现在称我们为'nɑ^{31}ɕi^{33}su^{55}'，该说法的含义是：已经不是真正纳西族了，真一半假一半了。这主要是因为我们说的话里面有很多白语词汇，到剑川县城和白族人交流，我们说纳西语，他们说白语，但70%、80%都能听懂，不影响交流。"这里的"su^{55}"是指洋芋第一年成熟后没有挖掉，块茎开始二次生长时，就会出现像哑铃或者念珠状等各种畸形土豆，当地人命名为"洋芋粟 ʐa^{31}ʐu^{55}su^{55}"，这里比喻石菜江纳西族的生活习惯、语言等受白族深度影响。不仅如此，石菜江纳西族在说普通话的时候，其语调也更为接近白族人说普通话。

2. 石菜江白族的纳西语使用情况

石菜江共有白族村民25位，这些村民都是从周边邻近白族村寨嫁入或入赘的。课题组对这25位白族村民的语言掌握情况进行了穷尽式普查，其纳西语的掌握情况如表3所示。

表3　　　　　　　　　　石菜江白族的纳西语掌握程度

年龄段（岁）	人数（人）	熟练 人数（人）	熟练 百分比（%）	一般 人数（人）	一般 百分比（%）	不会 人数（人）	不会 百分比（%）
20—39	6	3	50	3	50	0	0
40—59	15	12	80	3	20	0	0
60及以上	4	2	50	2	50	0	0
合计	25	17	68	8	32	0	0

表3调查结果显示，入户普查结合访谈发现白族使用纳西语主要有以下两个特点。

（1）白族100%能够兼用纳西语，且掌握程度较高。

25位白族村民都能兼用纳西语进行交流，其中能熟练使用纳西语交流的有17位，占比68%。这些白族村民来到石菜江之前大多是不会纳西语的，他们都是长期在家庭和村寨纳西语环境的耳濡目染下自然而然习得的。据不同白族村民介绍，从听不懂到基本听懂纳西语并且会说一些基础的纳西语词汇需要半年至一年的时间。

（2）不同年龄段白族使用纳西语的水平存在明显的代际差异。

40—59岁的白族村民80%可以熟练使用纳西语，其数量及占比高于20—39岁和60及岁以上两个年龄段人数和所占的比例。课题组对8位纳西语掌握程度为"略懂"的白族村民进行了深度访谈，发现其纳西语掌握程度与个人纳西语的使用频率和语言态度密切相关。如两位从周边白族村寨嫁入的60岁老人谈到由于其家庭成员都能说白语，所以他们在家里使用白语的时候更多，因此尽管在村里生活了近50年，他们的纳西语掌握程度也只达到"一般"。

其余几位白族村民提到，由于他们自己能脱口而出的纳西语词汇不多，且家庭成员都能用白语进行简单的交流，所以即便他们可以掌握一些纳西语，但还是更愿意用自己的母语——白语来交流，慢慢地家庭内或村寨内就此形成了白语—纳西语的双向双语环境。

3. 石菜江傈僳族和汉族的纳西语使用情况

课题组还对村内的5位傈僳族村民和1位汉族村民进行了语言使用情况调查，发现无论是傈僳族还是汉族他们也都同样掌握纳西语，且其纳西语掌握程度都能达到一般及以上水平。这说明纳西语在石菜江的语言活力较高，它不仅是石菜江纳西族进行交流的主要语言，还是石菜江的通用语言。

(二) 石菜江白语的使用情况

石菜江虽然是一个纳西族聚居村，但地处白族人口占比多的区域。白语是剑川县的强势语言，其在不同民族交往交流交融中发挥着重要的作用，因此双河各村组的村民都或多或少能够兼用白语。如果不同民族的人相遇，在不了解对方民族或语言使用情况时，白语是大家交际过程中的首选语言。下面分述不同民族使用白语的具体情况。

1. 石菜江纳西族使用白语的情况

我们对639位纳西族村民进行语言能力入户普查，发现91.08%的纳西族人能够兼用白语，其具体情况见表4。

表4　　石菜江纳西族白语掌握程度

年龄段（岁）	人数（人）	熟练 人数（人）	熟练 百分比（%）	一般 人数（人）	一般 百分比（%）	不会 人数（人）	不会 百分比（%）
19及以下	90	41	45.56	4	4.44	45	50
20—39	181	168	92.82	1	0.55	12	6.63
40—59	227	227	100	0	0	0	0
60及以上	141	141	100	0	0	0	0
合计	639	577	90.30	5	0.78	57	8.92

从表4的数据可以看出，石菜江纳西族普遍兼用白语，其白语使用情况的主要特点为不同年龄段纳西族人兼用白语存在明显的代际差异。不同年龄段纳西族人兼用白语存在明显的代际差异主要体现为以下两点。

一是纳西族村民的年龄和白语水平呈正相关，年龄越大其白语水平越高。40岁及以上的人都熟练掌握白语，从20—39岁年龄段开始，年龄越小能够兼用白语的人数越少，特别是19岁及以下的青少年对白语的掌握能力出现了明显下降的趋势，"会"与"不会"呈现五五分的情况。

二是19岁及以下青少年兼用白语的比例较其他年龄段大幅下降。通过表4可以看到，不同年龄段纳西族兼用白语的人数处于递减状态，特别是19岁以下纳西族青少年兼用白语的比例大幅下降，由20—39岁92.82%的兼用比例降为45.56%。据访谈了解，该现象一定程度上与社会经济的发展变化和受教育水平有关。现在外出务工的青壮年和外地求学的青少年越来越多。外出务工的人一部分会选择离村寨距离较近的剑川县和大理州；另一部分则会选择到经济发展水平较高的广东、浙江、北京等地务工。到省外务工的人长期脱离白语的语言环境后,其白语掌握程度下降并且兼用人数也越来越少。伴随教育水平的提升,人们意识到普通话在学习和就业等方面日益重要的作用,人们在选用兼用语时更倾向于选择普通话,特别是青少年们都表示其学习普通话的意愿尤为强烈,他们普遍认为普通话作为国家通用语,其使用范围更广。

2. 石菜江白族使用白语的情况

我们对石菜江 25 位白族村民的白语掌握情况进行了普查,其具体使用情况见表 5。

表 5　　　　　　　　　　　石菜江白族的白语掌握程度

年龄段（岁）	人数（人）	熟练 人数（人）	熟练 百分比（%）	一般 人数（人）	一般 百分比（%）	不会 人数（人）	不会 百分比（%）
20—39	6	6	100	0	0	0	0
40—59	15	15	100	0	0	0	0
60 及以上	4	4	100	0	0	0	0
合计	25	25	100	0	0	0	0

从表 5 的普查结果结合白语 400 词测试及访谈发现,白族人使用白语的主要特点如下。

（1）白族人的母语保留和传承得很好,不存在代际差异。

石菜江白族人母语代际传承得好表现在各个年龄段的白语熟练程度均达到 100%。由于白族母语传承得较好,课题组随机抽取了一位 21 岁的青年,并对其做了白语 400 基础词的测试。测试结果发现,他能脱口而出的词汇有 313 个,经思考后说出的有 51 个,他掌握白语基本词的程度达到熟练。可见,石菜江白族人对母语的认同度较高,且重视母语的代际传承。

（2）白语是自然村外行政村、乡镇、州县等不同范围地域内的主要交际用语。

剑川县是全国白族人口比例最高的县份,是白语中部方言的标准音点所在地,[①]在剑川县内,大多数人使用白语进行日常交际。金华镇作为剑川县的政治、经济、

---

① 参见徐琳、赵衍荪（1984：116）将白语划分为中部、南部、北部 3 个方言,即剑川方言、大理方言和碧江方言。

文化中心，同样是将白语作为最常用的交际语，可见，白语在当地的乡镇乃至州县都占有极其重要的地位，是最主要的交际工具。村民们到州县办事情、务工或学习都不可避免地使用白语进行交流，因此当地白语的保留情况相对较好。

3. 石菜江傈僳族、汉族使用白语的情况

石菜江 5 位傈僳族村民的白语均为熟练水平。据入户普查了解，这 5 位傈僳族村民都是从五家村嫁到石菜江的，虽然她们自己是傈僳族，但在青少年时期就不同程度地掌握了白语，所以在嫁到石菜江还没习得纳西语前，都会用白语和家庭成员或村民交流。

村内唯一的汉族是近些年入赘到石菜江的，由于从小缺乏白语的环境，因此尚未掌握白语，只会纳西语和普通话。

（三）石菜江村民使用国家通用语的情况

推广国家通用语言文字是铸牢中华民族共同体意识的必要语言路径。在村寨内入户普查和访谈时发现，石菜江村民的普通话推广情况较好。除了纳西语和白语，我们也对 639 位石菜江村民进行了普通话掌握情况的调查，具体掌握程度见表 6 和表 7。

1. 石菜江纳西族使用普通话的情况

表 6　　　　　　　　　　石菜江纳西族普通话掌握程度

年龄段（岁）	人数（人）	熟练 人数（人）	熟练 百分比（%）	一般 人数（人）	一般 百分比（%）	不会 人数（人）	不会 百分比（%）
19 及以下	90	90	100	0	0	0	0
20—39	181	179	98.90	1	0.55	1	0.55
40—59	227	218	96.04	4	1.76	5	2.20
60 及以上	141	122	86.52	7	4.96	12	8.51
合计	639	609	95.31	12	1.88	18	2.82

如表 6 所示，石菜江村纳西族的普通话普及率高达 97.19%。在村民语言掌握情况普查过程中发现，村民除少数 60 岁及以上的老人只会听不会说以外，其他年龄段基本都能用普通话无障碍交流。通常村民正式接触普通话是从进入学校学习开始，刚入学时一般教学借助民族语辅助理解普通话词汇的含义，课堂上讲普通话，课后说民族语。没有接受过教育的老人大部分是通过电视、广播等传播媒体等途径接触普通话。在访谈的过程中，石菜江村民 HMJ 奶奶基本可以听懂普通话，但是答复他

人时只能用固定的几个词,这也是村内大部分老人普通话掌握现状。

2. 石菜江白族使用普通话的情况

表7　　　　　　　　　　　石菜江白族普通话的掌握程度

年龄段（岁）	人数（人）	熟练		一般		不会	
		人数（人）	百分比（%）	人数（人）	百分比（%）	人数（人）	百分比（%）
20—39	6	6	100	0	0	0	0
40—59	15	14	93.33	1	6.67	0	0
60及以上	4	4	100	0	0	0	0
合计	25	24	96	1	4	0	0

如表7所示,由于石菜江内白族人口较少,从仅有的25个样本来看,其兼用普通话的情况比较乐观。96%都能熟练使用普通话,没有不会说普通话的。这反映出了白族人重视汉文化学习的传统。

3. 石菜江傈僳族使用普通话的情况

村内傈僳族的普通话掌握程度均达到熟练,比例高达100%。傈僳族在石菜江人口占比较少,由于其母语的使用功能无法满足更广泛的交际需求,于是石菜江傈僳族选择学习其他使用功能更强的语言。而普通话是国家通用语,其使用范围最广,因此石菜江傈僳族也十分愿意学习普通话。

二　语言接触视阈下石菜江多民族语言生活的特点

通过对上述数据的分析我们可以得知,石菜江各民族母语熟练的掌握程度均达到99%以上,其母语活力度很高;每个村民至少掌握两种语言,至多掌握4种语言,其语言兼用能力强;语言系统内部出现其他语言借词,且语音和语法也都不同程度受到接触语言的影响,其语言的接触程度较深。具体阐释如下。

(一) 石菜江各民族的母语活力度高

母语是一个民族在历史发展过程中沉淀下来的产物,是客观存在的,也是最重要的民族特征。各民族都会对自己的母语存在着天然的、深厚的感情,会自觉地保护、维护民族语言。从以上调查数据也可以看出,无论是纳西族、白族、傈僳族还是汉族,其母语的掌握程度均为熟练,各民族母语的活力度都保持较高水平,且处在持续不断的传承中。石菜江纳西族使用母语有99.69%的人达到熟练水平,仅有两人达到一般水平,占比 0.31%。其中掌握情况一般的两位是因为其身体有疾病,受疾病影响所致。石菜江白族、傈僳族和汉族熟练使用母语的人数占比均为 100%。

(二)石菜江各民族的语言兼用能力较强

语言兼用是语言接触给语言生活带来的重要变化之一,不仅是社会需求在语言使用数量上的反映,而且也是一个民族积极学习周边民族的进步表现。当石菜江各民族与周边民族发生接触以后,石菜江村民立刻感到只使用自己母语无法满足交际、生活的需要,不能适应社会的发展,于是就在语言接触中兼用周边民族的语言以弥补母语在交际功能上的不足。

石菜江纳西族在剑川县人口占比少,石菜江白族、傈僳族、汉族在石菜江人数占比少,因此石菜江各民族语言兼用的意识较强,且对兼用语的态度开放包容。石菜江各民族语言兼用能力强,主要表现在两方面:一是兼用语言的数量普遍较多;二是兼用语言的掌握水平较高。例如石菜江纳西族只有 0.31% 的人只掌握一门语言(母语),13.46% 的人掌握纳西语和白语,86.23% 的人会讲母语、白语和汉语;石菜江白族有 4% 的人掌握白语和纳西语,96% 的人可以讲白语、纳西语和汉语;石菜江傈僳族 20% 的人会说纳西语、白语和汉语,80% 的人在此基础上还熟练掌握母语傈僳语。

(三)石菜江各民族语言的接触程度较深

石菜江各民族交往交流交融已有 400 余年的时间,各民族语言在互相接触的过程中出现了不同程度的接触融合。上文提到,石菜江各族村民至少兼用两种民族语言,其中石菜江纳西语的语言系统中出现了许多白语借词,还表现在纳西语、白语中出现了许多汉语借词。例如"手机"石菜江纳西语读作"$so^{31}tɕi^{55}$","汽车"读作"$tɕhi^{55}tshei^{33}$","初中"读作"$tshu^{33}tsuŋ^{33}$","放假"读作"$faŋ^{33}tɕia^{33}$","面条"读作"$miɛn^{55}thiɔ^{33}$","洋芋""$z̩a^{31}z̩y^{55}$";"糖"在石菜江白语中读作"$thaŋ^{33}gu^{31}tsi^{33}$"。可见石菜江各民族之间的词语借用多为与日常生活密切相关的词,一般是表示具体概念的词,这是在村民们生活劳作过程中自然而然产生的,由于借词的使用功能较强,因此它在语言系统中有很强的生命力。

三 石菜江共生共融语言生活的形成机制

共生共融的语言生活是指不同民族在同一个社会空间内,其使用的语言既不会互相排斥,又不会产生冲突,共同生存又互相融合,在协调有序中和谐发展。石菜江村的村民们根据自己生活交际的需要选择所使用的语言,并且以包容的心态尊重其他民族语言。之所以能形成共生共融的语言生活，其形成机制主要有以下三点。

（一）石菜江各民族长期广泛交往交流交融

1. 各民族在空间上呈插花式嵌入分布

石菜江是一个纳西族、白族、傈僳族和汉族杂居的自然村，其所隶属的双河村下辖了6个自然村，分别是：纳西族聚居的石菜江村、石菜江新村，白族聚居的桃树村、三家村，彝族聚居的四家村和傈僳族聚居的五家村。双河村为剑川县内典型的多民族聚居地区之一，长期以来，各民族之间保持着民族团结、和睦相处、相互促进、共同发展的良好局面。各族村民民风淳朴，民族传统习俗文化积淀深厚，呈现出各民族文化接触融合的现象。

石菜江各民族不仅在地理位置上嵌入分布，其人口分布还具有动态性、流动性的特征。随着城镇化、农业现代化、乡村振兴的深入推进，各民族在经济社会生活各领域交往交流交融更为频繁广泛，大杂居、小聚居、交错居住的民族人口分布格局不断深化，呈现出大流动、大融居的新特点。石菜江各族村民跨区域与村外群众双向流动，一定程度上改变了民族分布格局，相互嵌入式居住环境为促进各民族交往交流交融提供了空间保障。

2. 交际需求促进和深化族际交往交流交融

（1）煤矿生产促进族际交往交流交融。1990年双河村煤矿开放，双河村的白族、纳西族、彝族、傈僳族都聚到一起开发双河煤矿，在生产劳作过程中村民会接触到不同民族语言，并从中学会常用的词句。例如，在访谈一位彝族村民时，他表示能兼用4种语言，其中纳西语只会一些，当课题组对其纳西语掌握程度进行测试发现他对纳西语"人体""亲属称谓"等日常生活紧密相关的词语都能脱口而出，可以推测这是在劳作过程中自然而然习得的。除此之外，煤矿的开发生产也加快了普通话的推广普及，村民在售卖煤矿的过程中会接触到外省人，都需要用普通话交流。因此原本普通话水平并不是很好的村民，为了做生意都学会了普通话，这也是双河村普通话普及率高的原因之一。

（2）族际婚姻深化族际交往交流交融。近些年石菜江纳西族的婚恋观念越来越开放包容，提倡自由恋爱，不限民族身份自由交往。通过入户普查详细统计，石菜江的族际婚姻家庭有23例，村民与村外、省外不同民族组建家庭的现象越来越多，族际婚姻带来了家庭和村寨语言生活的新变化。在族际婚姻家庭内家庭成员交流有更多语言选择，选石菜江族际婚姻家庭①作为例证，家庭①具体情况见表8。

表8　　　　　　　　　　　石菜江族际婚姻家庭①

身份	姓名	性别	民族	母语	兼用语1	兼用语2
户主	WBS	男	纳西族	纳西（熟练）	白（熟练）	汉（熟练）
妻子	HRK	女	白族	白（熟练）	纳西（一般）	汉（熟练）
女儿	HGM	女	纳西族	纳西（熟练）	白（熟练）	汉（熟练）
儿子	HGF	男	纳西族	纳西（熟练）	白（熟练）	汉（熟练）

在家庭①中，户主与妻子、女儿和儿子使用纳西语交流，妻子纳西语水平一般，更倾向于使用白语和家庭成员交流。女儿和儿子在上学前习得白语和纳西语，于是可以自由切换语言进行交流，他们通常会使用纳西语回复父亲，用纳西语或白语回复母亲，在习得普通话之后，遇到不知道如何用纳西语和白语转码的词时，在言语中会掺进一些普通话借词。家庭内部使用多种语言交流是村中大部分族际婚姻家庭的现状，在这一过程中，此现象深化了石菜江族际间的交往交流交融。

（二）石菜江各民族都有较强的中华民族共同体意识

铸牢中华民族共同体意识，就是要引导各族人民牢固树立休戚与共、荣辱与共、生死与共、命运与共的共同体理念。文化认同是最深层次的认同，是民族团结的根脉。在民族认同层面要处理好"多元"与"一体"的关系，既尊重"多元"，更强调"一体"。石菜江各民族对本民族语言及本民族文化高度认同，而且对周边民族的语言文化也具有较高的认同感，其语言生活实践更体现了其对中华民族文化的高度认同感，深刻体现各民族群众对"中华民族多元一体"之"一体"的认同。

在"多元"方面，虽然各民族与周边民族来往密切，但各民族从未忘记自己的民族身份，仍保留自己的母语。以纳西语为例，在课题组对石菜江纳西族进行访谈时，当提到最喜欢的语言时，每一位纳西族都给出同样的答案是纳西语。"我是纳西族，讲话就应当讲纳西语。"63岁的HXZ老人自豪地说道。此外，纳西语不单单在石菜江村寨通用。石菜江村内设"双河完小"，双河村白族、彝族、傈僳族的孩子们一般都会来这里上学，孩子们上课使用普通话，课下交流自由使用语言，因此在这种情况下很多小朋友在学校既学会了普通话也学会了纳西语。与此同时，因为石菜江是双河村最大的、人口最多的村寨，因此周边村寨的人们会兼用纳西语，少数情况下不同村寨之间也会使用纳西语进行交流。正是这种强烈的民族意识和深厚的民族情感，使得石菜江纳西语代际传承较好，保留住本民族重要的标志。

在"一体"方面，首先提高民族地区的国家通用语言文字推广普及工作，才能有效促进民族地区教育水平逐步提升，进而提高少数民族群众的就业能力。石菜江各族人民越来越意识到普通话的重要性并重视普通话听说能力的提升。村民们认为学习普通话有助于个人发展，并且认为这是学习先进文化的重要渠道。在这一过程中石菜江村民形成了共同的语言意识，促进了石菜江各民族间良好民族关系的建立，对维护国家统一、民族团结有着积极重要的意义。其次石菜江各民族在悠久的发展历史中形成了独具特色的地域民族文化，而且邀请其他民族一起共庆节日，例如彝族"火把节"、纳西族"三多节"、傈僳族"阔时节"，等等。民族特色节日不仅是少数民族群众的宝贵财富，也与中华传统文化一脉相传，体现着中华民族文化"多元一体"的本质特征，对提升少数民族群众对自身优良文化的认同，进而促进对中华民族文化认同有着重要的现实意义。

（三）石菜江家庭、村寨和学校层级有序的语言规划

（1）家庭层面。孩子的语言习得情况与家庭语言环境密切相关。经数据统计和重点访谈了解到，石菜江纳西族从具有语言能力之始就先习得了纳西语，并且纳西语是家庭用语，在孩子上学之前使用频率极高。这源于纳西族强烈的民族意识，"身为纳西族人就必须说纳西语"。因此孩子在咿呀学语时期最早接触的就是纳西语，刚习得语言的小孩子也只掌握纳西语一种语言。当问为什么不特意教孩子普通话时，家长认为不必教，到学校自然就学会了。但这种语言意识不具有强制性，随着孩子接触的语言增多，有时来不及进行语码转换，便会选择用普通话和家人交流，此时家人回复也会使用普通话。

（2）村寨层面。双河村有着丰富多样的民族构成，村寨的语言规划井然有序。例如在石菜江村委会开会时，如果在场的都是石菜江村民，那么会议用语使用纳西语；如果是双河村各个民族在场开会，那么会议用语是白语；如果来了州县或者外地的领导，那么普通话成为会议的主要用语。

（3）学校层面。据了解，绝大部分村民是上小学后才正式接触普通话，其余未接受过教育的村民只能通过电视等媒体接触普通话，因此学校作为推普主阵地在乡村普通话推广普及中卓有成效。双河村内开办有一所幼儿园和一所小学（双河完小），均在石菜江村。30—50岁的村民基本都在双河完小上过学，现在完小也仍然招收村内各民族学生。在走访调查其他村组时了解到，很多白族、彝族的村民都提到自己之所以能听懂或者会说纳西语都是在双河完小上学的时候习得的。课堂上大家都使用普通话，课下可以自由使用语言，由于学校内纳西族孩子较多，因此纳西语成为孩子们课后的主要交际语言，纳西语在双河村内的影响范围也因此而扩大。

结　语

　　石菜江共生共融的语言生活显示：多民族互嵌式分布是各民族广泛交往交流交融的重要基础，族际婚姻是深化民族交往交流交融的助推器，强烈的中华民族共同体意识是语言生活多元一体的思想根基，家庭、村寨和学校层级有序的语言规划是语言生活有序发展的重要保障，这些因素促成了石菜江深度接触融合语言生活的形成，其有利于铸牢中华民族共同体意识。诚然，在语言深度接触的大背景下，民族语言的外部交流功能会有所削弱，仅保持着家庭和本民族内部交流功能，且这种现状将长期持续，但国家通用语的推广普及能在一定程度上弥补民族语交际范围受限的不足。石菜江多语生活内部是有序的，各民族母语是联系本民族情感的重要纽带，其对母语蕴含着天然的、深厚的情感；兼用当地的区域语言是石菜江村民适应周边社会生活、与周边民族和谐交融的鲜明体现；学习并重视普通话体现着石菜江村民对中华民族政治、经济、文化等方面的认同以及发展需求的体现，普通话是石菜江村民接触和学习中华民族文化的重要工具。

　　语言接触融合能促进各民族互联互通，语言兼用甚至融合不仅是在语言层面上的认同，也是对民族文化的认同，更是对构建中华民族共同体的认同。因此，如何认识语言接触与铸牢中华民族共同体意识的关系，是一个值得持续关注的理论问题，其具有重要的理论意义和应用价值，课题组将继续深入挖掘更多的案例来充实对该理论的阐释和实践证明。

参考文献

[1] 白鸽，杜敏. 社会语言学在中国的发展流变 [J]. 兰州大学学报（社会科学版），2011，39（06）：145—149.

[2] 戴庆厦. 两全其美，和谐发展——解决少数民族双语问题的最佳模式 [J]. 中央民族大学学报（哲学社会科学版），2011，38（05）：89—93.

[3] 戴庆厦. 云南玉龙县九河白族乡少数民族的语言生活 [M]. 北京：商务印书馆，2004.

[4] 戴庆厦，和智利，李旭芳. 丽江市古城区七河镇共和村的语言和谐 [J]. 青海民族研究，2014，25（03）：168—176.

[5] 杨露，余金枝. 中越边城都龙镇跨境民族的语言和谐 [J]. 贵州民族研究，2016，37（12）：210—216.

[6] 戴庆厦，余金枝，余成林，等. 片马茶山人和谐的多语生活——语言和谐调查研究的理论方法个案剖析 [J]. 云南师范大学学报（哲学社会科学版），2009，41（06）：5—15.

[7] 龚卿民,龙辉. 语言接触与铸牢中华民族共同体意识——基于贵州苗语东部方言区的考察[J]. 安顺学院学报, 2023, 25 (04): 54—60.

[8] 古力加娜提·艾乃吐拉. 乌鲁木齐维吾尔族生活语言变化研究[J]. 新疆师范大学学报 (哲学社会科学版), 2012, 33 (02): 66—72.

[9] 和智利,习建勋. 云南藏区汝卡人共生共融的语言文字生活[J]. 曲靖师范学院学报, 2022, 41 (02): 63—71.

[10] 剑川县金华镇双河村委会. 双河村志[M]. 昆明: 云南民族出版社, 2012.

[11] 蒋颖,赵燕珍,常俊之,等. 论语言接触与语言和谐[J]. 云南师范大学学报 (哲学社会科学版), 2008 (05): 56—63.

[12] 金黑英. 铸牢中华民族共同体意识视域下推进国家通用语言文字普及教育的举措及实现路径——以内蒙古地区为例[J]. 民族高等教育研究, 2022, 10 (06): 14—17.

[13] 刘金林,马静. 铸牢中华民族共同体意识视域下民族地区深入推普的思考——语言与国家治理系列研究之二[J]. 民族教育研究, 2021, 32 (04): 31—41.

[14] 覃丽赢. 小茶腊独龙族语言生活的适应性变迁[J]. 贵州民族研究, 2015, 36 (11): 145—149.

[15] 王春辉,高莉. 论语言与共同富裕[J]. 云南师范大学学报 (哲学社会科学版), 2022, 54 (04): 25—34.

[16] 王晓惠. 铸牢中华民族共同体意识视域下的民族地区语言治理方案: 基于河池、百色的语言使用情况调查[J]. 民族学刊, 2022, 13 (01): 12—19+132.

[17] 韦亮节,黄家信. 铸牢中华民族共同体意识的语言文化向度——以广西乡村壮汉语言共生现象为例[J]. 民族论坛, 2022 (02): 12—23.

[18] 肖航,黎顺苗. 语言助力边疆民族地区共同富裕的途径和策略[J]. 云南师范大学学报 (哲学社会科学版), 2022, 54 (04): 35—43.

[19] 张成,董振邦. 论语言接触与铸牢中华民族共同体意识[J]. 贵州民族大学学报 (哲学社会科学版), 2022 (01): 42—76.

(责任编辑: 姜昕玫)